本书获得国家社会科学基金项目
和辽宁省教育厅基本科研业务费资助

全球货币政策新变化对人民币汇率波动的影响研究

路妍 等◎著

Research on the Impact of New Changes in Global Monetary Policy on the Fluctuation of RMB Exchange Rate

中国社会科学出版社

图书在版编目（CIP）数据

全球货币政策新变化对人民币汇率波动的影响研究／路妍等著. -- 北京：中国社会科学出版社，2024.7.
ISBN 978-7-5227-4047-8

Ⅰ.F832.63

中国国家版本馆 CIP 数据核字第 2024GC4152 号

出版人	赵剑英
责任编辑	谢欣露
责任校对	周晓东
责任印制	郝美娜
出　　版	中国社会科学出版社
社　　址	北京鼓楼西大街甲 158 号
邮　　编	100720
网　　址	http://www.csspw.cn
发 行 部	010-84083685
门 市 部	010-84029450
经　　销	新华书店及其他书店
印　　刷	北京明恒达印务有限公司
装　　订	廊坊市广阳区广增装订厂
版　　次	2024 年 7 月第 1 版
印　　次	2024 年 7 月第 1 次印刷
开　　本	710×1000　1/16
印　　张	19.75
字　　数	285 千字
定　　价	99.00 元

凡购买中国社会科学出版社图书，如有质量问题请与本社营销中心联系调换
电话：010-84083683
版权所有　侵权必究

前　　言

随着经济全球化和金融全球化的不断发展，地缘政治风险的增大和全球不确定性因素的增加，近年来美欧日发达经济体分别实行了各具特色的货币政策。2022年3月乌克兰危机以来，美联储加息11次，欧洲中央银行加息10次，日本中央银行一直实行量化宽松货币政策，甚至实行负利率政策，但是2024年3月后也开始加息。美欧日发达经济体均实行紧缩的货币政策，导致全球流动性趋紧，新兴经济体国家货币贬值，这对全球经济产生了重要的影响。全球货币政策的这种新变化和溢出效应，必将影响中国货币政策的效果，使人民币汇率发生大幅波动，将会对未来中国的货币政策与人民币汇率及中国的金融稳定产生深远的影响。因此，研究全球货币政策的新变化对人民币汇率波动的影响是国际金融学领域研究的前沿问题，具有十分重要的理论意义和现实意义。

本书《全球货币政策新变化对人民币汇率波动的影响研究》是2018年国家社会科学基金项目（18BJL029）的最终成果。全书由九章组成，重点研究美欧日发达经济体货币政策的新变化对中国货币政策和人民币汇率波动的影响。首先，探讨了发达经济体货币政策的溢出效应与传导渠道、短期国际资本流动与汇率波动的关系和影响、货币政策与人民币汇率之间的关系与影响的最新成果、贡献与不足。在此基础上，分别研究美欧日发达经济体货币政策对中国货币政策和人民币汇率波动理论影响机制、中国货币政策对人民币汇率波动影响的传导机制、美欧日发达经济体货币政策对中国货币政策和人民币汇率波动总体理论影响机制。其次，运用丰富的资料和大量数据，探讨了后金融危机时期全球货币政策的新变化、新特点与影响，深入分析了美欧日发达经济体货币政策的新变化、新特点及与其汇率间的动态关系和影响，以及对中国货币政策和人民币汇率波动的影响，剖析了引起这些变化的原因，并进一步分析了后金融危机时期中国货币政策与人民币汇率波动的特点与影响，总结出一些规律性新变化。再次，实证检验了美欧日发达经济体货币政策对中国货币政策和人民币汇率波动的影响，得出一些有价值结论。最后，提出政策建议。

本书的特点和学术价值体现在以下几个方面：

第一，是一部具有较强系统性和理论性的专著。本书比较系统和全面地分析了后金融危机时期美欧日发达经济体货币政策的新变化和新特点，以及对中国货币政策和人民币汇率波动的影响及成因，总结了其发展变化的一般规律和特殊性，构建了全球货币政策新变化对人民币汇率波动影响研究的框架体系。本书在以往研究的基础上，从不同视角综合研究美欧日发达经济体货币政策对中国货币政策和人民币汇率波动的溢出效应存在性、影响程度、贡献率大小以及溢出效应的传导渠道有效性。通过对比分析，丰富和完善了现有理论内容，从而为国家制定、调整货币政策和人民币汇率稳定政策提供理论依据。这在一定程度上具有创新性和突破，因而本书研究具有较高的学术价值。

第二，是一部实证分析和规范分析相结合的专著。本书运用2008—2022年数据，通过构建SVAR、MS-VAR、TVP-SV-VAR模型，实证检验了美欧日发达经济体货币政策新变化对中国货币政策和人民币汇率波动的影响。本书认为：①美欧日发达经济体货币政策的新变化对中国货币政策的影响存在异质性。美欧日发达经济体采用价格型货币政策工具和数量型货币政策工具对中国货币政策的影响存在差异性。美国货币政策新变化对中国货币政策的影响最大，欧元区次之，日本影响最弱。从货币政策传导渠道看，汇率渠道的传导更为有效，贸易渠道和资本流动渠道的传导效果较为接近，且弱于汇率渠道。②美欧日发达经济体货币政策的新变化对人民币汇率存在显著的影响。美欧日发达经济体货币政策新变化对人民币汇率变动的影响呈现非线性特征，宏观因素与微观因素对人民币汇率变动均有显著影响；美国货币政策的新变化对人民币汇率的波动影响最大，欧元区次之，日本影响最弱；美欧日发达经济体货币政策新变化对人民币汇率的波动影响存在时变特征；人民币汇率波动也会对发达经济体的货币政策产生一定影响且存在时变特征，但对美欧日发达经济体的影响程度相对较小。③中国货币政策对人民币汇率波动的影响显著，且能够通过间接影响机制产生作用，中国货币政策与人民币汇率的波动存在双向影响。④外汇宏观审慎政策与外汇干预政策对中国货币政策与人民币汇率波动产生影响。其中，外汇宏观审慎政策效果不断增强，外汇干预政策效果逐渐减弱；外汇宏观审慎政策主要从资本流动渠道与价格渠道调节人民币汇率，而外汇干预政策主要从贸易渠道与价格渠道调节人民币汇率。本书研究内容丰富，资料数据翔实，得出的结论具有科学性和创新性，因而在一定程度上补充了现有理论基础。

第三，是一部理论联系实际的专著。本书在理论与实证分析基础上，有针对性地提出面对后金融危机时期发达经济体在货币政策、资本流动和汇率政策上的重大转变和影响，中国应抓住机遇与挑战，合理制定和优化中国货币政策、加强跨境资本流动风险监管、加强宏观审慎政策和制定人民币汇率改革目标并维持人民币汇率稳定的政策建议，以降低发达经济体货币政策新变化对中国货币政策的溢出效应和人民币汇率的冲击，保证中国金融安全，实现中国金融强国战略。因而本书的研究具有重要的实际参考价值。

本书由路妍与她的博士和博士生共同完成，由路妍主持、设计、修改，并总纂定稿。具体分工为：路妍负责第一章、第二章、第五章和第九章，李爽负责第四章、第五章和第七章，张寒漪负责第四章、第五章和第六章，刘晓寒和王诗萌负责第三章，刘旭磊负责第八章，秦国汀负责收集整理数据资料。

随着全球货币政策的不断发展变化，尤其是 2024 年美联储、欧元区中央银行可能要降息，美欧发达经济体货币政策将会发生逆转，这对中国货币政策和人民币汇率波动会产生新的影响，我们将对相关问题继续作深入研究。

本书的出版得到了中国社会科学出版社的大力支持，在此表示衷心的感谢！

路　妍

2024 年 5 月 25 日

目　　录

第一章　绪论 ……………………………………………… (1)
　第一节　研究背景和研究意义 ……………………………… (1)
　第二节　文献综述 …………………………………………… (5)
　第三节　研究内容和研究方法 ……………………………… (24)
　第四节　本书的创新与不足 ………………………………… (28)

第二章　发达经济体货币政策和汇率传导的理论机制 …… (31)
　第一节　发达经济体货币政策对中国货币政策影响
　　　　　机制 ………………………………………………… (31)
　第二节　发达经济体货币政策对人民币汇率波动
　　　　　影响机制 …………………………………………… (39)
　第三节　中国货币政策对人民币汇率波动影响的
　　　　　传导机制 …………………………………………… (46)
　第四节　发达经济体货币政策对中国货币政策和
　　　　　人民币汇率波动总体影响传导机制 ……………… (52)

第三章　后金融危机时期全球货币政策的新变化、
　　　　新特点与影响 ……………………………………… (54)
　第一节　发达经济体货币政策的新变化、新特点与
　　　　　趋势分析 …………………………………………… (54)

第二节　发达经济体货币政策与其汇率间的动态关系与
　　　　影响分析 ……………………………………………… (91)
第三节　发达经济体货币政策新变化对中国货币政策和
　　　　人民币汇率波动的影响分析 …………………………… (112)

**第四章　后金融危机时期中国货币政策与人民币汇率波动的
　　　　特点与影响分析** ………………………………………… (129)
第一节　中国货币政策的现状与溢出效应分析 ……………… (129)
第二节　中国货币政策与人民币汇率波动的关系与
　　　　影响分析 ……………………………………………… (135)

**第五章　发达经济体货币政策新变化对中国货币政策和
　　　　人民币汇率波动影响的实证研究** ……………………… (149)
第一节　美欧日货币政策的新变化对中国货币政策的
　　　　影响实证分析 ………………………………………… (149)
第二节　美欧日量化宽松货币政策调整对人民币汇率
　　　　变动影响的实证分析——基于混合模型视角 ……… (171)
第三节　美欧日货币政策新变化对人民币汇率波动的
　　　　影响分析——基于 TVP-SV-VAR 模型 ……………… (185)
第四节　小结 …………………………………………………… (206)

**第六章　中国货币政策对人民币汇率波动的溢出效应与
　　　　传导机制的实证分析** …………………………………… (208)
第一节　MS-VAR 模型的构建 ………………………………… (208)
第二节　数据的选取与处理 …………………………………… (209)
第三节　基于 MS–VAR 模型的实证分析 …………………… (211)
第四节　小结 …………………………………………………… (222)

第七章 发达经济体货币政策对中国货币政策和人民币汇率波动影响的总体实证分析 ……………… (224)

  第一节 时变参数随机波动率向量自回归模型 ……………… (224)
  第二节 变量选取及数据处理 ……………… (226)
  第三节 实证检验 ……………… (228)
  第四节 稳健性检验 ……………… (238)
  第五节 小结 ……………… (241)

第八章 发达经济体货币政策对中国货币政策和人民币汇率波动的影响实证研究
——基于宏观审慎监管视角 ……………… (242)

  第一节 变量选取 ……………… (242)
  第二节 模型设定 ……………… (252)
  第三节 实证分析——基于外汇宏观审慎政策和外汇干预视角 ……………… (259)
  第四节 小结 ……………… (267)

第九章 研究结论与政策建议 ……………… (269)

  第一节 研究结论 ……………… (269)
  第二节 政策建议 ……………… (275)

主要参考文献 ……………… (282)

第一章
绪　　论

第一节　研究背景和研究意义

一　研究背景

随着经济全球化和金融全球化的不断发展以及全球金融周期的出现，主要发达经济体的货币政策会对其他经济体货币政策产生溢出效应。雷（Rey，2015）认为，由于全球金融周期的存在，中心国家的货币政策会影响到外围国家货币政策的独立性。而 Han 和 Wei（2018）则认为，当中心国家提高利率时，外围国家有一定的货币政策独立性，但当中心国家降低利率时，外围国家的货币政策独立性会受到很大冲击。米兰达－阿格里平和雷（Miranda-Agrippin and Rey，2020）研究发现，美国货币政策会影响到全球金融周期，对全球经济产生显著的金融溢出效应。美国、欧元区和日本等主要发达经济体的货币政策调整多出于自身利益，但短期急剧的货币政策调整可能会对其他国家造成严重的负面影响，甚至也会威胁到本国的经济发展。美国金融危机和欧洲主权债务危机后，美国、欧元区、日本（以下简称美欧日发达经济体）分别实行了各具特色的量化宽松货币政策。自2014年10月以来，随着美国经济的率先复苏，美国率先退出量化宽松货币政策，并开始加息，2017年10月美联储又正式启动缩减资产负债表计划，美国货币政策正常化。与此同时，欧洲中央银行开始减少资产购买规模，逐步退出量化宽松货币政策。2019年5月，美联储再次进入降息周期，欧元区重启量化宽松政策，日本始终维持超低利率水平。2020年新冠疫情加剧了全球降息的预期，全球进入零利率时期，全球经济增长放缓。2022年，主要发达经济体量化宽松货币政策叠加乌克兰危机的爆发使全球通货膨胀高企，这导致了主要发达经济体的货币政策又发生了转向。2022年3月以来，美国、欧元区以及日本货币政策均实行了加息的货币政策，导致全球流动性趋紧，这对全球经济产生了重要的影响。因此，发达经济体货币政策由原来的分化逐步走向趋同，全球货币政策正常化。美欧日发达经济体货币政策的新变化和溢出效应，必将影响中国货币政策效果，使人民币汇率发生大幅波动。

在需求收缩、供给冲击、预期转弱三重压力下，中国人民银行坚持稳健的货币政策，把稳定经济增长作为主要的货币政策目标。尤其中国人民银行于2022年4月以来，采取了较为宽松的货币政策，中国的货币政策与美欧日发达经济体货币政策相比出现了分化，这也说明中国的货币政策保持了一定独立性。同时，为了应对美欧日发达经济体货币政策加息对人民币汇率的冲击，2021年12月，中国人民银行发布《宏观审慎政策指引（试行）》，指出宏观审慎政策工具"逆周期、防传染"的基本属性。在外汇宏观审慎政策方面，中国创新性地使用了外汇宏观审慎政策抵御外部冲击。2022年5月和9月，中国人民银行2次下调金融机构外汇存款准备金率，由原来的9%下调至6%；2022年9月28日，中国人民银行将远期售汇业务的外汇风险准备金率从0上调至20%；2022年10月5日，中国人民银行、国家外汇管理局将企业和金融机构的跨境融资宏观审慎调节参数从1上调至1.25。这些举措有助于释放外汇市场的流动性，调整人民币汇率预期，保持人民币汇率稳定，也防止了外汇市场投机操作，从而有利于缓解中国资本外流的风险。这说明中国宏观审慎政策与货币政策进行灵活搭配能够更好地发挥积极作用。

2019年7月国务院颁布进一步加强金融领域对外开放的"12条"新措施,以放宽外资准入限制条件,鼓励外资参股中资金融机构,促进市场竞争活力,来推进中国金融领域的高质量发展。党的二十大报告指出,要"稳步扩大规则、规制、管理、标准等制度型开放",中央第六次金融工作会议也提出,中国要由"金融大国"变为"金融强国"。现阶段,中国正在有序推进资本与金融账户开放与人民币国际化,扩大对外开放以促进中国的经济增长,提升中国金融的国际竞争力,但随之而来也会引起相应的金融风险产生。因此,在中国扩大高水平对外开放的进程中,深入研究发达经济体货币政策新变化对中国货币政策和人民币汇率波动的溢出效应和影响机制与宏观审慎性监管,具有十分重要的理论意义和现实意义。

二 研究意义

(一) 理论意义

美欧日发达经济体货币政策的新变化和溢出效应,将影响中国货币政策的效果,可能使人民币汇率发生大幅波动。主要表现在:一是由于美欧日发达经济体国家加息,国际国内经济金融形势复杂多变,不确定性因素增大,加大了中国宏观调控的难度,影响中国货币政策的独立性。二是国际资本流动发生逆转,由原来的资本流入转为资本流出,对人民币汇率造成一定的冲击。三是人民币汇率波动风险增大,外汇储备下降,使人民币汇率调控的难度加大。四是美欧日发达经济体货币政策的新变化,将会对未来中国的货币政策与人民币汇率以及中国的金融稳定产生深远的影响。

本书通过分析美欧日发达经济体货币政策的特点、工具与效果的异同,重点研究后金融危机时期美欧日发达经济体货币政策的新变化对中国货币政策和人民币汇率波动的影响,全面把握后金融危机时期发达经济体货币政策新变化及其对中国货币政策的溢出效应和影响机制、短期国际资本流动与人民币汇率之间的动态关系和影响、货币政策与人民币汇率波动之间的动态关系和相互影响，并通过 SVAR、MS-VAR、TVP-SV-VAR 等模型实证分析美欧日发达经济体货币政策的新变化对中国货币政策和人民币汇率波动的影响，从而得出一些有价值的结论：美欧日发达经济体采用价格型货币政策工具和数量型货币政策工具对中国货币政策的影响存在差异性，汇率渠道的传导更为有效，贸易渠道和资本流动渠道的传导效果较为接近，且弱于汇率渠道；美欧日发达经济体货币政策的变化对人民币汇率存在显著的影响，美欧日发达经济体货币政策变化对人民币汇率变动的影响呈现非线性特征；中国货币政策对人民币汇率波动的影响显著，且能够通过间接影响机制产生作用；外汇宏观审慎与外汇干预对中国货币政策与人民币汇率波动会产生影响。同时，构建货币政策、人民币汇率波动和宏观审慎监管政策"三位一体"框架体系，完善现有理论的不足，为中国货币政策的制定调整与国际协调以及人民币汇率稳定提供理论依据。

（二）现实意义

本书针对后金融危机时期全球货币政策的新变化、中国货币政策的调整和国际协调以及人民币汇率波动风险增大与金融稳定政策等实践中亟待解决的难题，系统研究美欧日发达经济体货币政策的新变化对中国货币政策和人民币汇率波动的动态关系和影响，并通过实证检验美欧日发达经济体货币政策对中国货币政策的溢出效应和传导渠道、美欧日发达经济体货币政策对人民币汇率的溢出效应和传导渠道、中国货币政策对人民币汇率的影响、宏观审慎政策视角下美欧日发达经济体货币政策的新变化对中国货币政策和人民币汇率波动的影响，有针对性地提出合理制定和优化中国货币政策、维持人民币汇率稳定、稳步开放资本账户，以及加强跨境资本流动风险监管、加强中国宏观审慎监管的政策建议，以降低美欧日发达经济体货币政策新变化对中国货币政策的溢出效应和人民币汇率的冲击，保证中国金融稳定，因而本书的研究具有重要的应用价值和现实意义。

第二节 文献综述

一 发达经济体货币政策的溢出效应与传导渠道研究

发达经济体货币政策溢出效应和传导渠道一直是宏观经济领域的重要研究内容。美欧日发达经济体中央银行进行货币政策调控，通常代表着主要发达经济体货币政策调控的主导方向，其货币政策的溢出效应十分明显，这会对其他发达经济体及新兴经济体的经济和金融体系产生较为严重的冲击。因此，研究发达经济体货币政策对其他国家的溢出效应和传导渠道，对各国及时有效实施政策以应对外部冲击，维护国内经济增长和金融稳定具有十分重要的意义。

（一）发达经济体货币政策的溢出效应

1. 货币政策工具实施手段各异

根据货币政策工具类型不同可以划分为价格型货币政策工具与数量型货币政策工具，发达经济体进行货币政策调控时，会采用不同的货币政策工具。一部分学者认为，以美国联邦基金利率为代表的货币政策工具是较好的度量货币政策指标，它与货币增长率等数量型货币政策工具相比，受到同期经济形势的影响较小（Bernanke and Blinde，1992）。但由于2008年国际金融危机爆发后，以美国、欧元区、日本等为代表的发达经济体，其货币政策利率下降至接近于0甚至负值，因此部分学者提出应采用影子利率来代替政策性利率对非常规货币政策进行度量（Claus et al.，2018；Horvath and Voslarova，2017）。刘尧成（2016）将美元、欧元、英镑和日元四种货币的加权利率差值［采用伦敦银行同业拆放利率（Libor）］作为发达经济体货币政策利率的衡量。Park（2016）认为，政府债券收益率也能够反映一国货币政策的利率水平。刘澜飚等（2016）认为，互联网金融的发展使得价格型货币政策通过影响银行同业拆借市场获得了更加显著的传导效果，而数量型货币政策工具的影响则由于货币乘数的波动而被弱化。另一部分学者则认为，由于非常规货币政策的大规模实施,数量型货币政策工具的溢出效应逐渐增强(杨子荣等,2018)。开始研究将中央银行资产负债表的规模作为货币政策的度量指标(郭红玉和张运龙,2016;Apostoloua and Beirneb, 2019),采用广义货币供应量 M2 来衡量世界主要经济体的货币供应量,并指出货币供应量的调整在宏观经济政策中具有重要作用(邵磊等,2018)。

2. 不同发达经济体的货币政策溢出效果存在差异

由于美国在世界经济和金融等领域的重要地位,多数研究支持美国的货币政策溢出效应最强,也有部分研究认为,欧元区和日本的货币政策也存在较强的货币政策影响力。如美国采取不同货币政策会影响并干扰其他国家中央银行的货币政策,会导致美国的货币政策对全球的经济形势产生放大性的影响(Gray,2013;马理和余慧娟,2015)。美欧日发达经济体货币政策对金砖国家和新兴经济体国家的货币政策也会产生溢出效应,其货币政策溢出效应主要通过国际银行信贷渠道和资产组合渠道,使金融摩擦因素放松或收紧,从而影响银行的放贷行为(Galloppo et al., 2017;Horvath and Voslarova; 2017;Gajewski et al., 2019)。美国量化宽松货币政策的实施和退出对 G20 国家的溢出效应研究表明,货币政策冲击对发达经济体和新兴经济体的溢出效应存在显著差异(陈虹和马永健,2016)。

同时,实施量化宽松货币政策对经济复苏有刺激效果。美、欧、日等发达经济体学者分别从本国或地区经济出发,认为实行零利率政策和量化宽松货币政策会避免经济衰退,也会对全球经济产生重大的溢出效应,尤其是美国量化宽松政策对新兴经济体有显著且多样的影响,这些影响甚至普遍大于对美国自身和其他发达经济体的影响(Fukuda and Nakamura, 2011;Praet, 2015;Chen et al., 2016)。还有学者认为,实施量化宽松货币政策的负面影响不容小觑。美国实行量化宽松货币政策会对外部造成不良后果,美国释放的大量流动性使得美元贬值,再通过货币政策的跨国传导机制对其他国家产生不利影响。即使这种政策在短期内是有效的，但从长期来看，量化宽松货币政策的持续性效果尤其是信号传导效应并不明显，甚至会有风险（Stiglitz, 2010; Dupuy and Michel, 2010; Hoenig, 2011; Soumare, 2011）。

另外，发达经济体货币政策对外汇市场的溢出效应。学者研究普遍认为，汇率会受到外部货币政策较为显著的冲击，从而贬值或升值。班纳吉（Banerjee et al., 2016）在传统动态随机一般均衡模型中加入金融摩擦因素，认为美联储货币政策利率上升会导致新兴经济体的经济增速放缓、资本外流以及汇率贬值。Kim 和 Lim（2018）研究了美国货币政策对英国、加拿大、瑞典和澳大利亚四个发达经济体的溢出效应，认为紧缩性货币政策冲击会导致汇率显著升值，且存在 6 个月的时滞，符合非抛补利率平价理论。克劳斯（Claus et al., 2018）的研究结果表明，日本非常规货币政策在 2006 年之后对汇率有显著影响。石建勋和赵张霞（2020）的研究认为，美联储的货币政策调整对人民币离岸汇率产生的传导效应最显著，其次为利率和货币供给调整，美元指数为影响人民币离岸汇率的主要因素。

3. 发达经济体货币政策与中国货币政策的双向影响

发达经济体货币政策与中国货币政策的双向影响表现在四个方面：

一是美国量化宽松货币政策对中国经济的影响。张礼卿（2011）、李自磊和张云（2013）认为，美国实施量化宽松货币政策会导致中国资本流入的增加，加剧了中国通货膨胀的压力，最终导致中国输入性通货膨胀冲击。李力等（2016）认为，我国跨境短期资本的流动性表现出明显的高低两个区制，不同区制下对于本国经济的冲击表现出显著的非对称性。随着资本账户开放，短期资本流动对于宏观经济和金融稳定的冲击越来越大。刘晓星等（2022）的研究明确指出，跨国资本循环是美国货币政策冲击影响中国金融安全的主要传导途径。谭小芬等（2023）认为，跨境资本流动可以通过资产价格渠道、汇率、风险承担渠道等放大外部冲击对中国经济金融稳定和实体经济的影响。

二是货币政策国际传导与溢出效应的实证研究。李小娟（2009）

等认为，外部均衡在货币政策中的地位以及国际经济渠道在货币政策传导机制中非常重要，从而使得保持货币政策的有效性变得更加复杂。开放经济条件下，货币政策传导渠道主要通过货币供应量、利率、汇率和资本流动、信号渠道和资产组合渠道产生溢出效应与影响（杨震，2014；朱孟楠等，2010、2017；姚余栋等，2014；卜林等，2015；陈雷等，2022）。近年来，国内学者运用VAR模型进行实证分析，来检验一国货币政策对其他国家实体经济的溢出效应及传导渠道（吴宏和刘威，2009；李增来和梁东黎，2011；陶士贵等，2016），李成和赵轲轲（2012）、李自磊和张云（2013）等运用SVAR方法，李力等（2016）、王曦等（2016）运用DSGE模型研究了美国货币政策对中国货币政策的溢出效应。纪志宏（2022）运用MS-VAR模型研究美国量化宽松货币政策经由资产价格渠道对收入分配的影响，探索如何优化我国货币政策总量与结构，以及促进经济公平和共同富裕。翟东升等（2022）运用TVP-SV-VAR模型研究认为，自新冠疫情以来，美欧日发达经济体激进的量化宽松政策推动了资产价格，对股市和房市的拉动作用比债市更有利，也产生了财富再分配效应。

三是美国退出量化宽松货币政策对中国经济的影响。谭小芬等（2013）、边卫红等（2013）认为，美国量化宽松货币政策的退出使得美国国债利率上升，短期资本流出中国，人民币汇率预期贬值，这又进一步加速短期资本流出中国，会对中国金融稳定造成冲击。张礼卿（2011）、张怀清（2013）、易宪容（2014）等认为，美国退出量化宽松货币政策会使新兴市场经济体金融动荡，因而中国应尽早估量其对中国及世界经济的影响，加强资本流动的管制。葛奇（2017）认为，美联储加息和缩减资产负债表，其影响程度相对有限，因而对经济的负面影响较小。

四是中国货币政策的双向影响。随着中国经济实力的不断增强，中国在世界贸易领域中的地位不断上升，国内外学者逐渐开始研究中国对其他国家的货币政策溢出效应。Ong等（2018）构建GVAR模型，研究1990—2015年美国、日本和中国对于20个亚洲地区国家的货币政策溢出效应，研究结果表明，中国对于亚洲地区的实体经济和金融市场的冲击作用逐渐超过美国，而相比之下日本的影响作用较弱。楚尔鸣和王真（2018）研究了1998—2016年中国对于51个国家的货币政策溢出效应，研究结果表明，价格型货币政策工具和数量型货币政策工具的溢出效应存在差异，金融开放程度、对外贸易依存度、经贸金融合作条件等因素会对溢出效应产生影响。黄宪和杨子荣（2016）、杨子荣等（2018）认为，中美两国货币政策具有双向溢出效应，而数量型货币政策工具的溢出效应强于价格型货币政策工具。因此，一国制定实施货币政策时必须考虑国际货币政策的影响。

(二) 货币政策溢出效应的传导渠道

美欧日发达经济体货币政策对其他国家经济和金融体系产生的溢出效应，会通过汇率渠道、利率渠道、资本流动渠道、贸易渠道和其他渠道的传导路径得以实现。

1. 汇率传导渠道

汇率渠道的货币政策溢出效应一般取决于被溢出国家的汇率制度，通常来讲，浮动汇率制度的国家，其汇率受到货币政策冲击的影响会非常迅速，而固定汇率制度的国家，汇率会受到的冲击效果相对有限。大多数学者已普遍证实了汇率渠道的重要性，并认为发达经济体货币政策冲击会对本国汇率产生较大的波动影响。哈贝里斯和利平斯卡（Haberis and Lipinska，2012）的研究表明，在外国的货币政策利率接近零下限时，外国实施更为宽松的货币政策会导致本国汇率升值；当商品具有高度可替代性时，会导致本国商品消费减少，外国商品消费上升，当商品具有较低可替代性时，本国商品市场获益。马理和余慧娟（2015）研究指出，美国量化宽松货币政策会对金砖国家产生持续稳定的影响，短期内会促进金砖国家产出上升，汇率升值，从而引起虚拟经济繁荣。刘尧成（2016）的研究表明，人民币汇率对中外利差的变化非常敏感，且在不同时期受到利差的影响程度会不断变化。Kim 和 Lim（2018）的研究认为，美国紧缩性货币政策显著引起英国、加拿大、瑞典和澳大利亚的汇率升值,并向实体经济传导。Claus 等(2018)的研究结果表明,无论美国实施常规货币政策还是非常规货币政策,紧缩性货币政策冲击均会引起十年期国债收益率和公司债券收益率上涨,金融资产价格产生波动。

2. 利率传导渠道

由于多数国家已实现较高程度的利率市场化,当发达经济体货币政策引起国内利率变化时,会带动整个利率体系发生相应的变化,并通过基准利率的确定和利率走廊的限制,形成新的均衡利率水平。较多学者肯定了利率渠道在货币政策溢出效应中的重要传导地位,并分析了对于不同国家传导产生异质性的原因。马克维亚克(Mackowiak, 2007)认为,美联储调整货币政策影响新兴经济体的传导途径主要为利率渠道和汇率渠道,且外部货币政策冲击大约能够解释新兴经济体汇率波动的 1/2,短期利率波动的 1/3,实际产出变动的 1/5 和价格水平变动的 1/2。谭小芬等(2016)的研究表明,美国退出量化宽松政策会导致新兴经济体汇率贬值、主要股票指数下跌以及国债收益率上涨,且不同国家受到的影响存在差异,其中经济基本面较好、金融市场较完善的国家受到的负面影响较小。章秀(2016)认为,美国货币政策冲击对于中美利差和汇率的影响具有同向性影响,且具有短期持续性的特点,而中美利差和汇率对中国金融状况与经济的影响为长期且有持续性。金春雨和张龙(2017)认为,在固定汇率制度下,美联储通过影响中美利差作用于中国的资本与金融账户,从而影响中国经济整体水平;在浮动汇率制度下,美联储通过干扰人民币与美元汇率作用于经常账户,进而影响中国经济整体水平。

3. 资本流动传导渠道

资本流动渠道机制的形成,主要是由于资本倾向于从资本回报率较低的国家流向资本回报率较高的国家,尤其是对于资本开放程度较高的国家,频繁且大规模的资金流动会对市场价格造成强烈冲击。通过与其他渠道的对比,较多学者认为,货币政策通过资本流动渠道的影响较为强烈。库珀（Cooper，1969）根据蒙代尔—弗莱明模型（MF模型）推导出，在国际资本能够自由流动的前提下，存在国家间的货币政策溢出效应，并且该效应导致发达经济体货币政策协调的必要性。而一国量化宽松货币政策的变化，会使一国资本流动发生变化，进而通过传导机制引起一国汇率的变动，并且资本流动与汇率变动之间相互影响（Sula，2009；Magud et al.，2011；Lee et al.，2013）。班纳吉等（Banerjee et al.，2016）侧重研究发达经济体货币政策对新兴经济体的溢出效应，研究结果表明，美联储加息会导致新兴经济体流入资本缩减，GDP下降和汇率贬值；此外，在考虑金融摩擦因素后，该溢出效应更为显著。肖卫国和兰晓梅（2017）认为，美联储货币政策常态化主要通过资本流动渠道、汇率渠道和利率渠道三种渠道对中国经济产生溢出效应，其中资本流动渠道的影响较为强烈，并会对中国资产价格产生冲击。阿纳亚等（Anaya et al.，2017）的研究结果表明，资本流动渠道在美国非常规货币政策对新兴经济体溢出效应中起到重要作用，扩张性的货币政策对新兴经济体的冲击通常能够持续2个季度，并伴随明显的经济变量和金融变量的波动。陈卫东、王有鑫（2022）研究认为，跨境资本流动主要影响他国债务和金融市场稳定，私人资产和跨境流动性的顺周期变化将放大中央银行流动性对经济金融体系的影响。美欧等国际货币发行国处于全球经济金融体系核心位置，可以将货币超发成本转嫁给其他国家。谭小芬等（2023）认为，2008年国际金融危机后，跨境资本流动是输入性金融风险的重要传导渠道。

4. 贸易传导渠道

根据传统理论，宽松的货币政策冲击通常会促进贸易规模上升，紧缩性货币政策冲击会抑制贸易规模，而贸易规模的增加会促进物价指数的上涨、经济的繁荣和金融市场交易规模的扩大，贸易规模缩减则可能导致经济滞胀、经济的衰退和金融市场的萎缩。较多学者肯定了贸易渠道的重要性，并指出影响贸易渠道有效性的因素包括汇率制度、时期长短、实施货币政策的主体等。Kim（2001）的研究认为，美国扩张性的货币政策能够促进非美国以外的其他 G6 国家的经济繁荣，其中，贸易平衡渠道仅起到次要作用，而世界真实利率的降低起到更为重要的作用；美国扩张性的货币政策会在一年之内恶化美国的贸易平衡，但之后会有所改善。何国华和彭意（2014）对比美国和日本货币政策的不同溢出效果，指出美联储扩张性的货币政策主要影响中国的通货膨胀和汇率水平，而日本货币政策对中国的外贸影响程度更大，因此可以通过调整出口商品价格和结算币种等方式，以降低日本货币政策对中国的冲击。乔治亚迪斯（Georgiadis，2016）指出，美联储的货币政策调整对全球其他经济体的冲击效应，主要与贸易金融一体化、金融开放度、汇率制度、金融市场发展水平、劳动力市场自由度、产业结构特征、参与全球价值链分工等多种因素相关；一国对外贸易水平越高，对美国货币政策的敏感度越低。陈虹和马永健（2016）研究结果表明，美联储货币政策对中国的影响路径主要为贸易渠道和输入性通货膨胀效应。刘尧成（2016）的研究指出，美日欧发达经济体货币政策会对人民币汇率及中国贸易差额在不同时期产生不同溢出效果，在短期内大规模的量化宽松货币政策会引起人民币汇率升值及贸易额下降，而在中长期人民币汇率对贸易差额的影响为"倒 J 形"，即汇率弹性理论在中国并不成立。楚尔鸣和王真（2018）研究中国对 51 个国家的货币政策溢出效应的差异，认为就对中国贸易依存度较高的国家而言，中国货币政策对其经济增长的影响时效较长并包含滞后一期，而就对中国贸易依存度较低的国家而言，中国货币政策对其经济增长影响时效仅包含当期。

5. 其他传导渠道

其他传导渠道主要有信号渠道、资产价格渠道和国际信贷渠道。

信号渠道没有直接改变任何经济变量，但却对市场预期产生较强的干预，并改变不同国家的短期金融资产波动。信号渠道可以在一定程度上缓解流动性陷阱问题，并缓和利率传导渠道的剧烈影响。由于信号渠道的指标度量存在一定选择难度，目前对信号渠道传导效果的研究范围较为局限。而鲍尔和尼利（Bauer and Neely，2014）采用动态期限模型研究认为：美联储大规模的资产购买，通过信号渠道和投资组合平衡渠道，导致国际债券收益率的下降；信号渠道对于美国和加拿大而言是存在且显著的，而投资组合平衡渠道则更多影响澳大利亚和德国的债券收益率，对于日本而言，信号渠道基本上不存在，而投资组合平衡的效应也是较为微弱的；总体而言，对于美国非常规货币政策较为敏感的国家，其信号效应较为明显，而对于国际债券替代性较强的国家而言，投资组合平衡效应较显著。郭红玉和张运龙（2016）的研究认为，资产组合再平衡渠道和信号渠道是中央银行资产负债表政策传导的主要渠道，其中信号渠道主要通过影响市场预期来发挥作用，因此政策的有效性在一定程度上取决于公众对中央银行政策的理解。

资产组合渠道是指在规避风险并实现利益最大化目标的条件下，通过调整资产组合结构，购买或卖出其他国家的风险资产或货币，从而引起其他国家资产价格和汇率产生波动（郭红玉和张运龙，2016）。资产组合渠道建立在资本流动渠道基础上，由于国际投资基金规模的不断扩大，当主要发达经济体货币政策的变化引起国际基金投资策略发生变化时，对不同国家的溢出效应也在逐渐增强。资产组合渠道在短期具有较强的冲击力，根据投资策略的不同而具有明显的投机性，且不易被预测，因此逐渐开始被学者重视。目前，学者对于资产配置渠道的传导效果意见较为一致，认为资产组合渠道对于新兴经济体的影响超过发达经济体（Bauer and Neely，2014；Karolyi and Mclaren，2017；Koepke，2018）。

随着国际金融一体化的不断发展，国际银行在国际金融市场上具有越来越重要的影响力。当主要发达经济体货币政策的变动改变国际银行的信贷行为时，会通过信贷资金的转移对金融市场造成冲击。对于大量通过借贷来缓解国内经济压力的小型经济体，国际信贷渠道的传导效果更强。学者对国际信贷渠道的研究主要集中在欧债危机爆发之后，并且集中于小型开放经济体。施密特等（Schmidt et al.，2018）侧重研究美国和英国货币政策对意大利和法国银行系统信贷供给的影响，证实国际银行信贷渠道的存在性；其研究结果显示，外部的紧缩性货币政策会引起国内信贷供给的减少，而当货币互换市场的压力较高时，银行对于欧元贷款和其他货币贷款的调节方式存在差异，即不同货币的基金来源并不是完全可替代的。高耶夫斯基等（Gajewski et al.，2019）的研究表明，美国、欧元区、英国和日本等主要发达经济体货币政策对智利、韩国和波兰三个小型开放新兴经济体国内银行信贷存在溢出效应；大量外国投资直接进入银行系统以满足资金需求，使常驻智利、韩国和波兰的银行系统持有的外国负债大于外国资产。

二 短期国际资本流动与汇率波动的关系及影响研究

发达经济体货币政策的变化对其他国家的影响，主要通过短期国际资本流动等途径影响一国汇率水平变化，因此，研究短期国际资本流动与汇率的关系十分重要。

（一）短期国际资本流动对汇率波动影响的研究

关于短期国际资本流动对汇率波动影响的研究中，部分国外学者认为，短期国际资本的流入将导致东道国货币的升值（Cardarelli et al.，2009；Magud et al.，2011；Ibarra et al.，2011），而拉尔蒂（Lartey，2007）则认为，除外国直接投资（FDI）以外的国际资本流动类型（短期国际资本、证券投资等）都不影响汇率的变化。

同时，国内学者研究了短期国际资本流动给人民币汇率带来的影响，大部分学者认为，短期国际资本流入中国会给人民币带来升值压力（王军，2011；陈小平，2013；王申和陶士贵，2015）。彭红枫和祝小全（2019）认为，在2005年人民币汇率机制改革后，短期国际资本的流动对汇率的影响最为显著，而随着人民币汇率波动区间扩大，且逐渐转为双向波动后，汇率弹性的增加缓和了短期国际资本流动对人民币汇率的影响。王金明和王心培（2021）构建NARDL模型，研究国际资本流动与外汇市场压力间的影响，认为短期来看国际资本的流动对外汇市场的影响存在异质性，而长期下国际资本的正向冲击则带来汇率升值压力。而赵文胜等（2011）的研究得到了不同的结论，认为短期资本的流动会对人民币实际有效汇率产生显著负向的影响。

（二）汇率波动对短期国际资本流动影响的研究

关于汇率波动对短期国际资本流动的影响研究，大部分学者认为，一国货币汇率的升值将造成短期国际资本流入该国家（Hau and Rey，2006；Martin et al.，2008；丁志杰等，2008；陈浪南和陈云，2009；李宏和钱利，2011；Cover and Mallick，2012；陶士贵和张斯宇，2016；张庆和刘可然，2019）。同时，还有学者研究了汇率通过中介渠道间接影响短期国际资本的情况。卜林等（2015）的研究结果表明，人民币汇率会对资产价格（股票价格）产生影响，而资产价格将进一步造成短期国际资本流动的变动。刘骏斌和刘晓星（2017）认为，美国货币政策的变化将影响人民币汇率波动进而影响中国短期国际资本的流动。李明明和秦凤鸣（2018）建立货币需求资产组合模型，验证了汇率波动与短期国际资本流动间的关系，发现人民币的升值可以通过人民币国际化的传导机制，造成短期国际资本的流入。

关于人民币汇率波动对中国短期国际资本流动影响的成果颇为丰富。张谊浩和沈晓华（2008）通过理论模型（CLR 模型和多重套利模型）和计量模型，实证检验了人民币汇率、资产价格与短期资本流动的互动关系，结果表明人民币汇率波动对中国短期资本存在单向影响。杨冬和张月红（2014）研究结果认为，二者间关系存在时变性特征。黄绍进等（2021）认为，人民币汇率的波动与汇率预期的波动均对中国短期国际资本流动造成影响，且汇率预期的影响程度大于汇率波动对短期资本流动的影响。李艳丽等（2021）研究人民币汇率波动的双向变化（升值或贬值）对短期国际资本流动的非对称性影响，结果表明人民币升值导致短期资本流入中国，而汇率的贬值将造成短期资本的流出。而肖卫国和兰晓梅（2017）认为，随着我国人民币汇率形成机制的不断改革，人民币汇率波动对短期国际资本的影响效果在逐渐减弱。

（三）短期国际资本流动与汇率波动间互动关系的研究

大多数学者认为，汇率升值会吸引短期国际资本的流入，而流入的短期资本将进一步对汇率产生升值压力，形成正向强化反馈的循环机制（吴丽华和傅广敏，2014；王申和陶士贵，2015；朱孟楠和刘林，2010；周申和朱娇，2017）。马丁和莫里森（Martin and Morrison，2008）也认为，短期国际资本流动与汇率间存在反馈机制，短期国际资本流入一国的原因除了利率差异，还与汇率的升值有关，正如2007年左右中国人民银行将基准年利率提升，且人民币预期升值的综合作用为热钱流入中国提供了强大的动力。而热钱的大量流入导致了通货膨胀，也进一步推高了利率，从而吸引了更多短期资本流入。但也有学者与之研究不同，赵进文和张敬思（2013）通过理论分析与实证研究，验证了汇率与短期国际资本和资产价格之间存在着一种动态循环，即人民币的升值将造成短期国际资本外流，资产价格下跌，进而使人民币产生贬值压力。

李艳丽和曹文龙（2022）等梳理了短期国际资本流动、汇率与汇率预期三者间的联动机制，并通过 MS-VAR 模型验证了不同经济状况下三者间的非线性关系，认为短期国际资本的净流入增加均造成人民币汇率与汇率预期的升值，而人民币汇率与汇率预期的升值在短期内又将进一步带来短期国际资本的净流入。这与赵彦志（2011）、钱晓霞和王维安（2016）、陈创练等（2017）、阙澄宇和孙小玄（2022）的研究结果一致。

三 货币政策与人民币汇率之间的关系与影响研究

杜普伊和米歇尔（Dupuy and Michel，2010）认为，尽管量化宽松货币政策主要作用于长期利率和资产价格，但是它们对汇率也产生作用。赵文胜和张屹山（2012）研究发现，发达经济体量化宽松货币政策在降低短期利率后会引起人民币的持久性升值，但是其解释汇率变动的能力相比中国采取紧缩性货币政策较弱。姚余栋等（2014）通过构建一个包含资本流动扰动的开放经济模型考察货币政策规则与汇率变动的关系，认为新兴经济体对货币错配的承受能力较弱，其应对汇率的变动进行管理，避免宏观经济的巨大福利损失。李艳丽等（2022）认为，汇率稳定性会降低货币政策的独立性。而徐小君、陈学彬（2014）则认为，汇率变化对经济波动起着减缓和稳定的作用，需求因素的外生冲击是导致经济波动的主要源头，货币政策传导的汇率影响渠道作用效果不显著。因此，需要宏观审慎政策与货币政策互相配合，发挥协同效应；应实行宏观审慎管理政策和资本管制政策来加强资本流动管理以应对各种冲击，维持金融稳定；应构建适应和引领经济发展新常态的宏观金融调控体系，完善我国货币政策目标体系，创新货币政策工具等，提升我国货币政策的独立性；在开放经济条件下，应全方面考虑最优货币政策选择，加强货币政策国际协调（王爱俭、王璟怡，2014；李力等，2016；潘敏，2016；葛奇，2017；徐忠，2017；Nispi，2017；李宏瑾，2022；Coman and Lloyd，2022；欧阳远芬，2022；庄子罐等，2022；赵胜民和张博超，2022）。

同时，近年来国内外学者对汇率变动的考察呈现出两大学派：一部分学者针对传统的宏观视角研究汇率变动，另一部分学者从微观视角研究汇率变动。然而，宏观视角下的汇率变动实证研究存在着较大的局限性，即实证结论存在广泛分歧、理论基础的视角束缚导致汇率变动的研究视角具有局限性、不同国家面临着不同的经济状况和汇率制度，使研究缺乏统一而有效的标准（Faust and Rogers，2003；Tao，2005；Narayan，2008；Juvenal，2011；王永茂和刘惠好，2011；Valcarcel，2013；齐晓楠等，2013；姚余栋等，2014）。与宏观视角下汇率变动研究不同的是，微观视角下汇率变动研究因具有统一的标准而具有研究结论的一致性（Gradojevic，2009；李晓峰和陈华，2010；Yuliya and Alejandro，2013；Zhichao and Frankie，2013）。但是，我们认为从目前来看，研究发达经济体货币政策调整对人民币汇率变动的影响既离不开宏观视角也离不开微观视角。从理论分析来看，近年来的研究往往将宏观因素与微观因素进行结合,进而给出汇率变动的可检验实证模型(Evans and Lyons,1999;Killeen, et al.,2000)。从实证分析来看,其本身发展路径也承认了宏观经济因素对汇率变动的影响,从而建立了将宏观因素与微观因素有机结合的混合建模方法(Yinwong and Dagfinn,2014;Katusiime, et al.,2015)。因此,应实行弹性人民币汇率,优化汇率政策,最终实现人民币汇率可自由浮动(管涛和谢峰,2016;余永定和肖立晟,2016)。

四 宏观审慎监管研究

针对发达经济体货币政策变化对人民币汇率波动带来的风险和不利影响,需要加强宏观审慎监管和外汇干预,防止短期国际资本流动,以保证人民币汇率稳定。

(一)宏观审慎政策研究

许多学者研究表明,宏观审慎政策能够有效抵御外部冲击的影响。吉洛斯等(Gelos et al.,2022)研究表明,宏观审慎政策能够缓解全球的负向冲击对证券资本流动波动的影响。戈什和库马尔(Ghosh and Kumar,2022)研究发现,宏观审慎政策能够缓解全球经济不确定性对于国内信贷的影响,这种缓解作用在汇率制度比较灵活的国家更加有效。安德里科普洛斯等(Andrikopoulos et al.,2023)研究发现,各国宏观审慎政策的收紧,可以缓解全球经济政策不确定性对于其资本流动的冲击。布鲁诺等(Bruno et al.,2017)研究发现,以金融稳定为导向的资本管理工具以及外汇宏观审慎政策能够有效减少资本流动。

然而,也有学者认为,在缓解外部冲击时宏观审慎政策的调整存在溢出效应,以及调整不同目标其效果不同。福布斯(Forbes,2021)认为,宏观审慎政策对信贷调控较好,但是不能有效调节资本流动。安纳特等(Ahnert et al.,2021)认为,宏观审慎政策的效果是有局限性的,只能解决特定的问题,同时也会产生新的风险。谭小芬和李兴申

（2021）研究发现，当美国实施宽松货币政策时，各国收紧宏观审慎政策会导致跨境债券基金净资本流入增加，削弱宏观审慎政策的有效性，同时该溢出效应在不同汇率制度的国家存在差异。查理等（Chari et al.，2022）认为，宏观审慎政策在极端事件时期能够更好地发挥作用，并研究了在全球风险冲击下宏观审慎政策对跨境资本流动的影响，发现全球风险为正（Risk on）时，国内宏观审慎政策收紧会导致资本流入增加，全球风险为负（Risk off）时，国内宏观审慎政策收紧会导致资本流出增加，整体而言，宏观审慎能够降低银行资本流动的波动性，但是会增加金融体系中其他部门的风险。

对于整体宏观审慎政策调控效果而言，中国采取了许多宏观审慎政策有效抵御了外部冲击对中国的影响。王有鑫等（2021）研究了在不同经济周期下，外部冲击对中国经济的影响以及宏观审慎政策的调节效果，研究发现当中国经济处于平稳期和衰退期时，宏观审慎政策能够很好地平抑外部冲击的影响，其中限制贷款价值比的方式效果最好。胡小文（2023）从中国"双支柱"政策（货币政策与宏观审慎政策进行搭配）角度，研究了美联储加息时中国的政策应对问题，认为美联储加息会产生跨境资本流动风险，导致汇率和资产价格波动加剧，造成经济下行。中国在进行政策应对时，小幅跟进式加息能缓解产出波动，但不能缓解汇率、跨境资本和资产价格的波动，而大幅加息会造成经济和金融风险的上升，而"双支柱"政策，既能抑制跨境资本流出，又能降低经济波动与金融风险。

对于外汇宏观审慎政策调控效果而言，何青等（2018）研究了逆周期调节因子对人民币汇率的影响，发现引入逆周期因子降低了人民币汇率波动性，但对人民币汇率的走势没有显著影响，逆周期因子修正了投资者对汇率变动顺周期性的过度反应，有利于引导市场预期。苗文龙（2021）研究了中国跨境资本流动宏观审慎政策管理资本流动的效果，发现全口径跨境融资管理对短期资本流动具有一定的影响，银行结售汇和外汇风险准备金率、境外金融机构境内存放存款准备金率等价格型监管工具虽然难以有效调控短期资本流出和流入，但对国家外汇储备增减具有重要的影响。季云华等（2021）实证检验了外部冲击对中国国际收支平衡的影响，以及中国跨境资金宏观审慎政策有效性，发现跨境资金宏观审慎政策调控力度需适中，调控力度过大会对外汇市场稳定产生影响，调控启停时机要合适，政策调控时间增加时，其效力是边际递减的，同时跨境资金宏观审慎政策对资本流出的影响比对资本流入的影响更显著，对直接投资、证券投资的影响更为显著。王有鑫等（2022）研究了中国跨境资本流动宏观审慎政策对输入型金融风险的调节，发现外汇宏观审慎政策可以通过调节跨境资本流动降低输入性金融风险，缓解外部风险对国内风险的传导，从调节效果来看，调节外汇市场输入性风险效果最好，股票和债券市场次之。陆磊等（2022）研究了中国跨境融资宏观审慎政策抵御外部冲击的效果，研究发现，国外加息、国外产出下降以及不确定性上升均会带来我国实体经济活动的显著下降，跨境融资宏观审慎管理政策能缓冲外部不利冲击对我国实体经济的溢出效应，当外部不利冲击造成我国经济下滑时，适当上调跨境融资宏观审慎调节参数有利于缓解实体部门的紧缩压力。谷宇和王宇凡（2023）研究了外汇存款准备金、外汇风险准备金以及逆周期因子对人民币汇率的影响，发现外汇存款准备金率和外汇风险准备金率对汇率预期起到了合意的政策效果，而逆周期因子主要在 2020 年 6 月以前发挥作用。

（二）外汇干预研究

许多学者研究发现，外汇干预政策的实施能够有效抵御外部冲击。霍夫曼（Hofmann，2019）研究发现，当大量资本流入推高国内汇率的时候，外汇干预可以抑制汇率升值，同时有助于减缓信贷增长，很好地进行了逆周期调节。易祯等（2023）研究了各国外汇干预对汇率的调控，研究发现买入方向的外汇干预显著影响汇率水平变动，而卖出方向的外汇干预影响不显著，且买入方向与卖出方向的干预均会放大汇率波动率。

近年来，随着人民币汇率市场化程度提升，中国外汇干预程度逐渐下降，其抵御外部冲击的作用也有所下降。何诚颖等（2013）研究发现，外汇干预作为联系汇率与股票价格的纽带，能够起到稳定人民币汇率的作用，同时也会在短期内推高国内股价。司登奎等（2018）研究发现，中央银行外汇干预能够在短期内起到稳定人民币汇率的作用，但在长期会加剧汇率波动。同时，中央银行外汇干预短期内会加剧投资者情绪波动而使得干预效果减弱，但在长期投资者情绪对汇率的影响不明显。熊亚辉等（2021）利用2010—2018年的月度数据，研究发现，中央银行外汇干预稳定人民币汇率的作用在下降，中央银行外汇干预、人民币汇率变动分别与不同期限、不同评级债券信用利差变化之间的联动效应具有不对称性。

五 文献述评

上述研究多是分别研究发达经济体货币政策的国际传导渠道与溢出效应、短期国际资本流动与汇率的波动关系和影响、货币政策与人民币汇率之间的关系和影响，但在后危机时期全球货币政策正常化对中国货币政策与人民币汇率之间的动态关系与影响方面研究较少，尤其针对2017年以来国际金融市场出现的新现象和新问题对中国货币政策、跨境资本流动和人民币汇率的影响研究较少。

以往研究的缺陷在于：

第一，关于货币政策溢出效应的研究较为丰富，学者分别从不同传导渠道研究美国等发达经济体货币政策调整对其他经济体的经济和金融体系的溢出效应，并探讨影响溢出效应的不同因素所发挥的作用，证实了主要发达经济体货币政策对不同经济和金融变量溢出效应的显著性。但是缺少对美欧日发达经济体货币政策调整对中国的经济和金融体系溢出效应的研究。

第二，关于短期国际资本流动和汇率的关系和影响，主要探讨短期国际资本流动对汇率波动影响的研究，认为短期国际资本流入中国会给人民币带来升值压力，随着人民币汇率波动区间扩大，且逐渐转为双向波动后，汇率弹性的增加缓和了短期国际资本对人民币汇率的影响。同时，有学者研究了汇率波动对短期国际资本流动的影响，认为一国货币汇率的升值将造成短期国际资本流入该国家。最后，大多数学者研究了短期国际资本流动与汇率波动间的互动关系，认为流入的短期资本将进一步对汇率产生升值压力，形成正向强化反馈的循环机制。但是，缺少后金融危机时期短期国际资本流动和汇率的关系与影响研究。

第三，关于货币政策与人民币汇率之间的关系与影响研究，大多数学者认为在量化宽松货币政策背景下，人民币汇率升值或贬值仍具有较大的不确定性，并做了实证分析，得出有价值的结论。但缺少时变动态分析和混合视角分析。同时，从现有的研究来看，大多数的研究认为，汇率的波动和短期国际资本的流动遵循线性变化的特征，但是缺少考虑汇率形成机制中汇率的波动和短期国际资本的流动具有非线性特征的研究。

第四，关于发达经济体货币政策与中国货币政策和人民币汇率关系，以往研究侧重发达经济体货币政策与中国货币政策关系、发达经济体货币政策与人民币汇率关系、中国货币政策和人民币汇率关系三个方面关系研究，这些研究从理论分析到经验论证，或是实证研究模型的丰富性来看都取得了丰硕的成果，但是缺乏将货币政策、短期国际资本流动与人民币汇率波动三者纳入同一框架下进行理论分析与实证检验的文献。随着中国金融账户的逐渐开放，短期国际资本的流动从单向流入转为双向波动且流动规模扩大，对人民币汇率波动和汇率稳定形成考验，许多方面仍缺乏理论与实践的支撑。

第五，关于宏观审慎监管研究，以往学者在探究中国如何应对发达经济体货币政策冲击时，大多评估了宏观审慎政策的立场效果，但是在评估宏观审慎政策效果的研究中，很多学者对相应的政策界定不清晰，一方面存在数据粗放的问题，将中国所有宏观审慎政策纳入其中；另一方面存在数据疏漏问题，对相应的政策梳理不够完整。尤其缺乏外汇宏观审慎政策和外汇干预方面的研究，因此加入宏观审慎政策研究具有重要意义。

现有研究较为丰富，但本书仍然存在可以进一步拓展和补充内容：

第一，部分学者已证实一国货币政策对中国货币政策和人民币汇率波动产生的影响，进而对本国金融风险具有一定影响，但从外部视角研究美欧日发达经济体对中国货币政策和人民币汇率异质性影响的文献仍然较少，且对异质性的论述内容不够完善。虽然多数学者已经证实外部货币政策冲击通过多种传导渠道会对其他国家产生溢出效应，并且通过 SVAR、MS-VAR、TVP-SV-VAR 模型，综合推导出美欧日发达经济体货币政策对其他国家货币政策的溢出效应。由于美欧日发达经济体分别实施数量型货币政策和价格型货币政策对中国货币政策的影响存在差异，所以有进一步对比和分析的空间。因此，本书侧重对后危机时期发达经济体货币政策新变化及其对中国货币政策的影响程度、溢出效应的存在性、贡献率大小及溢出效应的传导渠道有效性进行对比分析，以及中国货币政策的变化对发达经济体货币政策的影响和溢出效应。

第二，在研究美欧日发达经济体对中国货币政策和人民币汇率波动的影响过程中，现有文献缺乏三者之间关系和影响的作用讨论。因此，本书侧重研究货币政策、跨境资本流动与人民币汇率波动之间的关系和影响，并实证分析三者的传导渠道和影响大小以及排序。同时，从宏观与微观综合视角，利用 Markov-VAR 模型、SVAR 模型和 TVP-SV-VAR 模型，实证分析货币政策、短期国际资本流动与人民币汇率波动之间的动态关系和影响。

第三，在研究主要发达经济体对中国货币政策和人民币汇率波动的影响过程中，对其可能产生的金融风险的研究比较丰富。本书主要选择了外汇宏观审慎政策，同时将外汇干预纳入其中，研究中国应对主要发达经济体货币政策变动对人民币汇率波动影响的政策。因此，本书侧重研究后危机时期发达经济体货币政策对中国货币政策和人民币汇率波动影响的宏观审慎监管，从而进一步地将货币政策、人民币汇率波动和宏观审慎监管三者纳入统一框架进行研究。同时，提出后危机时期最优货币政策选择和国际协调政策与人民币汇率稳定的政策选择，以保证中国金融体系安全与高质量稳健运行。这为中央银行制定货币政策，保证人民币汇率稳定，防范汇率波动风险提供理论和实证经验方面的参考依据。

第三节 研究内容和研究方法

一 研究内容

本书在梳理文献与界定货币政策和汇率决定与变动原理基础上，分析货币政策、短期资本流动和人民币汇率三者之间的关系、传导渠道和溢出效应。定性分析后危机时期发达经济体货币政策新变化与其汇率波动的特点与溢出影响，以及中国货币政策和人民币汇率波动的特点与溢出影响，并实证检验发达经济体货币政策的新变化对中国货币政策和人民币汇率波动的影响，以及中国货币政策和人民币汇率波动的溢出效应与传导渠道以及宏观审慎监管，最后提出后危机时期制定和调整中国货币政策和稳定人民币汇率的目标与政策选择。

本书共分九章：

第一章，绪论。首先，介绍本书的研究背景和研究意义；其次，分别从发达经济体货币政策的溢出效应与传导渠道、短期国际资本流动与汇率波动的关系和影响、货币政策与人民币汇率之间的关系与影响三个方面对关于货币政策、短期国际资本流动与人民币汇率波动的作用关系、宏观审慎监管方面的文献进行梳理，并总结目前的研究现状特点及扩展方向；其次，对本书研究内容和研究方法进行归纳总结，并阐明本书的框架结构；最后，指出本书研究的创新点和不足之处。

第二章，发达经济体货币政策和汇率传导的理论机制。主要对研究问题的理论机制进行整理推导，为本书的研究奠定理论基础。首先，理论基础。其次，分别对蒙代尔—弗莱明模型和传导渠道如汇率渠道、利率渠道、贸易渠道和资本流动渠道原理等进行梳理。再次，发达经济体货币政策对人民币汇率波动影响机制。最后，中国货币政策对人民币汇率波动影响传导渠道，并绘制货币政策对人民币汇率波动传导机制图。

第三章，后金融危机时期全球货币政策的新变化、新特点与影响。首先，分析发达经济体货币政策的新变化、特点与趋势。其次，分析发达经济体货币政策与其汇率间的动态关系与影响。最后，分析发达经济体货币政策新变化对中国货币政策和人民币汇率的影响。

第四章，后金融危机时期中国货币政策与人民币汇率波动的特点与影响分析。首先，分析中国货币政策的现状与溢出效应。其次，定性分析中国货币政策与人民币汇率波动的关系与影响，认为货币政策变化、短期跨境资本流动对人民币汇率波动有直接影响和间接影响，并通过货币供应量、相对利率、通货膨胀、人民币汇率预期等传导渠道对人民币汇率波动产生正向冲击，带来一定的风险。

第五章，发达经济体货币政策新变化对中国货币政策和人民币汇率波动影响的实证研究。首先，美欧日发达经济体货币政策的新变化对中国货币政策的影响实证分析。包括数据和模型的选取、时间序列的检验、SVAR模型的建立、实证分析等，认为发达国家货币政策调整与新变化对中国货币政策的影响明显，会带来一定的冲击。其次，美欧日发达经济体货币政策新变化对人民币汇率波动的影响实证研究。通过采用马尔可夫区制转换（Markov Switching）计量方法，将其与外汇经销商定价模型（DP）相结合，用于研究发达经济体货币政策调整对人民币汇率变动的影响。最后，美欧日发达经济体货币政策新变化对人民币汇率波动的影响分析。运用TVP-SV-VAR模型，考虑了时变特征。

第六章，中国货币政策对人民币汇率波动的溢出效应与传导机制的实证分析。运用Markov-VAR模型分析中国货币政策、跨境资本流动与人民币汇率波动的动态关系与影响，溢出效应、传导渠道和影响大小以及排序，并分析中国对发达国家的影响因素。

第七章，发达经济体货币政策对中国货币政策和人民币汇率波动影响的总体实证分析。在上述第五章和第六章分解基础上，本章运用 TVP-SV-VAR 模型，综合检验发达经济体货币政策对中国货币政策和人民币汇率波动的总影响，并认为中国货币政策调整也会通过货币供应量、利率、汇率和跨境资本流动传导渠道对发达经济体国家货币政策产生溢出效应。

第八章，发达经济体货币政策对中国货币政策和人民币汇率波动的影响实证研究——基于宏观审慎监管视角。从外汇审慎监管和外汇干预视角两方面进行研究。

第九章，研究结论与政策建议。主要对实证结论进行归纳整理，并提出相应的政策建议。

本书的框架结构如图 1-1 所示。

二 研究方法

（一）理论分析与实证分析相结合

本书先在理论机制部分采用规范分析，根据经典模型将主要发达经济体货币政策对中国货币政策和人民币汇率的作用原理和传导影响机制进行说明，并通过定性分析总结出特点和影响。通过将理论分析与实证分析相结合，能够增加研究问题的深度和层次，并确保结论的准确性和可靠性。

（二）比较分析和规范分析相结合

本书在实证检验美欧日发达经济体货币政策对中国货币政策的异质性影响部分，先对比分析美国、欧元区、日本三个发达经济体实施价格型货币政策和数量型货币政策的不同影响，再对比汇率渠道、利率渠道、资本流动渠道和贸易渠道的有效性差异，最后归纳总结主要发达经济体货币政策对中国货币政策的异质性影响特征。本书在实证检验美欧日发达经济体货币政策对人民币汇率波动的影响部分，对比发达经济体货币政策对人民币汇率波动的异质性影响特征等。本书也实证检验了美

```
提出问题
  绪论
    ├── 研究背景与研究意义
    ├── 文献综述
    ├── 研究内容与研究方法
    └── 创新与不足

理论分析
  发达经济体货币政策和汇率传导的理论机制
    ├── 理论基础
    ├── 发达经济体货币政策对中国货币政策影响机制
    ├── 发达经济体货币政策对人民币汇率波动影响机制
    └── 中国货币政策对人民币汇率波动影响传导渠道

定性分析
  后危机时期全球货币政策的新变化、新特点与影响
    ├── 发达经济体货币政策新变化、新特点与趋势分析
    ├── 发达经济体货币政策与其汇率间的动态关系与影响分析
    └── 发达经济体货币政策变化对中国货币政策和人民币汇率波动的影响分析

定性分析
  后危机时期中国货币政策与人民币汇率波动的特点与影响分析
    ├── 中国货币政策的现状与溢出效应
    └── 中国货币政策与人民币汇率波动关系与影响分析

实证检验
  发达经济体货币政策新变化对中国货币政策和人民币汇率波动影响的实证研究
    ├── 美欧日货币政策新变化对中国货币政策的影响实证分析（SVAR模型）
    ├── 美欧日货币政策调整对人民币汇率变动影响实证分析——基于混合模型视角（MS-VAR模型）
    └── 美欧日货币政策新变化对人民币汇率波动的影响分析（TVP-SV-VAR模型）

实证检验
  中国货币政策对人民币汇率波动的溢出效应与传导机制的实证分析
    ├── 变量选取
    ├── 模型设定
    └── 实证分析

实证检验
  发达经济体货币政策对中国货币政策和人民币汇率波动影响的总体实证分析
    ├── 变量选取
    ├── 模型设定
    └── 实证分析

实证检验
  发达经济体货币政策对中国货币政策和人民币汇率波动的影响实证研究——基于宏观审慎监管视角
    ├── 变量选取
    ├── 模型设定
    └── 实证分析

解决问题
  研究结论与政策建议
    ├── 研究结论
    └── 政策建设
```

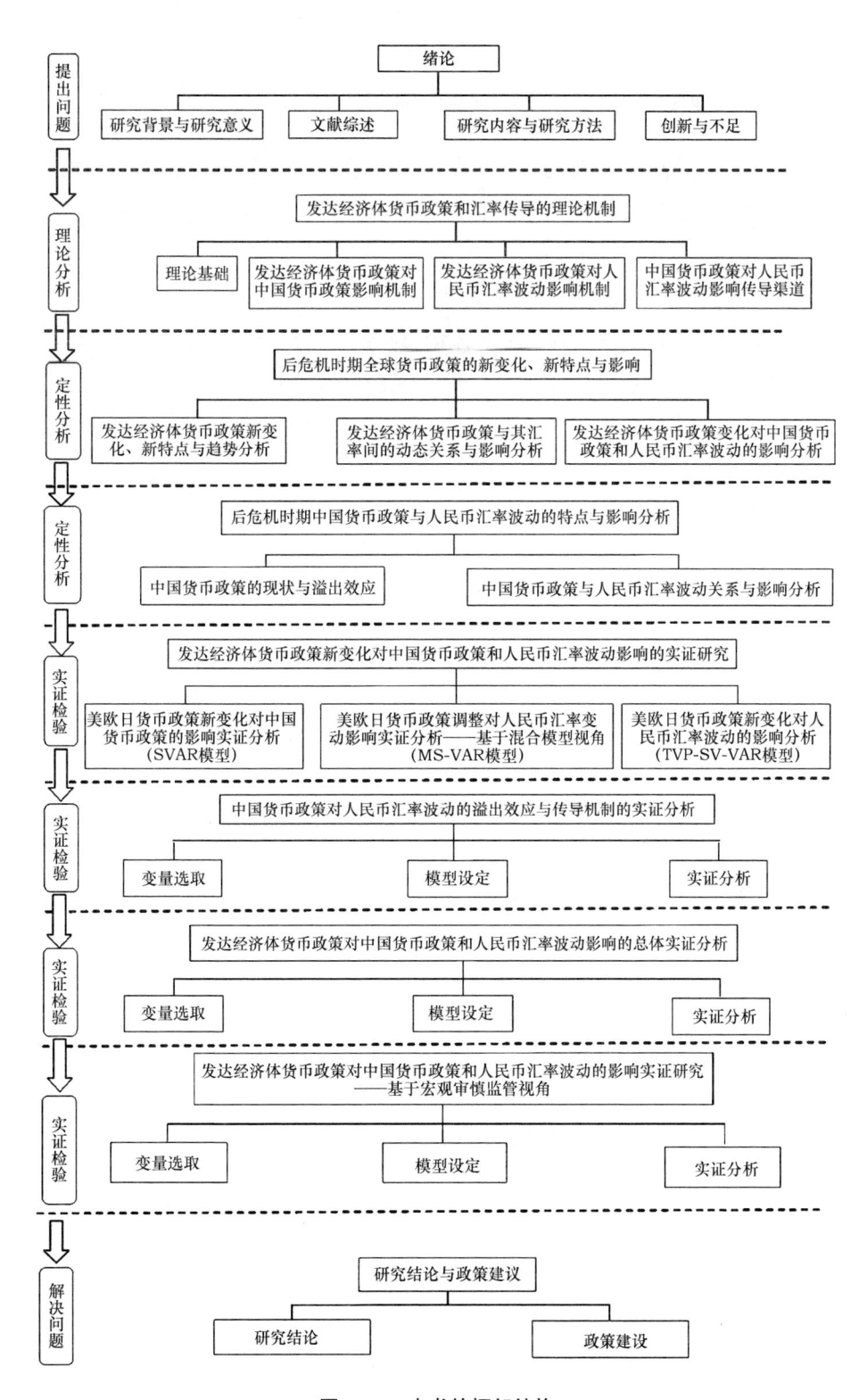

图1-1　本书的框架结构

欧日发达经济体货币政策对中国货币政策和人民币汇率波动的总影响等。通过将比较分析和规范分析相结合，能够使研究结论更加准确和合理。

（三）局部分析与整体分析相结合

本书首先从美欧日发达经济体货币政策对中国货币政策的影响、美欧日发达经济体货币政策对人民币汇率波动的影响、中国货币政策对人民币汇率的影响三个局部视角，分别梳理了三者之间的关系和影响机制；其次，从整体角度将货币政策、短期国际资本流动、汇率三者关系和影响机制放在一起进行分析，研究发达经济体货币政策对中国货币政策和人民币汇率波动总的影响机制，并开展实证分析；最后，进一步将货币政策、人民币汇率波动、宏观审慎监管纳入同一框架进行整体分析，使研究内容更加丰富而全面。

第四节　本书的创新与不足

一　本书的创新

本书的创新在于：

第一，本书从外部视角研究后危机时期美欧日发达经济体货币政策对中国货币政策和人民币汇率异质性的影响，并分析美欧日发达经济体分别实施数量型货币政策和价格型货币政策对中国货币政策的影响差异，通过 SVAR、MS-VAR、TVP-SV-VAR 模型，从不同视角综合推导出美欧日发达经济体货币政策对中国货币政策的溢出效应存在性、影响程度、贡献率大小及溢出效应的传导渠道有效性，并进行对比分析。同时，从不同视角综合研究美欧日发达经济体货币政策对人民币汇率波动的溢出效应、影响程度及溢出效应的传导渠道有效性，并进行对比分析。通过对比分析，尤其是对后危机时期的新变化、新问题进行了深入分析，本书丰富和完善了现有理论内容，为国家制定货币政策和人民币汇率政策提供理论依据。

第二，以往研究侧重货币政策和人民币汇率波动、短期国际资本流动和人民币汇率之间的关系和影响分析，现有文献缺乏三者之间关系和影响的作用讨论。本书侧重研究货币政策、跨境资本流动与人民币汇率波动三者之间的关系和影响研究，并实证分析三者的传导渠道和影响大小以及排序。同时，本书从宏观与微观综合视角，利用 Markov-VAR 模型、SVAR 模型和 TVP-SV-VAR 模型，实证分析货币政策、资本流动与人民币汇率波动之间的动态关系和影响，丰富了现有理论内容的不足，为我国货币当局应对外部冲击提供了实践参考价值。

第三，在美欧日发达经济体货币政策对中国货币政策和人民币汇率波动的影响过程中，通过外汇市场和多种渠道最后可能产生一定的金融风险，本书侧重研究后危机时期发达经济体货币政策新变化对中国货币政策和人民币汇率波动影响的金融稳定框架和宏观审慎监管，提出合理制定和优化中国货币政策、稳步开放资本项目与加强跨境资本流动风险监管、制定人民币汇率改革目标以完善人民币汇率形成机制、加强宏观审慎性监管等政策建议，以保证中国金融体系安全与稳健运行。尤其是将宏观审慎监管放在美欧日发达经济体货币政策变化对中国货币政策和人民币汇率波动的影响的统一框架中，进一步开展深入分析，具有一定创新性。

二 本书的不足

本书的不足之处在于：

第一，本书在经典模型基础上进行推导和演化，未考虑未来可能出现的结构性变化。一方面，在模型推导过程中，凭借经验事实和已有文献进行归纳，但在未来当外部环境和金融体系结构出现变化时，可能会使原有条件发生变化。另一方面，对实证进行分析时所选用的变量，还有进一步调整完善的空间。

第二，本书实证研究中所有基础指标的选取都基于历史数据，如果对于部分经济变量作出一些前瞻性的预测，可能会使研究更有价值。例如，由于短期国际资本具有流动方向不确定、转移速度快以及投机性强等特征，对我国汇率变化会造成较大冲击，因此未来的研究可以构建短期国际资本流动的预测指标，将有助于建立短期国际资本流动的预警机制，从而避免短期国际资本流动对人民币汇率波动的冲击，防范可能出现的金融风险。又如，如何进行国际货币政策协调，也有进一步研究的空间，以防止外部冲击对中国金融安全的影响。此外，如何加强宏观审慎监管，加强跨境短期资本流动监测与监管，防范金融风险，保证金融稳定和安全，也有待进一步研究。

第三，本书对于发达经济体货币政策变化研究截至2023年12月，随着发达经济体货币政策发生逆转，其研究结论可能会发生变化，有待我们今后进一步研究与完善。

第二章
发达经济体货币政策和汇率传导的理论机制

以凯恩斯为代表的经济学理论为宏观经济学的持续发展奠定了重要基础。蒙代尔、弗莱明等经济学家进一步扩展该经济学思想，并构建开放宏观经济模型。麦金农、肖等经济学家提出金融自由化理论，为发展中国家金融开放提供理论和路径。但在现实中，金融开放的作用具有双刃剑，一些国家在推进金融自由化过程中，却使金融体系产生金融风险和金融危机。本章的研究内容是对经典开放宏观经济学理论的提炼和拓展，并提出本书的研究主题，为后续研究的实证检验提供理论基础。

第一节 发达经济体货币政策对中国货币政策影响机制

一 概念界定

（一）发达经济体货币政策

货币政策是指一国中央银行为实现该国诸如促进经济增长、物价稳定、充分就业、国际收支平衡等既定的经济目标，运用各种工具调节货币供应量和利率，进而影响宏观经济的方针和措施总和（高鸿业，2011）。发达经济体货币政策则是指经济实力较强的发达国家针对自身经济目标所采取的一系列改变货币供应量和信用量的措施，这些措施在资本自由流动的前提下，对其他国家的宏观经济和金融市场造成一定影响，从而产生溢出效应。

根据对总需求的调节效果，货币政策一般可以分为扩张性货币政策和紧缩性货币政策两类。扩张性货币政策是指通过提高货币供应量增长速度或降低利息率来刺激总需求，通常在总需求相较于社会生产能力较低时运用，此时获取信贷较为容易；紧缩性货币政策是指通过缩减货币供应量增长速度或提高利息率来抑制总需求，通常在通货膨胀率较高时运用，此时获取信贷较为困难。货币政策工具是中央银行为实现货币政策目标所运用的手段，可分为一般性货币政策工具、选择性货币政策工具等。一般性货币政策工具包括存款准备金率、再贴现政策和公开市场业务。选择性货币政策工具包括消费者信用控制、不动产信用控制、优惠利率，还有直接信用控制和间接信用控制。同时，还包括结构性货币政策工具，如常备信贷便利（SLF）、中期信贷便利（MLF）等工具。

美联储、欧洲中央银行和日本中央银行作为全球最重要的三大中央银行，其实施的货币政策具有较强的国际影响力，是世界各国实施货币政策的重要参考标准（刘尧成，2016）。因此，本书所指的发达经济体货币政策变化是指美国、欧元区和日本采用不同货币政策工具对经济和金融体系进行调节的相关措施，既包括扩张性的货币政策变化和量化宽松货币政策变化又包括紧缩性的货币政策变化，既包括价格型的货币政策变化也包括数量型的货币政策变化。

（二）汇率

汇率是一国货币兑换为另一国家货币的比率，是一国货币相对于另一国货币的价值。每当两种货币之一的价值发生变化时，基于市场的汇率都会发生变化。从市场供求的角度来看，当一种货币的需求大于可用货币供应量，该货币就会变得更有价值。每当货币需求少于可用货币供应量时，它的价值就会降低。

汇率可分为名义汇率和实际汇率。名义汇率（Nominal Exchange Rate）是指购买一单位给定外币所需的本币单位数，是市场中的挂牌汇率及官方公布的汇率，用于实际交易和结算。但名义汇率只考虑货币的数值，没有考虑货币的购买力。实际汇率（Real Exchange Rate）是指对名义汇率进行调整后的汇率，或是名义汇率减去通货膨胀率。汇率还可以分为名义有效汇率和实际有效汇率。有效汇率（Effective Exchange Rate）也称汇率指数，是一国货币对一篮子货币经过加权平均计算后得出的汇率，反映的不是两种货币之间的汇率，而是综合反映一种货币对多种货币的多边汇率平均值。名义有效汇率是未经调整的加权平均汇率，用来衡量一国货币相对其他一组货币汇率的加权平均值，是一国在外汇市场方面的国际竞争力指标。实际有效汇率是根据通货膨胀率进行调整后的有效汇率，是一国货币相对于货币指数或其他主要货币篮子的加权平均值。实际有效汇率是衡量一国货币与其交易国家的货币相对强弱程度的指标。

二 蒙代尔—弗莱明模型

开放宏观经济学模型在凯恩斯经济学传统模型的基础上，考虑了国家间的贸易往来、国际收支和不同汇率制度的影响，因此被广泛应用于货币政策溢出效应的研究。随着开放宏观经济模型的不断发展，模型所包含的内容不断完善，所包含的方程式日趋复杂，但其本质仍然保持不变，即在开放经济条件下，构建符合两国之间相互影响机制的经济模型。

蒙代尔—弗莱明模型（M-F模型）最早于20世纪60年代由蒙代尔和弗莱明提出，该模型在希克斯的IS-LM模型基础上进行拓展，融入国际收支平衡的分析理念。在原有商品市场均衡、货币市场均衡条件下，该模型进一步增加外汇市场均衡条件，成为开放经济条件下，比较一国货币政策与财政政策调节效果的重要宏观分析工具（黄明皓，2009）。

假设两个国家分别生产不同的产品用于贸易，则国内和国外货币市场的均衡可以分别表示为：

$$M/P = L(i,Y) \qquad (2-1)$$

$$M^*/P^* = L(i^*, Y^*) \qquad (2-2)$$

国内和国外商品市场的均衡可以分别表示为：

$$Y = A(i, Y) + T(Q, Y, Y^*) + G \qquad (2-3)$$

$$Y^* = A^*(i, Y) + T^*(1/Q, Y, Y^*) + G^* \qquad (2-4)$$

国内和国外国际收支的均衡可以分别表示为：

$$BP = CA(q, Y^*, Y) + KA(i, i^*) = 0 \qquad (2-5)$$

$$BP^* = CA^*(q, Y^*, Y) + KA^*(i, i^*) = 0 \qquad (2-6)$$

其中，i 表示利率水平，Y 表示产出，M/P 表示货币需求，A 表示支出，T 表示净出口水平，G 表示政府支出，Q 表示实际汇率水平，CA 表示经常账户余额，KA 表示资本账户余额，带"$*$"号的字母表示国外相应变量。

通过该模型的分析可知，如果外国实施宽松的货币政策，会促进外国的收入增加，并通过进口增加促进本国的收入上涨，同时外国的利率下降和本国的利率上涨，会促进资本由外国流向本国，外国货币面临贬值压力，本国货币面临升值压力；相反，如果外国实施紧缩的货币政策，会降低外国的产出和进口需求，本国的收入下降且利率下降，外国的利率上涨，资本由本国流向外国，外国货币面临升值压力，而本国货币面临贬值压力，因此产生货币政策的溢出效应。蒙代尔—弗莱明模型不仅适用于固定汇率制度，也适用于浮动汇率制度，还可以分析在不同资本流动条件下，货币政策与财政政策的有效性和外溢性。

张亚维（2000）指出，蒙代尔—弗莱明模型的基本假设条件不能完全适用于中国，但相比于开放的小型经济体，中国存在发展中国家的金融抑制特征和较低的人均国民收入水平，因此能够近似符合假设条件。章和杰和陈威吏（2008）认为，蒙代尔—弗莱明模型的主要贡献在于把汇率制度引入分析框架，并对货币政策和财政政策的有效性进行分析，但对于中国的国情存在一定程度的不匹配，因此将前提假设进行修订，引入篮子货币汇率制度，研究结果表明，经济内部失衡的原因来自储蓄、消费和投资的失衡。

20世纪70年代,多恩布什在蒙代尔—弗莱明模型的基础上,加入理性预期及黏性价格假设,构建蒙代尔—弗莱明—多恩布什模型（M-F-D模型）,并提出汇率超调理论（黄明皓,2009）。该模型认为,商品市场中的价格水平具有黏性,因此利率、汇率和价格水平具有不同的调整速度,虽然短期汇率会出现超调,但在长期汇率最终会调整至均衡位置。该模型假定非抛补利率平价成立,购买力平价短期不成立但长期成立,总供给曲线在短期内是水平的,在长期则为垂直。罗云峰（2010）将蒙代尔—弗莱明—多恩布什模型进行修改和调整,分析结果表明,内向型的经济增长模式具有可持续性,通过财政政策的实施可以引导经济由外向型转向内向型。崔蕊和刘力臻（2011）结合中国汇率制度变革和资本项目逐渐放松管制的现状,通过蒙代尔—弗莱明—多恩布什模型分析财政政策和货币政策的有效性,其研究表明当前财政政策和货币政策的有效性受限于固定汇率制度以及资本项目的管制。

假设蒙代尔—弗莱明模型对中国经济的分析框架是有效的,则根据该模型可知,当外国实施宽松的货币政策,短期会使外国利率降低,资本外流,汇率贬值,进而本国出口增加,收入增加,促进对外国的进口,引起本国收入上涨；而在长期,随着商品市场缓慢调整,价格的上升会抵消货币供给的增加,利率会有所回落,汇率升值,进而冲抵之前对外国收入的促进作用。

三 发达经济体货币政策对中国货币政策影响的传导渠道

（一）利率传导渠道

20世纪30年代,建立了凯恩斯学派货币政策理论。当时美国经济危机的爆发引起了学者对于资本主义自由市场的质疑和批判,并试图解释危机爆发的深层次原因及寻求改善经济萧条的路径。凯恩斯学派认为,在短期供给水平变化微弱的条件下,社会总供给和社会总需求达到均衡点时确定的均衡社会产出水平,实际上是由社会总需求决定的。该理论认为,社会总需求可以分为消费需求与投资需求,并取决于边际消费倾向、资本边际效率、灵活偏好等心理因素,而利率是对消费需求和投资需求进行调控的重要途径。在凯恩斯学派的货币政策传导过程中,利率起到了重要的传导渠道作用,具体传导机制的原理如下。

当宏观调控部门实施宽松货币政策时,会引起货币供应量(M)增加,并超过货币需求量,居民债券持有率增加并导致利率(i)下降,当利率下降至小于资本边际效率时,投资水平(I)上升并通过乘数效应引起总需求增加。而当宏观调控部门实施紧缩性货币政策时,会引起货币供应量(M)减少,并小于货币需求量,居民债券持有率降低并导致利率(i)上升,当利率上升至超过资本边际效率时,投资水平(I)下降并通过乘数效应引起总需求降低。

以上传导过程可以表示为:

$$M\uparrow \to i\downarrow \to I\uparrow \to Y\uparrow$$
$$M\downarrow \to i\uparrow \to I\downarrow \to Y\downarrow$$

由凯恩斯学派货币政策传导理论可知,当外国货币政策引起本国货币供应量发生改变时,会相应引起本国利率水平的变化,并通过投资对总产出产生影响。即外国货币政策能够通过利率渠道对本国的货币政策产生作用,并导致本国经济受到相应的影响。

(二)资本流动传导渠道

根据张谊浩等(2007)的研究,本书构建关于国际资本流动的三重套利模型。该模型认为,国际资本流动产生的主要动力可以由套汇、套利和套价三种机制进行解释,通过在利率平价模型的基础上进行拓展,构建出柯布—道格拉斯生产函数形式的国际资本流动函数:

$$CF = Ar^{\alpha}e^{\beta}p^{\gamma} \qquad (2-7)$$

其中,CF 表示国际资本流动量,A 表示常系数;$r = r_d/r_f$,$e = E_f/E_n$,$p = I_f/I_p$,r_d 表示本国利率,r_f 表示外国利率,E_f 表示汇率预期价格,E_n 表示直接标价法的本国货币名义汇率,I_f 表示股票等资产的预期价格指数,I_p 表示股票等资产的即期价格指数;α、β、γ 分别表示 r、e、p 的国际资本流入弹性。

考虑时间 (t) 因素，对式 (2-7) 两边取对数，将所有变量转换为对数形式，可得：

$$CF_t = B + \alpha_t(r_{d,t} - r_{f,t}) + \beta_t(E_f - E_{n,t}) + \gamma_t(I_f - I_{p,t}) \quad (2-8)$$

其中，$B = \ln A$。

由式 (2-8) 可知，国际资本流动的驱动力包括三个方面，分别为国内外利率差异、汇率预期与实际差异、股票等资产的预期收益。

当中国利率水平相对提高时，吸引其他国家资本流入中国，投资水平上升，促进经济增长；当中国利率水平相对下降时，资本流出中国，投资水平下降，抑制经济增长。

（三）汇率传导渠道

根据吴丽华和傅广敏（2014）的研究，外汇市场上的本国货币超额需求包括两部分，一部分为国外股票投资者的货币需求（$D_{f,t}^s$），另一部分为外汇投资者的货币需求，其中外汇投资者的货币需求可以进一步分为基本面价值投资者需求和技术交易投资者需求，分别用 $D_{g,t}^e$、$D_{h,t}^e$ 来表示；基本面价值投资者的比例和技术交易投资者的比例分别为 ω_t 和 $1 - \omega_t$；λ_t 为汇率调整系数，$\lambda_t > 0$；则汇率从 t 时变化至 $t+1$ 时期，可以表示为：

$$E_{n,t+1} = E_{n,t} - \lambda_t [\exp(I_{p,t})D_{f,t}^s + \omega_t D_{g,t}^e + (1 - \omega_t)D_{h,t}^e] \quad (2-9)$$

国际资本一部分流入股市，并会对当期国外股票投资者需求产生影响。假设 δ_t 表示国际资本流入股票市场的比例，则 t 时期的国外股票投资者需求与 $t-1$ 时期的国外股票投资者需求的关系，可表示：

$$\exp(I_{p,t})D_{f,t}^s = \exp(I_{p,t-1})D_{f,t-1}^s + \delta_t \exp(CF_t) \quad (2-10)$$

将式 (2-10) 代入式 (2-9)，可得：

$$E_{n,t+1} = E_{n,t} - \lambda[\exp(I_{p,t-1})D_{f,t-1}^s + \delta_t \exp(CF_t) + \omega D_{g,t}^e + (1-\omega)D_{h,t}^e] \quad (2-11)$$

国外投资者进入国内股票市场需要将外币折换成本币，离开股票市场后需将本币折换成外币；c 为国外投资者的反应参数，$c > 0$；则国外投资者的股票需求与汇率的关系，可以表示为：

$$D_{f,t}^s = c(I_{p,t} - I_{f,t} + E_{f,t} - E_{n,t}) \qquad (2-12)$$

将式（2-11）进行整理，并结合式（2-12），可推导出外国利率对本国汇率的影响弹性：

$$\theta = -\alpha \cdot (\delta_t/c) \cdot \exp(CF_t) \qquad (2-13)$$

根据式（2-12）和式（2-13）可知，由于 $\alpha_t > 0$，$c > 0$，$\exp(CF_t) > 0$，则外国利率 $r_{f,t}$ 对本国汇率 $I_{n,t}$ 的影响弹性 θ 的正负值取决于 δ_t 的符号。当国际资本表现为流入股票市场时，即 $\delta_t > 0$，外国利率下降会引起本国汇率上升；当国际资本表现为流出股票市场时，即 $\delta_t < 0$，外国利率下降会引起本国汇率下降。

（四）贸易传导渠道

在以上推导出的外国利率对本国汇率的影响机制基础上，再结合李娟娟（2020）的研究，在蒙代尔—弗莱明模型基础上结合国际收支的弹性分析法，推导出汇率对贸易规模的影响机制，进而可以得出利率对贸易的影响机制。

在仅考虑两国商品贸易，不考虑资本流动的前提下，汇率对出口的影响可以用出口汇率弹性表示：

$$K = \frac{dX}{de} \cdot \frac{e}{X} \qquad (2-14)$$

其中，X 表示出口规模，e 表示汇率，K 表示出口汇率弹性。

出口需求价格弹性 ρ_d 和出口供给价格弹性 ρ_s 可以分别表示为：

$$\rho_d = \frac{dQ_d}{dP_x} \cdot \frac{P_X}{Q_d} \qquad (2-15)$$

$$\rho_s = \frac{dQ_s}{dP_x} \cdot \frac{P_X}{Q_s} \qquad (2-16)$$

其中，Q_d 表示出口需求规模，Q_s 表示出口供给规模，P_x 表示出口价格。

根据出口贸易弹性的特点，可得：

$$K = \frac{\rho_d(1 + \rho_s)}{\rho_d - \rho_s} \qquad (2-17)$$

由于出口需求价格弹性为正值,出口供给价格弹性为负值,可以得出出口汇率弹性为正值,即当本国货币贬值时,出口产品价格下降,并能够促进出口规模增加。当外国利率水平相对提高时,本国货币由于贬值,导致出口规模增加;而当外国利率水平相对下降时,本国货币由于升值,导致出口规模下降。

(五)发达经济体货币政策对中国货币政策影响的传导机制

根据以上相关理论模型以及传导渠道作用原理,可以得到发达经济体货币政策对中国货币政策的传导机制,如图2-1所示。由图2-1可知,主要发达经济体通过采用价格型和数量型货币政策工具对货币政策进行调控,并通过利率渠道、资本流动渠道、汇率渠道和贸易渠道对中国货币政策产生影响。

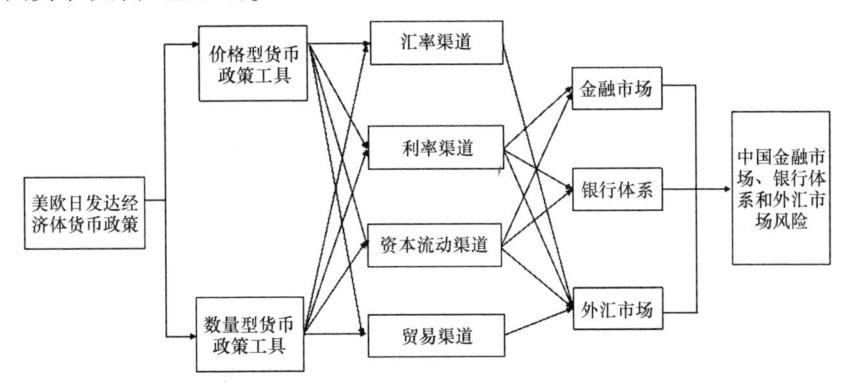

图2-1 美欧日发达经济体货币政策传导机制

第二节 发达经济体货币政策对人民币汇率波动影响机制

一 混合视角下的发达经济体货币政策对汇率决定与变动理论框架

汇率变动是学术界长期争论的一个话题。斯塔夫·卡塞尔在20世纪20年代创立的购买力平价理论成为第一个汇率变动理论,仍是理解现代汇率变动的一个基准参考系。凯恩斯宏观经济理论创立之后,尤其是 20 世纪 70 年代世界资本市场开始逐步兴起后，外汇不仅仅是一种特殊的商品，也是一种投资标的，因而资产视角下的汇率决定论逐步兴起，并在解释现实汇率变动方面发挥了一定的作用。在汇率变动宏观理论模型发展的同时，其在接受现实世界数据检验方面却面临了巨大挑战。米斯和罗戈夫（Meese and Rogoff, 1983）对宏观视角下的汇率理论给出了否定结论，指出宏观视角下的汇率理论在解释主要国家汇率变动的效果上没有超过统计学中的随机游走模型。后期的进一步研究指出，现有的汇率宏观理论对汇率的月度或季度变动的解释力为零（Meese, 1990; Frankel and Rose, 1995）。与此同时，部分学者指出，中短期汇率变动的特征似乎不能通过宏观经济基本面因素做出更有效的拟合，因此从外汇市场微观结构视角审视汇率变动特征既有现实意义又有重要的前景（Flood and Taylor, 1996; 陈雨露和侯杰, 2005; 杨荣和徐涛, 2009）。

在外汇市场微观结构理论兴起之后，国内外学者近年来对汇率变动的考察呈现出两大学派：一部分学者针对传统的宏观视角研究汇率变动，另一部分学者从微观视角研究汇率变动。然而，宏观视角下的汇率变动实证研究存在着较大的局限性，即实证结论存在广泛分歧、理论基础的视角束缚导致汇率变动的研究视角具有局限性、不同国家面临着不同的经济状况和汇率制度，使研究缺乏统一而有效的标准（Faust and Rogers, 2003; Tao, 2005; Narayan, 2008; Juvenal, 2011; 王永茂和刘惠好, 2011; Valcarcel, 2013; 齐晓楠等, 2013; 姚余栋等, 2014）。与宏观视角下汇率变动研究形成鲜明对照的是，微观视角下汇率变动研究因具有统一的标准而具有研究结论的一致性（Gradojevic, 2009; 李晓峰和陈华, 2010; Yuliya and Alejandro, 2013; Zhichao et al., 2013）。

但是，我们认为从目前来看，研究量化宽松货币政策调整对人民币汇率变动的影响即离不开宏观视角也离不开微观视角。其原因主要有三点：第一，中国特有的经济发展阶段决定了单一视角不能涵盖汇率变动的两个方面。一方面，量化宽松货币政策调整对人民币汇率变动的影响日益增强。另一方面，中国目前正在逐步推进人民币汇率市场化改革，外汇市场微观结构对人民币汇率变动的影响不可忽视。第二，国内外学者的理论研究与实证研究结论存在着较大分歧，预示着从任何一个方面研究货币政策调整与汇率变动的关系均不具有结论的稳健性。宏观视角的研究往往为月度数据等低频数据，并不能有效刻画人民币外汇市场的作用机理。微观视角的研究往往为日度数据等高频数据，并不能反映人民币汇率变动受到的宏观经济冲击。第三，近年来，外汇市场微观视角作为一个新的研究方法在刻画汇率变动上日益明显，但这并不意味着单方面从微观视角研究汇率变动具有绝对的优势。从理论分析来看，近年来的研究往往将宏观因素与微观因素进行结合，进而给出汇率变动的可检验实证模型（Evans and Lyons，1999；Killeen et al.，2000）。从实证分析来看，其本身发展路径也承认了宏观经济因素对汇率变动的影响，从而建立了将宏观因素与微观因素有机结合的混合建模方法（Yinwong and Dagfinn，2014；Katusiime et al.，2015）。

鉴于以上原因，本书通过回顾混合视角下的汇率决定理论，通过分析2008年以来量化宽松货币政策调整对人民币汇率变动影响形成的差异，建立可行的外汇经销商定价（DP）实证模型，分析人民币汇率变动受到的动态影响。

（一）混合视角下的发达经济体货币政策对汇率决定的理论

传统的宏观视角下的汇率决定模型如式（2-18）所示：

$$\Delta P_{t1} = f(i,m,z) + \varepsilon_t \qquad (2-18)$$

其中，ΔP_{t1} 表示时间段内名义汇率变动，传统上以月度数据进行计算。函数 $f(i,m,z)$ 中一般包含表示本国与外国的名义利率的变量 i、货币供给量 m，以及其他宏观经济变量 z。

传统的微观视角下的汇率决定模型如式（2-19）所示：

$$\Delta P_{t2} = g(X,I,Z) + \varepsilon_t \qquad (2-19)$$

其中，ΔP_{t2} 表示按外汇交易频率计算的名义汇率变动，函数 $g(X, I,Z)$ 中包含表示外汇订单流的变量 X、交易人持有的外汇净头寸变量 I 以及其他市场微观结构变量 Z。需要强调的是，微观结构模型预测变量

ΔP_{t2} 与变量 X 在相对短的区间内具有显著的正相关性。

为了将微观结构视角下的汇率模型与宏观经济视角下的汇率模型结合，汇率变动的混合建模方法应运而生。该方法下的汇率变动决定模型如式（2-20）所示：

$$\Delta P_t = f(i,m,z) + g(X,I,Z) + \varepsilon_t \qquad (2-20)$$

混合建模方法遇到的首要问题是样本数据的频率选择问题，式（2-20）中的模型估计往往选择宏观视角下的数据频率，关键变量 X 往往取一段时间的累计外汇订单流数据。埃文斯（Evans，1997）曾经利用 1996 年 5 月 1 日至 8 月 31 日的数据对该模型进行了检验，估计结果显示，累计外汇订单流在解释汇率变动的效果上远优于宏观经济变量，将日度的汇率变动对累计外汇订单流作回归，回归方程的 R^2 值高于 0.60，且两者的折线图呈现高度的正相关现象。

（二）混合视角下发达经济体货币政策对汇率变动的实证模型

从实证研究方法来看，外汇市场微观视角下的汇率变动模型主要有统计模型和结构模型两类。以上两类模型均重点关注外汇市场订单流和汇率变动两者的共同变动关系。从近年来学者的研究来看，主要包含以下三类模型：向量自回归模型（VAR）、贸易指标模型（TI）与外汇经销商定价模型（DP）。

佩恩等（Payne et al.，1999）首次将 VAR 模型应用到外汇市场微观结构研究中，VAR 模型关于外汇市场的结构限定条件最弱，因此其主要优势在于可以很好地应用在不同的外汇市场实证检验中。其主要有三个特点：第一，VAR 模型可以通过脉冲响应来分析外汇订单流对外汇价格的影响方式。一般的实证结论均认为：外汇订单流对外汇价格有正向的长期脉冲效果。第二，VAR 模型可以通过方差分解来分析外汇订单流中哪些信息可以显著地影响外汇价格变动。第三，VAR 模型可以较好地关注外汇变动的波动性，可以筛选出外汇订单流所包含的不同类型市场信息对外汇价格变动的影响程度大小。

黄和斯托尔（Huang and Stoll，1997）首次通过贸易指标模型

(TI）进行了汇率变动的研究，需要指出的是，相比向量自回归模型（VAR）和外汇经销商定价模型（DP），贸易指标模型（TI）有两个特点：第一，贸易指标模型并未利用外汇订单流数据进行实证分析，而是通过引入表示外汇买入与卖出的指标进行分析。第二，贸易指标模型更加关注外汇价格买入与卖出价格差进行分析。以上两个特点表明：贸易指标模型更侧重外汇市场微观变量，对宏观经济的变量对外汇价格影响的关注程度较弱。

关于外汇经销商定价模型（DP），其更关注外汇经销商的外汇报价策略与报价细节，其核心思想来源于马德哈万和斯密特（Madhavan and Smidt, 1991）关于纳斯达克股票市场的研究。该模型重点考察外汇市场交易商向其他交易商进行外汇报价所考虑的相关因素，哪些因素对外汇价格的合理制定有显著影响，以及具有显著影响的因素如何影响外汇价格。相较于其他实证模型，外汇经销商定价模型（DP）具有以下三个优势：第一，该模型充分考虑了外汇市场信息的价值以及信息的传递渠道，即对外汇市场交易商的预期形成机制具有充分的考虑。第二，该模型认为外汇交易商对外汇的报价是其预期和所持有的外汇头寸共同决定的，这就使该模型更好地拟合了现实情况。第三，该模型将外汇市场信息以及外汇交易商所持有的外汇头寸相关变量有机结合起来，在实证研究的过程中，可以更易找到影响上述因素的相关替代变量，且该模型不乏利用日度数据成功进行实证分析的先例。

需要说明的是，运用混合建模思想研究发达经济体货币政策调整对人民币汇率变动的影响主要面临着数据来源的局限性，尤其是中国外汇市场的订单流数据更是难以直接得到，因此，理论分析既要考虑通过间接方法刻画人民币外汇市场微观结构变动，也要考虑宏观经济变量与外汇市场微观变量的有机结合。我们认为，在外汇经销商定价模型（DP）下研究发达经济体货币政策调整对人民币汇率变动的影响具有可检验的优点。一方面，其在接受实证检验方面可以较好地避开缺乏理论基础的VAR模型；另一方面，在数据的选取方面，其在刻画外汇市场微观结构上具有更加灵活的变量选择优势。

(三) 外汇经销商定价模型

外汇经销商定价模型如式 (2-21) 所示:

$$\Delta P_{it} = \beta_0 + \beta_1 X_{jt} + \beta_2 I_{it} + \beta_3 I_{it-1} + \beta_4 D_t + \beta_5 D_{t-1} + \beta_6 B_t + \beta_7 v_{it-1} + v_{it}$$
$$(2-21)$$

其中，ΔP_{it} 表示即期汇率的一阶差分，变量 X_{jt}、I_{it}、I_{it-1} 分别为外汇市场交易商 j 交易量、交易商 i 第 t 期持有的外汇头寸及其一阶滞后项，变量 D_t、D_{t-1}、B_t 分别表示中国外汇市场第 t 期外汇交易方向及其一阶滞后项、人民币外汇价格的市场估值信息。在系数大小上，$|\beta_1, \beta_3, \beta_4, \beta_6| > 0$、$|\beta_2, \beta_5, \beta_7| < 0$、$|\beta_2| > \beta_3$、$\beta_4 > |\beta_5|$ 成立。

在该模型下，我们认为发达经济体货币政策调整对人民币汇率变动的影响主要有两种方式：第一，发达经济体货币政策调整通过直接影响变量 X_{jt}、I_{it}、I_{it-1} 的大小进而影响人民币汇率变动。第二，发达经济体货币政策调整通过影响中国外汇市场微观结构变量 D_t、D_{t-1}、B_t 大小进而影响人民币汇率变动。

二 短期国际资本流动与汇率间关系的理论分析

布兰森 (Branson, 1975) 在 Tobin 的货币模型基础上构建了资产组合分析模型，经过货币主义的深入研究发展了资产组合理论，在一定程度上解释了国际资本流动与汇率的关系。参考李艳丽 (2022) 的研究对于资产组合分析方法的改进，本书分析投资者在动态预期下资产市场均衡条件下短期国际资本流动与汇率波动间的关系。

资产组合理论中假设本国 (A 国) 的金融市场中只有三种不能被完全替代的资产，即本国货币 (M)、本国债券 (B) (其中利率为国内利率 i) 以及外国 (B 国) 债券 (F) (利率为国外利率 i^*)。假设各类型资产的供给保持不变，则本国金融市场的总财富 (W) 为：

$$W = M + B + SF \quad (2-22)$$

其中，S 为直接标价法下 A 国货币兑换 B 国货币的汇率，并假设 B 国金融资产的利率为外生变量。鉴于假设三种资产不能被完全替代，则利率平价理论不成立，但可以计算本国投资者购买 1 单位外国资产与 1 单位本国资产之间的预期收益差（D）为：

$$D = \frac{S_e i^*}{S} - i \qquad (2-23)$$

其中，S_e 为汇率预期。可以看出，当本国与外国间的投资收益差（D）越大时，表明外币资产的收益大于本币资产，投资者将倾向对外国资产进行投资。因此，$D > 0$ 时，本国国际资本呈现净流出；而 $D < 0$ 时，本国国际资本呈现净流入。

考虑在均衡状态下，三种资产的供给与需求达到均衡，可得：

$$\begin{cases} F_s = f_F(i^-, i^{*+}, S^-, S^{e+}, W^+) \\ M_s = f_M(i^-, i^{*-}, S^+, S^{e-}, W^+) \\ B_s = f_B(i^+, i^{*-}, S^+, S^{e-}, W^+) \end{cases} \qquad (2-24)$$

其中，F_s、M_s、B_s 分别为三种资产（外国债券、本国货币、本国债券）在市场上的供给，右侧为相应的需求。可以得到三条均衡曲线（见图 2-2），本书中仅分析本国债券和外国债券两个市场的均衡状况并假定本国货币市场自动实现均衡状态。

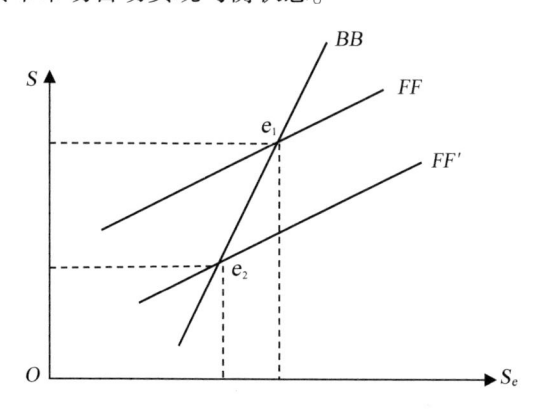

图 2-2 短期国际资本流动与汇率的关系

由图 2-2 可见，本国债券资产的市场均衡曲线（BB）与外国债券资产的市场均衡曲线（FF）均为右上方倾斜且斜率为正的曲线，并且 BB 的斜率 k_B 大于 FF 的斜率 k_F，因为国内利率 i 的变化能够同时影响本国资产的市场均衡，也会对外国资产的均衡造成影响，但对于本国资产的影响程度更大，因此 $k_B > k_F$。当短期国际资本净流入本国时，外国债券的供给增加，由式（2-24）可知，FF 曲线将下移至 FF'，BB 与 FF' 形成了新的均衡点 e_2。与原均衡点 e_1 相比，汇率 S 与汇率预期均下降，即当其他条件不变时，短期国际资本的流入将造成本国货币实际与预期汇率升值。此外，式（2-23）中描述了汇率波动对短期国际资本的影响，当本币升值（S 下降）时，收益差（D）扩大，短期资本流入本国。

第三节 中国货币政策对人民币汇率波动影响的传导机制

一 中国货币政策对人民币汇率波动的直接影响机制

国内外关于货币政策与汇率的研究已较为丰富，其中大部分学者认为货币政策的冲击会造成汇率的异常波动。鲁迪格·多恩布什（Rudiger Dornbusch，1976）在蒙代尔—弗莱明模型的基础上进行拓展，建立一个资本自由流动和浮动汇率的模型，研究了汇率受到货币冲击的调整过程。研究表明，短期内货币政策的扩张导致汇率贬值且短期内的波动幅度超过长期。此外，还提出了汇率超调理论，该理论也成为学者研究货币政策引起汇率频繁波动的经典理论。赵文胜和张屹山（2012）的研究表明，中国采取紧缩的货币政策，以及美国持续宽松的货币政策造成了人民币的持续性升值，且国内货币政策的实施对汇率波动的解释程度更高。秦凤鸣和卞迎新（2013）分别研究了价格型货币政策与数量型货币政策对人民币汇率的影响，结果表明利率的上升及广义货币供应量的变动均会对同期名义有效汇率造成一定影响，且利率的变动会造成汇率的大幅度波动。喻梅（2011）研究了中国货币政策与人民币汇率间的相互作用关系，并通过实证研究表明，货币政策扩张的冲击会引起人民币贬值，而人民币升值造成货币政策的扩张，二者间具有双向影响关系。

货币政策的实施会对人民币汇率的波动造成影响，而汇率的波动会影响货币政策的实施效果。关于汇率波动对货币政策的影响，邓永亮和李薇（2010）的研究认为，人民币汇率波动幅度的扩大能够在一定程度上抑制短期国际资本的流入，进而在现行的结售汇制度下相对减少货币供应量。而周建和赵琳（2016）通过构建包含人民币汇率、我国货币政策及宏观经济系统的 DSGE 模型，认为较大幅度的人民币汇率波动显著干扰货币政策对宏观经济需求的调控。

我国货币政策由中央银行制定与实施，通过货币政策工具的使用影响操作目标，并进一步引起中介目标——利率与货币供给量的变化，最终实现货币政策的最终目标。对于中国来说，货币政策工具主要分为数量型货币政策工具与价格型货币政策工具，分别通过操作目标进而影响货币供给量与利率变化。根据米什金（Mishkin，1995）的研究，货币政策会通过利率对汇率产生影响；同样地，利率平价理论与蒙代尔—弗莱明模型能证实这一影响过程。在宽松的货币政策下，中央银行将增加货币供给量或降低利率，根据利率平价理论，国内外利率差的变化将造成国内资本外流，进而导致汇率贬值；相反，在紧缩的货币政策下，货币供给量相对减少且利率提升，则汇率升值。

对于我国来说，在 2015 年"8·11"汇率改革之后，有效汇率逐渐趋近均衡汇率，也越来越能够准确体现中国经济的现实运行情况。此后，货币政策和汇率政策更加强调根据国内宏观经济运行的现实情况不断变化，它们两者之间的关系也由"冲突"逐渐转变为"协调"，中央银行也越来越注重协调运用货币政策和汇率政策。特别是 2022 年以来，全球中央银行逐步释放加息信号,但中国货币政策坚持"以我为主",通过定向降准等措施加快经济增长动能的转化,在保证国内经济稳定发展的同时,也保证了人民币汇率的相对稳定。

二 中国货币政策对人民币汇率波动影响的间接传导机制

货币政策变化对人民币汇率波动的影响还存在间接影响机制,主要通过资本流动、相对利率、通货膨胀、汇率预期、贸易渠道(国际收支)等间接机制对人民币汇率波动造成冲击。

(一)资本流动传导机制

资本流动在国际收支平衡表中体现在经常项目和资本与金融项目中,其中家庭部门对国际商品与服务的消费决定着经常项目的资本流动状况,而国际投机交易者的投机行为决定了资本与金融项目下的资本流动。当国内实行的货币政策宽松时,国内存款准备金率或再贴现率降低导致货币供给量增加,市场上流动性充裕,但国内利率降低,此时国际投资者为寻求更高收益将使得资本流出国内,使得外汇市场上货币的供给大于需求,最终造成汇率贬值。相反,当国内实行的货币政策紧缩时,国内存款准备金率或再贴现率提高导致货币供给量相对减少,流动性下降,国内利率升高,投机者为获取高额收益将大量资本投入国内,造成外汇市场上人民币的需求大于供给,人民币汇率将迅速升值。

(二)利率传导机制

利率与汇率间的联动关系十分密切,而中央银行主要通过货币政策的制定,进而实现通过利率的传导机制对汇率产生影响。国外的一些早期实践也证明,利率作为货币政策的间接传导机制对汇率的波动产生影响。克拉里达和格特勒(Clarida and Gertler, 2000)通过实证研究发现,德国联邦中央银行执行货币政策主要依靠提高短期利率对实际汇率贬值做出反应。布里斯基托和沃斯(Brischetto and Voss,

1999）以及邓基和帕甘（Dungey and Pagan，2009）都曾经通过建立一个小范围的澳大利亚经济模型开展研究，实证结果显示，澳大利亚联邦储备银行通过使用短期利率对汇率波动做出反应。米什金（Mishkin，1995）研究了货币政策对汇率的传导机制，认为货币供给变动能够通过利率效应对汇率产生影响，并通过汇率变动作用于净出口和产出。

根据利率平价理论，两个国家的利率差额等于远期汇率与即期汇率之间的差额，当各个国家的利率间存在差异时，国际投资者为了追求更高的利润将资金购买收益率更高的货币进行投资，进而导致利率较高的国家的货币在外汇市场上供不应求，货币升值。因此，利率较高国家的货币即期汇率上浮，远期汇率下降，远期贴水；而利率较低国家的货币即期汇率下降，远期汇率上浮，远期升水。因此，从中国的货币政策来看，当国内实行较宽松的货币政策时，存款准备金率下降，存贷款利率下调，由于利率的下调导致国内外利差的扩大，资本由国内流出，将导致人民币汇率下降；而当国内实行相对紧缩的货币政策时，存款准备金率与存贷款利率上升，国内外利差缩小，资本回流国内，人民币汇率升值。

（三）通货膨胀传导机制

研究货币政策对汇率波动基于通货膨胀的间接影响机制，本书从推导价格形成方程入手，分析开放经济模型下，通货膨胀机制的作用。首先，建立货币供给函数的表达式：

$$\Delta M_t^s = \Delta B_f + \Delta B_d \quad (2-25)$$

其中，M_t^s 为国内的货币供给量，B_f 为国外资产，B_d 为国内资产。通过开放经济下的 LM 方程可推出货币需求函数式（2-26）：

$$\Delta M_t^d = \theta \Delta y_t - \beta r_t - \delta \Delta e_t + \varepsilon_t \quad (2-26)$$

其中，M_t^d 为货币需求量，y 表示实际产出，r 表示实际利率，e 为汇率；参数 θ、δ、β 均为正，实际利率 $r = $ 名义利率 $i - \pi^e$，π^e 表示预期的通货膨胀。

假定货币市场达到均衡状态，即：

$$\Delta M_t^d = \Delta M_t^s \quad (2-27)$$

结合式（2-25）、式（2-26）、式（2-27），得到资本流动的反应函数：

$$\Delta CF = \theta \Delta y_t - \beta r_t - \delta \Delta e_t - \Delta R_t + \varepsilon_t \quad (2-28)$$

当货币市场均衡时，在固定汇率制度下，国际资产储备的变动与本国资产具有负相关关系，因此采取固定汇率制度的国家需要通过严格控制国际资本的流动以保持货币市场的均衡；而在浮动的汇率制度下，汇率的波动对货币政策的实施造成影响，考虑汇率波动的影响，参照开放经济模型下的 Philips 曲线方程，得到总供给方程：

$$\pi_t = \lambda \Delta y_t + \Phi \Delta e_t + \omega \Delta CF_t + \eta \pi_t^* + \nu_t \quad (2-29)$$

将式（2-29）代入式（2-28）中，可得：

$$\pi_t = (\lambda + \omega \vartheta)\Delta y_t - \omega \beta r_t + (\Phi - \omega \delta)\Delta e_t - \omega ER_t + \eta \pi_t^*$$
$$+ (\omega \varepsilon_t + \nu_t) \quad (2-30)$$

式（2-30）中涵盖了货币政策、通货膨胀与汇率波动间的联动关系。紧缩的货币政策造成利率的上升，进而降低了通货膨胀水平，而汇率的升值将造成通货膨胀水平的降低，国际资产储备的增加将导致国内货币需求的增加进而导致外汇市场上本币供不应求，汇率升值，从而进一步降低通货膨胀水平。总体来看，货币政策当局通过改变利率水平，引起国际资本在本国的流动，造成通货膨胀水平的变化，最终导致汇率的波动。

（四）国际收支传导机制

国际收支平衡作为货币政策的四大目标之一，其变化对汇率波动存在深刻影响。根据克鲁格曼（Krugman，1988）对于外贸均衡的论述，汇率和外贸差额存在一个动态的均衡关系，汇率实际贬值时一国的外贸差额即经常项目将会呈"J"形变化，贸易差额将会在较短时期内出现下降而后又逐步上升,外汇储备额则因为贸易差额的变化而受到影响;对中国来说,在现行的银行结售汇制度下,长期以来国际收支的两项目双顺差导致了外汇储备的巨额增加,人民币升值预期的增强也促使热钱大量流入,导致外汇占款巨额增加,进而形成人民币升值压力。

当国际收支产生逆差时,货币当局将采取相对紧缩的货币政策,进一步通过三个方面对国际收支造成影响。首先,货币当局提高存款准备金率、再贴现率等方式收紧流动性,通过货币乘数效应对国际收支造成影响。货币乘数是一单位基础货币所能创造的货币量,而完整的货币乘数的计算公式为:$k = \dfrac{1 + R_c}{(R_c + R_d + R_e)}$。其中 R_e 为超额存款准备金率,R_d 为法定存款准备金率,R_c 为流动现金与活期存款之比。由货币乘数计算公式可知,货币乘数取决于 R_c、R_d 以及 R_e 的大小。因此,当 R_d 提高时,货币乘数 k 减小,基础货币创造的货币量减少,导致本国居民商品与劳务支出减少,降低了经常项目下的进口支出,改善了国际收支逆差。其次,紧缩的货币政策诱发国内生产的出口品和进口替代品的价格下降,提高本国贸易部门在国际和国内市场上的竞争能力,刺激国外居民将需求转向本国出口品,也刺激国内居民需求从进口品转向进口替代品,从而获得增加出口,减少进口的效果。最后,紧缩的货币政策通过提高存贷款利率,吸引国际资本流入国内,造成人民币升值压力。而当国际收支持续性顺差时,为缓解货币持续升值的压力,货币当局将转换相对宽松的货币政策,通过降低存款准备金率、再贴现率、降低存贷款利率等方式,增加市场中的流动性,并使得流动在国内的短期投机资本流向其他高收益国家,最终缓解人民币升值的压力。

汇总中国货币政策变化对人民币汇率波动的传导机制如图 2-3 所示。

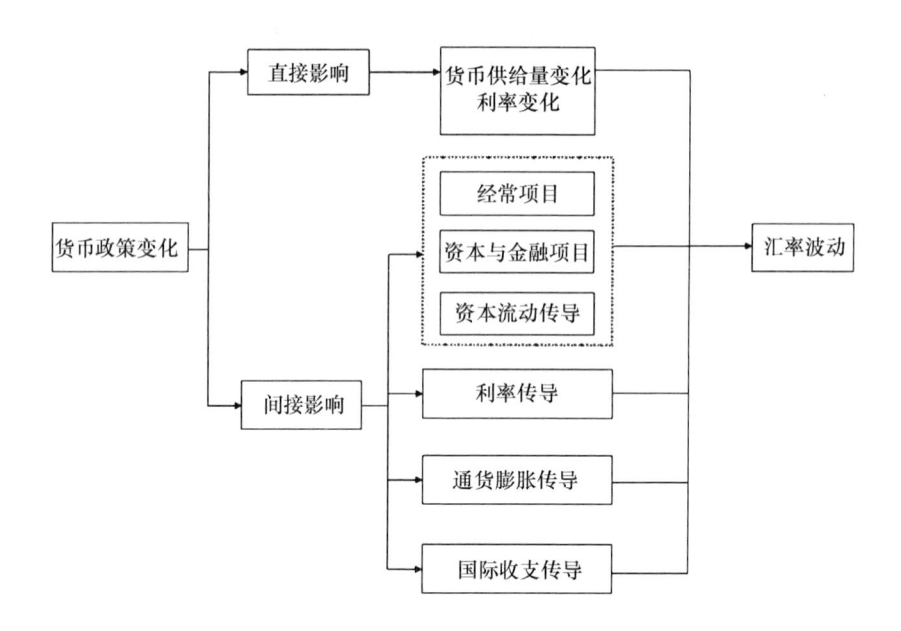

图 2-3 中国货币政策变化对人民币汇率波动的传导机制

第四节 发达经济体货币政策对中国货币政策和人民币汇率波动总体影响传导机制

根据以上相关理论模型以及传导渠道作用原理,可以得到发达经济体货币政策对中国货币政策和人民币汇率波动的传导机制,如图 2-4 所示。由图 2-4 可知,主要发达经济体通过采用价格型和数量型货币政策工具对货币政策进行调控,并通过利率渠道、国际资本流动渠道、汇率渠道和贸易渠道对中国货币政策产生影响。中国货币政策通过资本流动渠道、利率渠道、通货膨胀渠道、贸易渠道、汇率渠道对人民币汇率波动产生影响,因此需要宏观审慎监管,以保证中国金融稳定和中国金融安全。

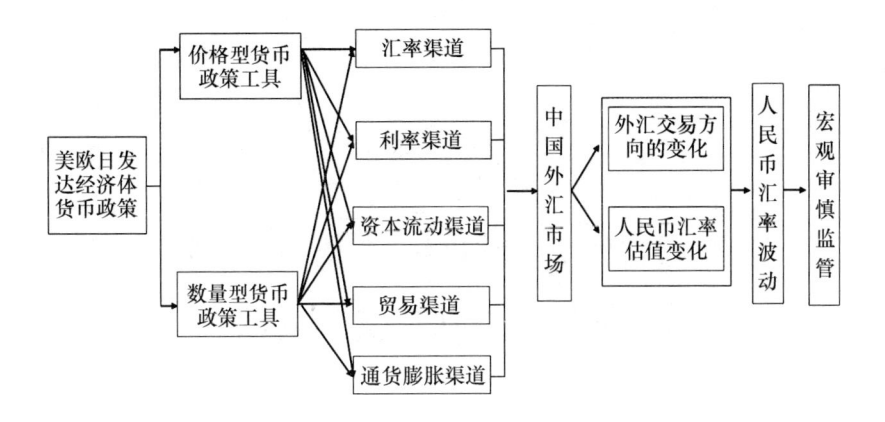

图 2-4 发达经济体货币政策对中国货币政策和人民币汇率波动总体影响的传导机制

第三章

后金融危机时期全球货币政策的新变化、新特点与影响

第一节 发达经济体货币政策的新变化、新特点与趋势分析

一 美国货币政策的新变化、特点与趋势分析

美联储负责美国货币政策的制定和执行。美国出台的《联邦储备法》中指出，美国货币政策的基本目标是控制通货膨胀率和促进充分就业；《关于长期目标和货币政策框架的声明》首次将通货膨胀列入货币政策所需解决的首要问题，并将其设定为2%；2020年8月美联储公布新政策框架，将充分就业列在更重要的地位，并增加对通货膨胀的容忍度，改为执行2%的平均通胀目标制。目前美国同业拆借市场隔夜利率（美国联邦基金利率）的变动情况能够真实反映出其货币政策的变化趋势。

本书以美联储经济数据库（FRED）公布的美国联邦基金利率月度数据作为研究对象，研究样本数据覆盖2008年11月至2023年12月，见图3-1。

第三章 后金融危机时期全球货币政策的新变化、新特点与影响

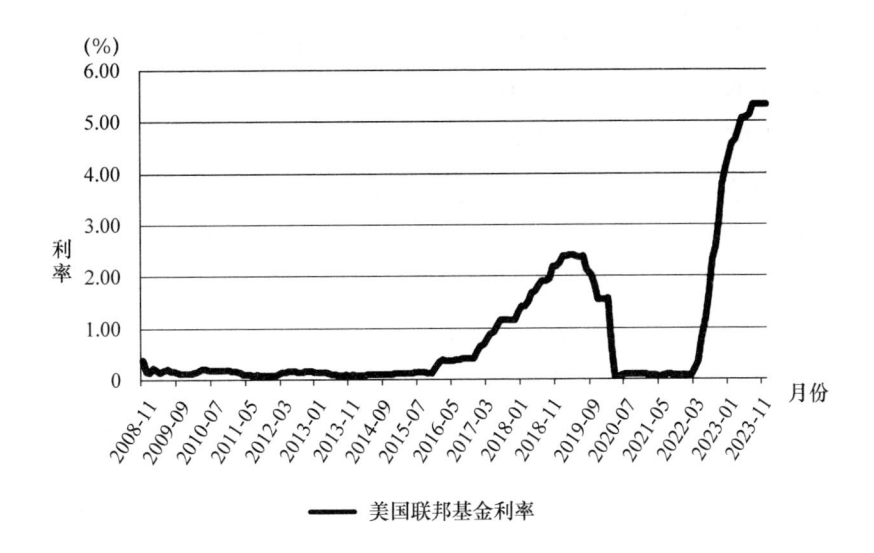

图3-1 2008年11月至2023年12月美国联邦基金利率
资料来源：美联储FRED数据库。

美国金融危机后，美国货币政策的实施过程分为四个阶段：第一个阶段，在2008年11月至2014年10月，美联储开始降息并启动量化宽松货币政策（QE）。第二个阶段，在2014年11月至2019年6月，美联储在退出QE后开始加息。第三个阶段，在2019年7月至2020年2月，受到新冠疫情影响，美联储开始降息。第四个阶段，在2022年3月至2023年12月，受到乌克兰危机影响，美国供给不足导致通货膨胀出现，美联储开始加息。

（一）第一个阶段：2008年11月至2014年10月，美联储开始降息并启动QE

2007年美国次贷危机发生，在短期内迅速蔓延至全球，并演化成为国际金融危机，将世界经济拉入到衰退的泥潭中。美国是危机的主要爆发地，资本市场深受其害，绝大多数的经济指标都表明美国即将陷入经济衰退之中。与此同时，投资者信心严重受挫，股票期权等市场连续走低。从2007年10月开始，反映美国经济增长重要指标的道琼斯工业

平均指数呈现出震荡下行的长期发展趋势，并于2009年3月跌入谷底。国民经济的不景气也导致就业市场的长期低迷，美国GDP陷入长期负增长的怪圈，从2008年的第三季度开始连续一年维持较高的负增长，失业人数大量涌现，失业率不断攀升，两年左右的时间失业率达到10%的峰值。

为了遏制整体经济倒退，刺激消费，拉动投资和稳定金融市场，美联储在2007—2008年多次采取常规性货币政策，对整个市场进行大力干预。表3-1为美联储在2007年9月至2008年12月的整体降息过程。美联储通过公开市场操作等常规货币政策手段向市场注入的资金高达8600亿美元，并将联邦基金利率设定在0—0.25%区间，此外再贴现利率也出现了大幅下降，降幅为92%。尽管如此，经济发展颓势依旧，股票指数连续下挫，GDP负增长趋势未得到有效逆转，失业率仍然居高不下，利率操作空间遭受严重挤压。从2008年11月开始，美联储连续实施多轮量化宽松货币政策，见表3-1和表3-2。

表3-1　　　　2007年9月至2008年12月美联储降息进程

降息时点	降息幅度（BP）	调整后联邦基金利率目标区间（%）	降息间隔（月）
2007-09	50	4.50—4.75	51
2007-10	25	4.25—4.50	1
2007-12	25	4.00—4.25	2
2008-01	75	3.25—3.50	1
2008-01	50	2.75—3.00	0
2008-03	75	2.00—2.25	2
2008-04	25	1.75—2.00	1
2008-10	50	1.25—1.50	6
2008-10	50	0.75—1.00	0
2008-12	75	0—0.25	2

资料来源：Wind数据库。

表3-2　美国实施量化宽松货币政策（QE）的情况

实施轮次	起止时间	主要内容
QE1	2008-11—2010-04	美联储累计购买美元资产1.725万亿美元，其中住房抵押贷款支持证券（MBS）为1.25万亿美元，机构债为1750亿美元，国债为3000亿美元
QE2	2010-11—2011-06	美联储在每月平均购买长期国债达到了750亿美元，累计购买长期国债超过6000亿美元，购买时长为8个月
扭曲操作	2011-09—2012-06	美联储购买6—30年期的国债总量为4000亿美元，同时卖出与之规模相当的三年期及以下的短期国债
QE3	2012-09—2012-12	在继续维持扭曲操作的同时，美联储依然进行每月400亿美元住房抵押贷款支持证券（MBS）的连续购买
QE4	2013-01—2013-12	在延续前两期政策的同时，美联储通过购买美元国债450亿美元减少扭曲操作压力，进而使得美联储国债每月的采购额突破850亿美元
退出QE	2014-01—2014-10	维持住房抵押贷款支持证券（MBS）采购计划（每月300亿美元）和国债购买计划（350亿美元），定于2014年10月28日退出量化宽松，此时联邦基金利率为0—0.25%的超低水平

资料来源：美联储官网。

美国经济出现好转以后，美联储及时退出QE计划，并于2013年12月召开的联邦公开市场委员会（FOMC）会议中指出，每月长期国债和企业债的购买规模调至750亿美元。2014年，美联储在召开的货币政策联席会议上宣布，每月资产购买规模、长期国债和住房抵押贷款支持证券的削减规模分别降低100亿美元、50亿美元和50亿美元，到2014年10月底，新的资产购买计划及时终止，正式退出QE计划，而此时的联邦基金利率仍维持在0—0.25%的水平。

随着美联储货币政策走向正常化和常态化的发展阶段，提高利率将成为后续的必然举措，但时间窗口如何还要参照美国经济的实际恢复状况。学者认为，通胀率超过2%、失业率低于6.5%将会成为美联储加息的主要依据。在四轮量化宽松货币政策落实后，美国在就业市场上出现了巨大变化，失业率由峰值10%持续下跌，并在2015年控制在5%左右，基本达到了美联储设置的加息条件。相对而言，市场的通胀水平恢复较为缓慢，在QE1、QE2和扭曲操作期间出现了短暂的回落以后陷入长期回落境地，于2015年11月成功地突破了2%，并在随后的较长一段时间内维持稳定。由此可以看出，到2015年年底原先设定的加息条件基本达成，触发了加息的启动机制。

（二）第二阶段：2014年11月至2019年6月，美联储进入加息周期

表3-3给出了美联储加息的全周期和全过程。从2015年12月开始，美国经济逐渐企稳并有了复苏增长，于是美联储开始启动新一轮的加息，此次加息与上次加息的间隔长达78个月。在经历首次加息以后，美联储于2016年12月进行第二次加息，美联储在货币政策中启动联邦基准利率增加操作，将其目标利率限定为提高25个基点。

扩张性财政政策的持续影响带来了美国经济的重大变化，也进一步推动了加息的进程。在特朗普竞选时，美国就提出了多项具有明显扩张性财政政策特征的执政纲领，大大提升了市场信心，采购经理人指数（PMI）和衡量经济运行的总体指标（ECRI）等领先指标增幅显著，为美联储升息争取了更多时间和空间。于是从2017年3月开始以及在随后的6月、12月美联储又进行了多次加息。2017年12月召开的美国参议院会议中首次通过税改法案，个人和企业税负进入下调阶段，美国也正式进入消费和投资双刺激、经济快速复苏阶段。在众多扩张性政策的影响下，美国通货膨胀情况有了明显的改善，复苏速度持续加快，CPI的增速由2017年的1.7%迅速攀升至2018年的

2.4%。此时,美联储为了防止经济过热,加息速度提升并于2018年季度末进行联邦基金目标利率提高操作,年底其利率区间增长至2.25%—2.50%。

表3-3　　　　2015年12月至2018年12月美联储加息进程

加息时点	加息幅度（BP）	调整后联邦基金利率目标区间（%）	加息间隔（月）
2015-12	25	0.25—0.50	78
2016-12	25	0.50—0.75	12
2017-03	25	0.75—1.00	3
2017-06	25	1.00—1.25	3
2017-12	25	1.25—1.50	6
2018-03	25	1.50—1.75	3
2018-06	25	1.75—2.00	3
2018-09	25	2.00—2.25	3
2018-12	25	2.25—2.50	3

资料来源：Wind数据库。

2014年10月,美国正式退出量化宽松政策,经济指标已经有了明显的改善,经济增长趋势得到有效扭转,各项指标都反映出美国经济呈现出稳中向好的变化趋势。在此情形下,美联储正式启动加息周期,加快货币政策恢复。其加息原因表现在：

第一,量化宽松政策退出之时,美国就业市场表现良好,失业率不足6%。量化宽松成功退出之后,就业市场依然保持良好的复苏形势,标志着美国经济重新恢复强势增长势头。统计数据指出,2015年12月美国的失业率已不足5%,美联储在就业市场取得的良好成绩成为加息周期开启的基本原因。

第二,美国经济进入强劲复苏阶段以后,通货膨胀目标基本达成。在美联储加息周期之前CPI指数一直维持在2%左右,但很少达到这一目标。进入2015年以后,核心CPI保持持续增长的发展趋势,并于11

月首次突破2%，触及通胀控制目标。在随后的一段时间里增长趋势延续并于12月达到2.1%，回归至目标值之上。为了抑制物价的快速上涨，美联储开始采取措施告别之前的零利率周期。

第三，美联储在资本市场中注入大量流动性，美国股指创出新高。股市是国家经济走向的重要"晴雨表"，在美国进入严重衰退阶段，道琼斯工业平均指数一度跌入21世纪以来的最低水平。在量化宽松货币政策发挥作用之后，美国经济复苏强劲，市场投资者的热情被再次激发，股票指数持续上涨。随着金融资产价格的不断上扬，美联储启动加息周期已成为重要议题。

第四，金融危机主要出现在美国的房地产市场，房地产市场遭受的冲击最为明显，其复苏进程与国家的整体性复苏密切相关。在2007年次贷危机发生之后，美国房地产市场快速崩盘，美国住房建筑商协会（NAHB）住房市场指数由危机发生前的72下降至危机发生后的8，并伴随大量的私人住宅新建数量的下降，由危机之前的每月19.7万套降至3.19万套，由此可以看出房地产市场备受重创。从2012年开始，在美联储多项政策刺激下，房地产市场步入复苏进程，NAHB住房市场指数也迅速回归至60以上。正是房地产出现了明显的复苏征兆，才使得美联储对经济复苏充满信心，为美国联邦基金利率上调奠定了信心基础。

第五，美国多项经济领先指标显著回升，消费者对经济恢复的信心不断增加。从2009年开始美国ECRI领先指标持续攀升，向市场注入信心，也标志着美国采取的量化宽松货币政策成效斐然。美国ABC新闻消费者信心指数在此时仍然在0以下运行，但下降趋势已得到遏制。进入2014年以后，该指数由负转正并实现了大幅增长，预示着美国消费者对经济走势由之前的消极变为积极。随后在2014—2015年，ECRI领先指标虽然出现过几次回落，但整体的增长动力强劲、趋势稳定，世界对美国经济恢复的预期持乐观态度，为美联储的利率提升提供了支撑。

2019年，美国正式下调经济发展预期，加息进程得以暂缓。从2019年开始，除美国以外，世界大多数经济体的增速明显放缓，拖累了美国经济增长预期。于是在当年的3月召开的会议中提出维持目标利率不变的政策基调，同时对随后两年的GDP增长率做出下调，在2019年制定的2.3%和2020年的2.0%基础上分别下调0.1%。与此同时，也做出通货膨胀率指标增速下调一个百分点的决定。在此次金融危机中，世界各大经济体均受到猛烈冲击，此后长期笼罩在金融危机的阴影下。

（三）第三阶段：2019年7月至2022年3月，美联储进入降息周期

从2019年开始，在贸易保护主义和经济增速放缓等多重因素的叠加下，世界经济发展令人担忧。在经济增长放缓的情形下，美联储不得不重新审视"加息"和"缩表"政策，将其重新调整为"扩表"和"降息"策略，标志着美联储货币政策迎来了重大转折。

经过多年的政策调控以后，美国于2018年GDP增速恢复至3%的水平，随后经过4次加息，联邦基金利率的目标区间也由原先的超低区间重新恢复至2.25%—2.50%的水平。到了2019年，令人意想不到的是，美联储利率走势发生显著改变，一改往日的加息操作，又进行了三次连续降息，使联邦基金利率重新回归到2%以下的水平（1.5%—1.75%）。

关于政策大转弯的发生，美联储主席鲍威尔曾对其作过解释，指出在2019年美国经济全面疲软，世界经贸事务恢复不如预期，在众多事项的挑战下美国经济下行风险加大，为了给美国提供更多的缓冲空间，于是美联储采取了降息的政策。

美联储通过打出"降息"和"扩表"的组合拳成功地应对了2008年的国际金融危机，提振了美国经济，也挽救了美国的发展颓势。虽然类似的问题在2019年并未出现，但美联储却再次打出这套组合拳（见表3-4），意味着美国经济正在出现一些令美联储不得不重视的风险。

2020年新冠疫情的蔓延造成经济活动的变化性风险,为了有效地控制风险,各个国家都采取了一系列的货币政策(见表3-5)。美国联邦委员会为了达到价格稳定和就业率最大化的目标,进一步降低联邦基金利率目标范围,重新启动超常规量化宽松政策。从2020年3月,为了减轻市场融资压力,美联储又进行了两次降息。在2020年3月3日,美联储"打破常规"未按照原先的会议议程直接宣布降息,史称"非常规会议降息"。之所以采取这一措施,是因为美联储发现美国市场出现乱象,需要紧急救市,距上一次"非常规会议降息"已有10多年之久。值得注意的是,此次采取的是双倍降息方式,联邦基金利率以50个基点的形式下调,迅速降至1%—1.25%,超额准备金率(IOER)也降至了1.1%的水平。从2020年3月开始又宣布下调100个基点,将联邦基金利率恢复至0—0.25%的水平,重新回到零利率时代。除此之外,美联储将各种量化宽松货币政策应用到位,改善了市场的流动性。在三项贷款工具的基础上,美联储又再次启动了四项货币政策工具,为各级政府、企业、家庭金融机构提供定向支持。美国此次的运作和规模可谓史无前例,也带来了资产负债表的迅速扩张,通货膨胀继续走高。该降息政策持续到2022年3月。

表3-4　　　　　2019年7月至2020年3月美联储降息进程

降息时点	降息幅度(BP)	调整后联邦基金利率目标区间(%)	降息间隔(月)
2019-07	25	2.00—2.25	127
2019-09	25	1.75—2.00	2
2019-10	25	1.50—1.75	1
2020-03	50	1.00—1.25	5
2020-03	100	0—0.25	0

资料来源:Wind数据库。

第三章 后金融危机时期全球货币政策的新变化、新特点与影响

表3-5　　2020年新冠疫情期间美国实施宽松货币政策内容

项目	主要内容
利率方面	联邦基金利率降至0—0.25%，存款准备金率调整为0
流动性方面	可以回购量每日提高至1750亿美元，每周至少提供两次的450亿美元的回购，继续推出QE计划，共计7000亿美元；国债购买为5000亿美元、住房抵押贷款支持证券（MBS）为2000亿美元
对金融机构	推出了一级交易商信贷便利工具（PDCF）和货币市场共同基金流动性便利（MML），为金融机构提供各种便利和帮助
对企业、家庭和个人	推出一级市场企业信贷便利（PMCCF）、二级市场企业信贷便利（SMCCF）、资产支持证券信贷便利（TALF）以及商业票据融资便利（CPFF）、市政信贷便利（MLF）、主街信贷便利（MSLP）、特殊目的机构（SPV）等工具向企业和家庭提供资金帮助

资料来源：美联储官网。

（四）第四阶段：2022年3月至2023年12月，美联储开始加息

美国经济进入快速反弹阶段以后，整体的通货膨胀率有了明显增加，于是2022年再次启动缩减购债计划，重新回归至疫情前的加息周期。

从经济指标看，美联储已经达到加息要求，失业率再次跌回至4%的低位，新增非农就业人口不足47万人，但已经超出疫情前水平。同时，劳动参与率也逐渐步入上行通道，制造业PMI指数在过去的1年8个月里始终在50以上运行。2022年开始，美国的通货膨胀率再次增加，CPI比2021年增长了7.5%，创历史最高水平，核心CPI增速突破了6%。结合以往的经验数据可以看出，美国通胀表现和经济恢复程度均已经达到加息启动的条件。

从2022年开始，美联储便迅速地将工作重心转移至通胀控制上。

从 2021 年 11 月美联储的缩减购债规模下调以后，缩减购债计划（Taper）正式落地标志着过去采取的非常规货币政策逐渐步入正常化和常态化。到了 2022 年 3 月以后，美联储再次启动加息，宣布加息 25 个基点。随后的 5 月、6 月、7 月、9 月、11 月、12 月进行多次加息，其加息幅度为 50—75 个基点不等。面对全球性通货膨胀，美联储在 2023 年依然延续加息策略，分别在 2 月、3 月、5 月和 7 月加息 25 个基点。截至 2023 年 12 月，美国联邦基金利率目标区间仍维持在 5.25%—5.50%（见表 3-6）。

表 3-6　　　　2022 年 3 月至 2023 年 12 月美联储加息进程

加息时点	加息幅度（BP）	调整后联邦基金利率目标区间（%）	加息间隔（月）
2022-03	25	0.25—0.50	39
2022-05	50	0.75—1.00	2
2022-06	75	1.50—1.75	1
2022-07	75	2.25—2.50	1
2022-09	75	3.00—3.25	2
2022-11	75	3.75—4.00	2
2022-12	50	4.25—4.50	1
2023-02	25	4.50—4.75	2
2023-03	25	4.75—5.00	1
2023-05	25	5.00—5.25	2
2023-07	25	5.25—5.50	2

资料来源：Wind 数据库。

2022 年 3 月，美联储开始进入加息周期，其目的是抑制和解决国内市场的通货膨胀问题。对该轮美国通货膨胀形成原因分析可以看出，需求强劲是主要动力，供给冲击也是某个阶段的主导因素。早在 2021 年，美国各个层面的供应遭受了大幅度的冲击，也逐渐推高了价格的持续上涨。再加上德州天气寒冷、芯片短缺、德尔塔疫情、苏伊士运河拥堵、乌克兰危机等多个事件的发生，形成一波接一波的供应冲击，对原先紧缺的供应局面带来不小的压力。

2022年2月以后，美国和欧洲多个区域的奥密克戎疫情显著好转，经济活动受到疫情的影响程度降低。市场预期2022年3月以后CPI将会首次迎来拐点。但在此时，乌克兰危机又使经济形势急转直下，造成了新一轮的供应冲击，尤其是在原油、农产品和天然气等资源方面受到的冲击尤为严重。乌克兰危机引发的供应冲击具有明显的偶然性和突发性，使美联储措手不及。此时，美联储做出的暂时性通胀判定也存在一定的合理性。

综合来看，美国所承受的通货膨胀压力除了来源于供给冲击以外，还受到地缘政治风险冲突的影响，难以通过货币政策的调整给予全面解决，迫切需要提出更具针对性的货币或经济政策，从源头上缓解供应端造成的压力。然而，随着上述问题的缓解和全球经济下行，2024年美联储有可能再次降息。

（五）新冠疫情下的美联储调控方式的新变化

1. 新冠疫情下的美联储非常规货币政策的实施

新冠疫情造成的全球金融市场动荡使得美联储不得不采取措施进入救市。可以说，在此次危机的应对中，美联储除了启动化解2008年金融危机的各项金融工具以外，还创新性地使用了一些新型工具。

2020年3月开始，美联储同时进行三种利率调整，单次降息50个基点，快速实现联邦基金利率的迅速下调，并使其维持在1.00%—1.25%的低位水平；超额存款准备金率下调50个基点，最终达到1.1%；贴现窗口的一级信贷利率下调50个基点，达到1.75%。除了上述三种利率的降低，美联储又加大了隔夜回购的每日发行量，从3月9日的1000亿美元增加至12日的1750亿美元。到了3月15日，全球市场陷入恐慌蔓延的境地，美联储又紧急降息，将其控制在0—0.25%的区间水平，超额存款准备金率降至0.1%。十天以后，美联储正式宣布取消存款准备金提取的要求，确保金融机构具备充裕的资金量，从而更好地应对客户承兑和提现需求。

美联储为了化解市场流动性短缺问题，于 2020 年 3 月 15 日再次启动量化宽松政策。即使如此，到了 3 月 23 日，美股依然出现了 4 次熔断，造成市场陷入极度恐慌情绪之中。迫于市场压力，美联储首次推出无上限量化宽松政策，用于提振市场信心。美联储在当日宣称，将会在该周每天持续购买美元国债和住房抵押贷款支持证券（MBS）750 亿美元与 500 亿美元。为了确保市场的顺利运行，减少货币政策的国际传导，美联储还会根据实际情况不限量购买上述两项资产，标志着无限量量化货币政策的正式实施。这一政策的顺利推出，使得美联储迅速扩表，在短短的几个月时间，美联储的总资产快速突破 7 万亿美元。

在金融机构扶持方面，美联储原封不动地将 2008 年所采取的各项政策工具全部实施一遍，还在此基础上推出了一级交易商信用工具（PDCF）与货币市场共同基金流动性便利（MMLF），为金融机构提供定向帮助。其中 PDCF 准许一级交易商（纽约联邦储备银行）利用相对宽松的质押物获得长达 90 天的机构运行低息资金，供企业、家庭贷款使用。MMLF 准许波士顿联邦储备银行将一些高等级债券设定为质押品，为企业和家庭提供共同资金赎回的流动性支撑。

新冠疫情带来的全球经济冲突甚至超过国际金融危机造成的影响，个人和家庭、企业在此次冲击中也无法幸免。综合来看，美联储在此次的政策工具使用中，针对家庭和企业所采取的政策工具实施过程较晚，到了 2020 年 6 月才投入使用。在疫情的巨大冲击下，企业迫切需要资金支持，但整个市场的流动性短缺明显，在此情形下，美国又通过特殊目的机构（SPV）的形式大量购入商票和企业债，达到快速稳定市场波动的效果。对于实体企业，美联储先后推出了一级市场企业信贷便利（PMCCF）、二级市场企业信贷便利（SMCCF）、资产支持证券信贷便利（TALF）以及商业票据融资便利（CPFF）等多种工具，为企业纾难解困。为了帮助社区更好地发挥服务职能，美国还专门推出了市政信贷便利（MLF）和主街贷款便利（MSLP）。①

2. 美联储新的货币政策框架

金融危机发生以后，美联储为了扩表采取了一系列非常规货币政策手段，提高市场流动性的投放力度，但并未带来明显的通胀。随后全球进入低利率阶段，联邦基金利率估值显著下调（2012年的4.25%下调至2020年的2.50%），标志着美国即将进入下一衰退循环（陆晓明，2020）。而在此时美联储已经丧失了降息的操作空间，在此背景下，美联储不得不对2012年发布的货币政策与长期目标战略声明做出适当调整，并在此基础上结合当时的实际情况与2020年8月推出新的版本，提出以下多项新的内容。

首先，对就业的现状做出重要调整。即将就业放在货币政策目标的第一位，调整了"与其最大水平的偏离"的说法，由此表明，美联储在货币政策的调整过程中对经济增长目标给予更多的关注，货币政策与经济增长的连接更为紧密。自美联储前主席耶伦执政以来，高就业水平让美联储对就业的重视程度不高，而在随后的经济发展过程中，美国的整体就业水平不断下滑，使得美国不得不考虑就业问题，并在保证充分就业的前提下进一步缓解通胀上行压力。除此以外，在新的声明中还调整了平均通胀目标值。其中指出，倘若将通胀目标率设定在2%以下，很容易会诱发市场低于2%通胀的预期，在通胀自我实现机制下，会使得实际通胀水平无法达到2%，进而陷入新一轮的低通胀预期之中。一旦出现通胀率在2%以下时，美联储有责任制定超过2%的通胀控制目标。

其次，明确了新操作框架使用的原因。美联储指出，此次新版本的提出是建立在美国经济发展状况的基础上所做出的努力。菲利普（Philip，2019）指出美国经济的问题主要表现在三个方面，即潜在生产

---

① 杨玉林：《金融危机前后的美联储货币政策调控方式演变》，《金融发展研究》2021年第9期。

率的持续下降、长期通胀预期在2%以下运行、货币政策效率持续减弱。欧洲中央银行首席经济学家连恩在研究中指出，如果某个经济体的经济增长潜能持续下降，会造成实际利率水平不断向下运行，带来巨大的下行压力。纵观美国近几十年来的经济增长历程，其整体的经济增长速度持续下滑，实际均衡利率不断下降。2012年，美联储发布的长期利率中值为2.25%，到了2020年该数值下降至0.5%。费雪效应指出，实际利率水平持续下降，会使得名义利率长期处于低位运行，进一步挤压货币政策空间，使得美联储在遇到经济衰退的问题时可供选择的降息操作空间被大幅压缩。

除了上述的经济增速放缓的问题，美国经济在近几年来呈现出恢复的发展趋势。2018年，美国第二季度GDP增速甚至达到了4.1%，在就业市场上的表现也异常亮眼。10月，美国失业率达到历史低位，仅为3.5%。但即使如此，美国通胀率却长期低于2%的目标水平，而由菲利普斯曲线理论可知，两者之间应当表现出反比例关系，较低的失业率必然伴随过高的通胀率。

美联储货币政策整体运行框架的大幅调整，预示着美国货币政策能够发挥的效力不断降低。现有的经济学理论指出，货币发行实际上包含了央行的基础货币创造、存款货币创造两个方面的内容。结合美联储的实际政策实施情况可以看出，实施大规模的资产购买计划，能够显著提升银行的基础货币总量，经过货币乘数效益以后使得广义货币供应量大幅提升。但值得注意的是，资产负债表的扩张是建立在经济主体存在货币需求的前提之上，需要家庭和企业具备贷款的需求，由此才能够派生出银行购买债券，增加存款货币。商业银行存款货币的主导权并非牢牢地握在商业银行手中，货币供应存在明显的内生性特征。私人部门通过采取主动措施来进行资产负债表修复，一旦货币需求不足将会造成商业银行存款总量派生数量无法达标。量化宽松货币政策引发的基础货币的显著改变，带来的超量基础货币无法成为广义货币和信贷投放的创造基础，这就意味着进入后金融危机阶段私人部门普遍丧失了杠杆加强的意愿，通过量化宽松政策来刺激经济所达到的效果被严格地限定在特定时空，因此，出现了流动性陷阱问题。

市场政策研究人员对这一货币政策框架的调整看法不一，如芝加哥联储主席埃文斯指出，如果按照美联储提出的新的货币政策进行政策调整的话，将会使得政策的透明度大幅降低，再加上美联储尚未公布可供操作、明确的执行方案，市场无法对新的货币政策操作产生正确的理解。新的框架的制定也标志着美联储将会放弃长期坚持的泰勒规则，不再将其当作联邦基金目标利率制定的参考标准，而是衍生出相机抉择的、灵活调整的货币政策方式，由此将会进一步提高市场的预测和理解难度，使得市场难以有效把握美联储货币政策的本质。

二 欧元区货币政策的新变化、特点与趋势分析

欧洲中央银行（以下简称欧洲央行）于 1998 年成立，是欧元区国家统一货币政策的制定和执行部门。《马斯特里赫特条约》明确了欧洲央行将保持物价稳定作为货币政策的首要调整目标，在此目标实现的基础上，促进欧元区经济增长、充分就业并完善社会福利等。欧元区的货币政策首选中介目标为货币供应量 M3 的增长率，其次为外来价格风险的评估。欧债危机后，货币政策工具新增资产购买计划，并将存款机制利率调整至负值，并加入利率前瞻性指引；新冠疫情暴发后，又增加紧急抗疫购债计划。

图 3-2 为欧洲央行主要再融资利率，根据其趋势变化，将欧洲央行自 2008 年以来实施的货币政策分为四个阶段：第一阶段，在 2008 年 11 月至 2010 年 12 月，受到国际金融危机和欧债危机的影响，欧洲央行进入降息周期；第二阶段，2011 年，欧洲央行加息两次；第三阶段，在 2012 年 7 月至 2022 年 6 月，欧洲央行再次进入降息周期，同时受到新冠疫情影响，开始实行超常规的宽松货币政策；第四阶段，在 2022 年 7 月至 2023 年 12 月，欧洲央行开始收紧货币政策，进入加息周期。

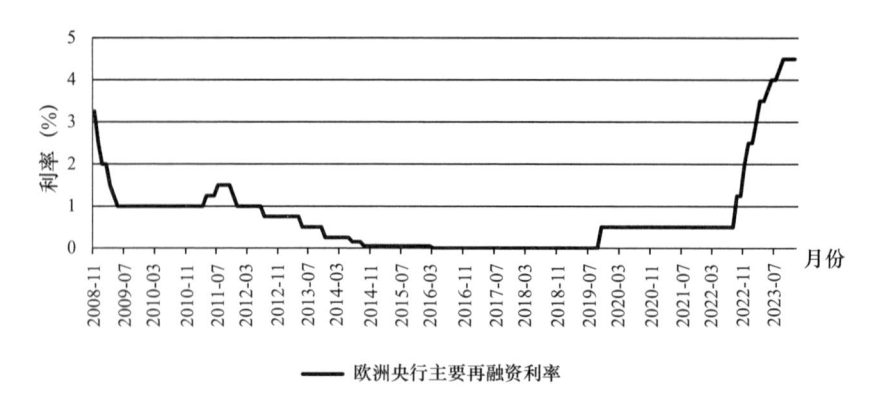

图 3-2　2008 年 11 月至 2023 年 12 月欧洲央行主要再融资利率

资料来源：美联储 FRED 数据库。

（一）第一阶段：2008 年 11 月至 2010 年 12 月，欧洲央行降息

2009 年 5 月欧洲央行正式实施量化宽松货币政策，具体执行过程详见表 3-7。从 2009 年 5 月开始，欧洲央行连续降息 25 个基点，并在 5 月首次达到 1% 的利率低位。在 2008 年国际金融危机背景下，欧洲央行除了使用传统货币政策工具，还制定了一系列强化信贷支持措施，采取了四个政策措施：一是通过固定利率为银行提供更长期限的银行贷款（从半年提升至 1 年），为银行提供更加充裕的流动性支持，防止出现无序杠杆融资的问题，也调整了流动性期限结构，更好地抵御银行的短期冲击，有效缓解资产负债期限错配问题。在此情形下，金融机构具备更高的扩张信贷意愿，从而更好地为实体经济提供支持。二是增加了流动性操作的抵押担保资产操作空间。通过抵押担保的方式能够为金融机构提供超过资产负债表更大份额的抵押从而获得更多的央行再融资。这样必然会提高金融机构的流动性，起到增强放贷意愿的效果。三是协同美联储共建货币互换机制。互换机制建立以后，欧元具有更强的流动性，能够极大地缓解欧元区美元资产的债务压力。四是购买资产担保债券。欧洲央行直接进入市场对金融市场进行干预，购买超过 600 亿欧元的资产债券向市场注入流动性，释放出政策溢出效应。综合来看，欧洲

央行所采取的量化宽松货币政策也具有明显的扩表特征。

具体来看,欧洲央行的货币政策的主要传导机制如下:第一,通过低利率政策及长期的政策预期迅速传导至市场利率,但采取这种传导方式效率低且速度慢,银行新增贷款利率虽然有所下降,但在短期内仍然处于高位运行。第二,通过货币流动性降低的方式为政策传导渠道提供疏通工具,以达到降低债券期限利差的效果。

从 2010 年 5 月开始,欧洲央行理事会为了有效地缓解金融危机引发的局部市场流动性紧张问题和解决激进政策实施以后引发的财政赤字等财政问题,决定直接介入公共和私人在线市场干预,为其注入大量的流动性,以确保各类细分市场能够得以有效运转。为了达到这一目标,2010 年 5 月 26 日和 6 月 30 日欧洲央行采取固定利率的调整方式进行两次 3 个月再融资操作,2010 年 5 月 2 日进行了 1 次 6 个月特殊长期再融资操作。除此以外,还与美联储重启流动性互换措施,恢复了 7 天和 84 天期限的互换操作。

2010 年爆发欧洲主权债务危机后,欧洲央行开始将工作重点进行重大调整,将工作重心放在市场失灵问题的解决上,从而减少欧元区家庭和企业的融资差异。为此,欧洲央行还专门执行了超长期再融资操作(VLTROs),并使用了直接货币交易(OMTs)极大地缓解了市场恐慌。欧洲央行在利率长期处于低位运行的情形下,采取了一些非常规操作,对于通货紧缩的缓解起到一定的积极作用。

表 3 - 7　2008 年 11 月至 2010 年 12 月欧洲央行实施的宽松货币政策

时间	主要内容
2009 - 05	降息 25 个基点,延长贷款期限(从半年增加至一年),扩大担保资产范围,购买 600 亿欧元担保的资产债券
2010 - 05	欧洲央行采取固定利率的调整方式进行两次 3 个月再融资操作和一次 6 个月特殊长期再融资操作。除此以外,还与美联储重启流动性互换措施,恢复了 7 天和 84 天期限的互换操作

资料来源:欧洲央行。

(二) 第二阶段：2011年4月和7月，欧洲央行两次加息

2011年4月和7月，欧洲央行行长理事会决定将欧洲央行基准利率由1%升高到1.25%。这是2008年国际金融危机爆发后首次采取加息措施。加息是为了降低通胀压力，保持物价稳定。为了有效解决通胀失控的问题，欧洲央行采取多次加息操作，进一步紧缩宽松货币政策，引发了市场投资积极性下降和货币供应量萎缩的问题，造成欧元区经济的二次探底。2011年7月，为应对欧元区通胀水平上行风险，稳定物价，欧洲央行继续上调再融资利率0.25个基点，从1.25%上升至1.50%。欧洲央行行长特里谢表示，在适当的时候采取措施调整流动性，加息是为了控制通胀预期，欧洲央行的货币政策依然非常宽松（见表3-8）。

表3-8   2011年4月和7月欧洲央行加息进程

加息时点	加息幅度（BP）	变动后的主要再融资利率（%）	加息间隔（月）
2011-04	25	1.25	64
2011-07	25	1.50	3

资料来源：欧洲央行。

(三) 第三阶段：2012年7月至2022年6月，欧洲央行货币政策长期宽松

2012年7月，欧洲央行将主要再融资利率降到0.75%（见表3-9）。从2014年开始，欧元区始终处于经济发展不足的情境中，通货紧缩压力巨大，需求不足的问题不断彰显。经过欧洲央行的内部一致辩论，最终决定延续宽松货币政策，继续提振经济。一年以后，欧洲央行又重新提出量化宽松政策，加大政策实施力度。在随后的一段时间里，欧洲央行通过多次降息来刺激信贷和增加投资。2014—2019年，平均每年一次降息。欧元的低估为欧元区的外贸带来红利，与此同时，欧债危机得以缓和，欧洲经济迎来复苏。进入2019年以后，外贸红利消散，一些

激进的欧洲央行官员提出政策正常化的意见，逆转量化宽松规模，告别之前的负利率周期。但最终欧洲央行执行委员会未能通过相关审议。新冠疫情在世界暴发以后，全面冲击世界经济体系，欧洲央行又采取了增加公共债务、提高再融资额度等方面的宽松政策，试图为经济注入活力与动力。

表3-9　　　　2012年7月至2019年9月欧洲央行降息进程

降息时点	降息幅度（BP）	变动后的主要再融资利率（%）	变动后的边际借贷利率（%）	变动后的存款机制利率（%）	降息间隔（月）
2012-07	25	0.75	1.00	0.50	37
2013-05	25	0.50	0.75	0.25	10
2013-11	25	0.25	0.50	0	6
2014-06	10	0.15	0.40	-0.10	7
2014-09	10	0.05	0.30	-0.20	3
2015-12	10***	0.05	0.30	-0.30	15
2016-03	5/10**	0	0.25	-0.40	3
2019-09	10*	0	0.25	-0.50	42

注：1. *** 表示2015年12月，欧洲央行对主要再融资利率和边际借贷利率保持不变，只对存款机制利率进行降息，下降幅度为10个基点。

2. ** 表示2016年3月，欧洲央行对主要再融资利率和边际借贷利率下调5个基点，对存款机制利率下调10个基点。

3. * 表示2019年9月，欧洲央行对主要再融资利率和边际借贷利率保持不变，只对存款机制利率进行降息，下降幅度为10个基点。

资料来源：Wind数据库。

2020年3月，欧洲央行管委会通过对新冠疫情引发的欧元区经济冲击的正确评估，提出超宽松货币政策并将其付诸实施。其中主要包括增加购债计划，每月增加额度在1200亿欧元左右，持续增加量化宽松，增加流动性工具的使用频率，购买更多的资产形式。3月19日，临时性资产购买计划正式提出，该计划的规模扩张至 7500 亿欧元。以往，欧元区设置的常规计划为每月 200 亿欧元，而在此时临时性资产购买计划替代传统的常规购买计划。此外，定向长期再融资操作（TLTRO）Ⅲ利率被进一步下调，使其低于再融资操作利率 25%，适当放宽贷款利率使其达到 50%，增加贷款额度 1.65 万亿欧元。6 月 4 日，欧洲央行正式发布新的政策，在原有政策基础上增加了紧急抗疫购债计划（PEPP）的购买规模 6000 亿欧元。随后，欧洲央行又提出了"复苏基金"的计划，基金规模达到了 7500 亿欧元。受此影响，各国政府也纷纷推出相应的贷款担保计划，为实体经济注入更多的流动性，进一步激励银行对外发放贷款。6 月，欧洲央行再次提高资产购买计划水平（达到 1.35 万亿欧元），半年以后又将其增加至 1.85 万亿欧元，这一扩张计划将会持续至 2023 年 3 月末。除此以外，欧洲央行进一步放宽公司部门抵押标准，将购买计划中的合格资产范围进一步扩大至非金融商业票据。随后，欧洲央行又出台了大流行紧急长期再融资操作（PELTROs），在 2020 年共计 7 次为市场注入 267 亿欧元的流动性。

受到宽松货币政策的影响，在欧元区出现了物价持续上涨的现象，欧元区的通货膨胀率到 2021 年年底已经突破 5%，远远超过前期制定的 2% 的目标，在此情形下，欧洲央行依然坚定宽松货币政策立场。

（四）第四阶段：2022 年 7 月至 2023 年 12 月，多重压力迫使欧洲央行加息

2022 年全球经济有所恢复，欧洲央行在发布的公告中指出，欧元区的三项关键指标分别上调 50 个基点，经过调整后再融资利率达到 0.50%，边际借款利率达到 0.75%，存款机制利率达到 0%（见表 3 - 10），央行完成了首次加息。多重压力迫使欧洲央行开启加息周期，欧元区也逐渐走上了一条告别负利率的道路。2022 年 7 月至 2023 年 9 月，欧洲央行共进行了十次加息，累计加息 450 个基点。截至 2023 年 12 月，欧洲央行维持利率不变，并下调了通胀预期，主要再融资利率、边际借贷利率和存款机制利率分别为 4.50%、4.75% 和 4.00%。

表3-10　　2022年7月至2023年12月欧洲央行加息进程

加息时点	加息幅度（BP）	变动后的主要再融资利率（%）	变动后的边际借贷利率（%）	变动后的存款机制利率（%）	加息间隔（月）
2022-07	50	0.50	0.75	0	132
2022 09	75	1.25	1.50	0.75	2
2022-10	75	2.00	2.25	1.50	1
2022-12	50	2.50	2.75	2.00	2
2023-02	50	3.00	3.25	2.50	2
2023-03	50	3.50	3.75	3.00	1
2023-05	25	3.75	4.00	3.25	2
2023-06	25	4.00	4.25	3.50	1
2023-08	25	4.25	4.50	3.75	2
2023-09	25	4.50	4.75	4.00	1

资料来源：Wind。

欧洲央行采取加息措施的主要原因是：

第一，货币政策遭遇现实困境。欧元区先后经历了次贷危机和新冠疫情，经济发展受到严重冲击，欧洲央行采用多项货币政策后，政策空间被不断压缩，欧洲央行的角色定位也逐渐滑向最后贷款人的边缘，开始受制于政策扩张、金融稳定和经济增长等多项政策目标。进入2020年以后，欧洲经济的内外部形势依然不容乐观，就业市场的修复依然需要更多的时间，就业增长速度不及经济增长速度。此外，全球化遇冷，各种保护主义纷纷抬头，价值链被不断挤压，再加上央行前期采取的QE和低基数政策释放了众多无限量流动性，经济步入复苏进程以后通胀也迅速抬头。为了有效应对经济复苏滞后和通胀高企的难题，欧洲央行不得不对之前做出的决策逻辑进行重新审视，同时对原先设定的目标水平做出适当调整。

第二，全球货币政策转向预期持续增加。在经济复苏和通胀增加的双重影响下，逆回购工具被频繁使用。QE（Taper）的政策预期持续升温,紧随其后的加拿大、俄罗斯等多个国家的央行纷纷开启加息操作并放宽购债规模。在此情形下,世界整体性流动性边际不断紧缩,金融秩序的波动进一步提高,欧洲央行的货币政策转向预期明显增加。

第三,欧洲央行考虑到货币政策的过早收紧会造成严重危害,希望通过采取一系列货币政策向市场中释放出积极的政策意图。欧洲央行在欧债危机期间,曾采取过短暂的加息尝试,但带来的结果是金融震荡和经济衰退。经过对原先政策的重新审视后,欧洲央行开始全方位为经济提供支撑。2022年7月拉加德(欧洲央行行长)在发表演讲中指出,欧洲央行在解决和应对金融危机和欧债危机中吸取了血的教训,因此,在应对新冠疫情这类"黑天鹅事件"时不会过早取消援助政策,以避免影响经济的正常复苏进程。整体来看,欧洲央行在更新利率和调整通胀目标时具备更加前瞻性的眼光,也向市场中释放出对短期通胀容忍的信号,是基于欧洲央行所处的经济形势的科学审视所做出的现实选择。

第四,虽然疫情之后全球经济有所复苏,但在一些重要领域的供应链仍然持续受到震荡,尤其是能源和原材料等方面还存在明显的供需失衡的现象。2022年2月,乌克兰危机爆发,西方国家纷纷对俄罗斯进行制裁,国际市场秩序紊乱。在多种因素的影响下,能源和粮食等多种资源的供应日趋紧张,使得欧元区出现更高幅度的通胀率。欧洲央行在成立之初就确定通胀控制在2%的合理区间的目标,但实际情况却是在2022年6月欧盟和欧元区的通胀率分别达到了9.6%与8.6。居高不下的通货膨胀率极大地提高了民众的生活成本,也使得欧盟原有的具有较强竞争力的产业遭受重大冲击。在此情形下,欧洲央行所承受的货币政策紧缩压力持续增加。

第五,从2022年开始,美国连续进行多次加息,两个月累计加息幅度超过150个基点,加拿大、挪威等多个国家的央行也纷纷推出加息计划,紧随美联储的加息步伐。欧洲央行为了避免利率倒挂或由此引发的费率与资金的问题,也采取了加息措施。在美联储采取的加息政策的主导下,各国纷纷寻求购买美元资产进行无风险套利,使得欧元对美元

第三章　后金融危机时期全球货币政策的新变化、新特点与影响

汇率不停下跌，在短短的半年时间跌幅达到 11.5%。2022 年 7 月以后，这种发展趋势依然延续，欧元兑美元汇率再创新低。尽管在全球经贸的发展背景下持续的欧元走低有助于欧盟的对外出口，但与此同时又会进一步推高原材料和能源价格（以美元计价），进一步恶化欧洲经济状况。综合上述考量，欧洲央行不得不对加息态度进行更加审慎的思考并做出科学决策。2022 年 6 月召开的欧洲国家央行年度论坛中，拉加德就明确指出，地缘政治以及新冠疫情造成的巨大冲击使得欧洲的运行框架发生重大改变，欧洲央行的政策设计背景也出现了显著变化，世界经济重归低通胀时代的可能性不断下降。然而，全球经济下行，2024 年欧洲央行可能会降息。

（五）国际金融危机、欧债危机和新冠疫情后欧洲央行的货币政策操作对比

相较于前两次欧洲央行所面临的危机，在面对新冠疫情威胁时，欧洲央行更偏向于采取非常规货币政策来减少因危机引发的各种负面影响。[①] 但从实际的通胀率的控制成效来看，欧洲央行取得的控制效果要明显低于以往两个危机时期。为此，将欧洲央行在不同危机时期制定的货币政策进行了对比分析，见表 3-11。

表 3-11　　　国际金融危机、欧债危机和新冠疫情后
欧洲央行的政策操作对比

措施	国际金融危机和欧债危机	新冠疫情	措施对比	目的
降息	2008—2009 年，连续进行 9 次降息，使存款利率下调至 3%，边际贷款利率下调至 3.5%。	无论是存款利率还是边际贷款利率均未做出任何调整	在应对金融危机时，欧洲央行的降息反应迅速、降息幅度大。但在应对新冠疫情时，对利率水平未进行调整	缓解市场中资金困难的问题，降低融资成本，增加流动性

---

① 余元堂：《欧洲央行货币政策操作的实践及对我国的启示》，《国际贸易》2022 年第 5 期。

续表

措施	国际金融危机和欧债危机	新冠疫情	措施对比	目的
存款准备金率	2012年1月从2%下降到1%	同上	在应对欧债危机和国际金融危机时，欧洲央行经过多次存款准备金的调整，使其降幅高达50%。但在新冠疫情期间未做出任何调整	为金融机构注入流动性，提高家庭和企业的资金使用充裕度
主要再融资操作	2008—2009年，连续7次下调主要再融资操作利率，降幅高达3.25%	同上	在应对欧债危机和国际金融危机时，欧洲央行采取多次主要再融资操作利率下调政策，下调幅度高达3.25%。而在新冠疫情期间未做出任何调整	
非常规货币政策工具	无	累计发布疫情紧急购买计划、紧急抗疫购债计划（PEPP）1.85万亿欧元，经过三次实现	新冠疫情时期推出紧急抗疫购债计划（PEPP）	显著降低借贷成本，提高资金利用率，为家庭和企业提供更加充裕的信贷资金
非常规货币政策工具	2次常规三月期（2010年5月与6月）再融资与1次六月期再融资操作	将定向长期再融资操作（TLTRO）期限进一步延长至三年	进一步延长操作期限	
非常规货币政策工具	降低支持证券评级门槛，提供银行贷款抵押品支持，增加信用债权范围	减少抵押品的估值折旧和放宽信用债权抵押条件，不再接受希腊主权债务充当抵押品，欧洲央行在2021年提供四次融资	新冠疫情时期抵押品评级门槛降低更多	
非常规货币政策工具	2011年进行超长期再融资操作（VLTROs）两次，持续期限为36个月	在2021年提供大流行病紧急长期再融资操作（PELTROs）共计4次	在两次危机之后，进一步延长操作期限	提供流动性支持，维持疫情期间货币市场的稳定
非常规货币政策工具	无	放宽银行监管，规定银行在2020年10月前禁止支付股息	新冠疫情期间放宽监管	提高银行的贷款能力

资料来源：余元堂：《欧洲央行货币政策操作的实践及对我国的启示》，《国际贸易》2022年第5期。

（六）欧洲央行新货币政策框架的目标及特征

从 1998 年欧洲央行成立开始，价格稳定始终是欧洲央行的主要控制目标。近年来，随着全球金融形势发生了深刻改变，欧洲央行对货币政策框架做出适时调整。2021 年 7 月，经过战略评估后，欧洲央行正式启动货币政策框架调动预案，进行新型货币政策框架的构建。相比而言，新型货币政策框架表现出更加显著的特征，包括以下五个方面。

（1）货币政策更加灵活。欧洲央行在建立货币政策框架时，将"中期内低于但接近2%"通胀控制目标修正为中期通胀率控制在2%左右，实现首次对通胀目标的上调。依然延续稳定物价的货币政策核心目标，但通过将目标调整为"钉住2%"形成的更具对称性的目标，也意味着通胀水平在2%以上和以下均不是合意的，使得政策约束变得更加严格。

（2）在货币政策评估的同时吸收货币金融和经济分析内容（余元堂，2022）。经过长期的政策调整实践后发现，传统货币政策框架缺乏对金融稳定性的关注造成了国际金融危机的爆发与蔓延。在过去数年里，欧洲央行将实际和名义经济增速纳入经济分析的重点内容中。除此以外，政策传导机制顺畅与否、货币金融指标制定科学与否、物价波动是否受到金融因素影响等相关问题也通通被纳入货币金融分析的体系当中，与当前世界各国货币政策框架转型的步调保持高度一致。

（3）通胀监测中吸纳住房成本指标。欧洲央行为了更好地把握家庭通胀的变化特征、过程，首次将自有住房成本纳入通胀监测体系当中，并将其作为较为适宜的价格衡量标准予以考量。

（4）考虑全球气候变化对货币政策造成的影响。在过去数年里，世界各国基本上达成绿色发展的全球性通胀监测指标，多个国家的金融监管体系在进行政策制定时也充分考虑到气候因素变化造成的影响。在此发展背景下，欧洲央行也将气候变化及其对金融或经济运行造成的影响划入货币政策框架体系中，进一步增强气候风险判断和分析能力。

（5）延续货币宽松政策基调（赵雪情，2021）。从 2020 年 3 月开始，欧洲经济进入加速反弹阶段，制造业 PMI 和非制造业 PMI 都始终位于 50 荣枯线上，欧元区的 GDP 增速达到了 4.7%，展现出良好的发展趋势。但从总体上来看，欧洲经济的复苏受到多种不确定性因素的影响，变异病毒的持续会进一步影响经济增长，迫切需要欧洲央行维持宽松立场，降低民间借贷成本，保证投资和支出活动的顺利开展，为组织、个人和家庭提供更加良好的融资条件。

三　日本货币政策的新变化、特点与趋势分析

从 20 世纪 90 年代开始，日本经历了泡沫经济破灭引发的危机以后，就深陷经济发展泥潭，经济总量增速低迷甚至出现了明显的负增长，通货紧缩的问题迟迟得不到解决，民众对通胀的期望不高并逐渐丧失了经济复苏的信心。具体表现在两个层面：

（1）经济增长停滞。1992—2012 年的 20 年，日本 GDP 平均增速不足 1%，受到金融危机的影响后，2008 年与 2009 年 GDP 的增长率甚至达到了 -2.3% 和 -6%，2010 年才恢复正增长态势。但到了 2011 年，受到日本地震的影响 GDP 又重现负增长，降为 -2.4%。

（2）日本长期处于通货紧缩。日本的 CPI 始终在 0 上下波动，并在很长一段时间内低于 0。从 2000 年至 2012 年，156 个月中在 0 以下运行的月数就已经达到了 108 个月，即使在 2011 年和 2012 年受到大宗交易市场价格增加引发的全球通胀的整体情形下，日本的 CPI 也只是出现轻微的负增长。正是因为长期处于通缩状态，日本企业的投资欲望不断下降，消费欲望不断萎缩，消费者信心指数始终维持在 50 以下。此外，受到日本整体经济不景气的影响，日本企业的利润率也长期在低位徘徊，严重地影响了企业竞争实力。再加上投资不足造成的实体经济负效应，最终引发一系列消极连锁反应。日本企业利润低的主要原因集中在就业结构和终身雇佣制的不完善、人力成本长期居高不下、企业法人税率高、技术优势不断消退等方面，但究其根本，是因为日本长期处于经济停滞状态，企业缺乏投资意愿，丧失活力。

第三章 后金融危机时期全球货币政策的新变化、新特点与影响

如图3-3所示,根据2008年11月至2023年12月日本隔夜拆借利率的变化情况,将日本非常规货币政策的实施情况可以分为两个阶段:第一阶段为2008—2012年期间,日本重启零利率和实施量化宽松政策;第二阶段为2013—2023年,即"安倍经济学"下的质化量化宽松货币政策。

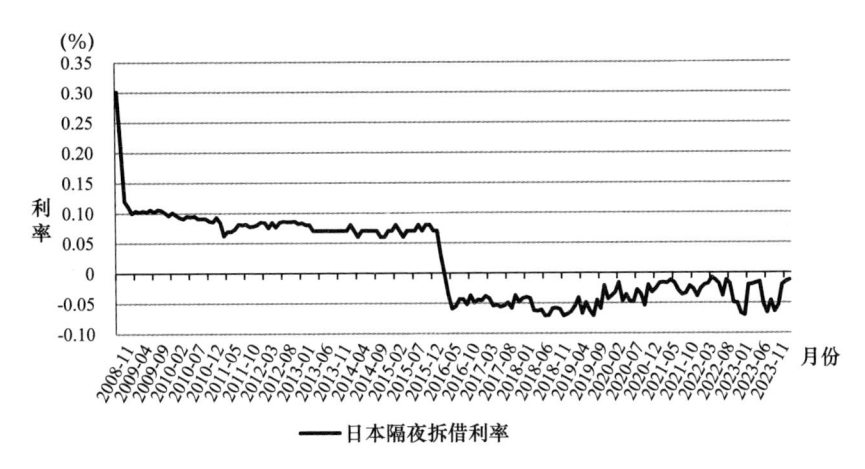

图3-3 2008年11月至2023年12月日本隔夜拆借利率

资料来源:美联储FRED数据库。

(一)第一阶段:2008—2012年重启零利率,实施量化宽松货币政策

首先,在国际金融危机的重大影响下,世界排名靠前的经济体都受到不同程度的通货紧缩影响。以美国为代表的西方发达经济体为了进一步刺激经济,采取了降低利率的方式用来维持金融体系的稳定。从2008年到2012年,美国平均每年推出一次量化宽松政策对自身的经济进行调控。受到美国的影响,欧洲等多个国家也采取了量化宽松货币政策。在多个量化宽松货币政策的叠加下,全球经济陷入通货膨胀的困境,也连带对日本造成经济影响。因此,从国际背景来看,这也为日本实施量化宽松货币政策提供了理由和动机。

其次,从日本国内经济环境来看,从 2008 年开始,日本的 GDP 出现了持续负增长,并在 2008 年经济增速下滑至 -1%,CPI 也保持负增长,经济复苏的可能性大打折扣。同时 2011 年的"东日本大地震"以及频繁更替的日本政局,也一步步制约了日本经济的复苏。为了避免日本经济的持续下滑,日本央行也开始使用利率等货币政策工具,加入全球降息队伍之列。2008 年 12 月,在美联储降低联邦基准利率达到零区间的三天后,日本银行再次调整隔夜拆借利率,使其降至 0.1%,也标志着日本成为零利率政策的实施国家。尽管白川方明(时任日央行行长)在众多场合发表讲话中指出,降息并不能从根本上帮助日本摆脱通货紧缩,甚至从长期来看会引发金融活动波动加剧和资产价格偏离,但最终日本央行仍然将隔夜拆借利率降至 0% 的低位运行区间,加速物价企稳。

日本央行的利率降至零利率水平以后,在利率工具的使用上已经丧失操作空间,于是开始重启国债之类的资产购买计划,稳定金融系统。从 2010 年资产购买计划的实施开始,经过三年时间,日本累计购买国债超过 100 万亿日元,而 2001—2006 年的 6 年累计购买规模仅为 63 万亿日元,此次有了明显的增长,日本央行由于是第 2 次采取量化宽松货币政策,所以操作更为熟练、可控性更高。受到国际金融危机引发的经济衰退影响,日本所承受的损失甚至远远超过"失去的十年"。此外,日本银行纷纷采取购买金融市场工具,如交易所交易基金(ETF)、日本房地产信托投资基金(J-REIT)等为市场输入流动性。在这一时期,日本的货币政策实施过程如表 3-12 所示。

表 3-12　　2008—2012 年日本央行货币政策实施内容

时间	货币政策操作内容
2008 年 10 月 31 日	将无担保隔夜拆借利率目标值由 0.5% 降低至 0.3%
2008 年 12 月 19 日	将无担保隔夜拆借利率目标值由 0.3% 降低至 0.1%

续表

时间	货币政策操作内容
2010年8月30日	维持20万亿日元3月期贷款供应量不变的同时,继续增加6个月期固定利率贷款10万亿日元
2010年10月28日	无担保隔夜拆借利率降至0—0.1%的区间,通过购买国债、ETF、商业票据等方式执行资产购买计划,累计35亿日元
2011年3月14日	增加长期国债,继续提高资产购买计划限额,使其扩展至40万亿日元
2011年8月4日	继续提高资产购买计划限额,使其扩展至50万亿日元
2012年2月14日	继续提高资产购买计划限额,使其扩展至60万亿日元
2012年3月27日	在增加长期国债(10万亿日元)的同时减少固定利率担保金(5万亿日元),继续提高资产购买计划限额,使其扩展至65万亿日元
2012年7月12日	延续上述操作策略,继续提高资产购买计划限额,使其扩展至70万亿日元
2012年9月19日	增加长期国债(10万亿日元),继续提高资产购买计划限额,使其扩展至80万亿日元
2012年10月30日	在增加长期国债(10万亿日元)的同时增加其他资产配置(1万亿日元),继续提高资产购买计划限额,使其扩展至91万亿日元
2012年12月20日	增加长期国债(10万亿日元),继续提高资产购买计划限额,使其扩展至101万亿日元

资料来源:张运龙:《日本银行非常规货币政策研究》,博士学位论文,对外经济贸易大学,2017年。

综合上述分析可以看出,日本央行主要采取的策略是购买长期国债的资产购买计划,为金融市场提供流动性;寻求多渠道为企业提供融资支持,更好地营造良好的企业融资环境;购买金融股票为金融机构提供更加丰富的资金来源渠道,达到稳定金融系统的目的。从2010年开始到2012年结束,日本共计实施了10轮量化宽松货币政策,实施程度和规模上都远远超出以往任何时期的量化宽松政策期。

邓美薇（2016）认为，从日本量化宽松政策的实施特点上来看，2008—2012年的政策实行具有明显的两类特征：一是广泛性特征；二是递增性特征。对于递增性特征很容易理解，即在国际金融危机不断演进的时期，货币政策宽松规模放大成为必然。对于广泛性的理解，要充分考虑到日本银行政策实施工具的多样性特征，即在现有的政策框架下可供购买的资产项目众多。基于这一特点，学者又通常将这一时期的政策措施称作为广泛性宽松货币政策。在这一政策落实时期，日本主要采取的政策实施目的是确保金融市场稳定。曾红（2010）指出，其货币政策的传导路径大致有三条：一是增加国债购买力度，确保国债市场稳定和利率下降，稳定金融机构的账面资产，提高金融机构对其他金融资产的配比，从而更好地发挥资产替代效应。二是购买公司债券和商业票据，控制资产供应量，有效稳定资产价格，确保商业票据和企业债券市场的秩序稳定，为企业和家庭以及其他组织的融资活动提供支持，以实现信用支持向实体经济的扩展。三是购买金融机构股票并发放长期刺激贷款，进一步强化各类金融机构在资本市场上的资金筹集能力，防止资产负债表受到股票价格波动而出现缩水问题，避免金融机构惜贷现象的出现，从而更好地平抑资本市场波动，达到稳定资本市场的目的。

（二）第二阶段：2013年至2023年，"安倍经济学"下的质化量化宽松货币政策

2012年，安倍晋三连任日本首相。为了将日本从金融危机的泥潭中拉出，他特别提出了一系列的经济政策。这些政策被学者命名为"安倍经济学"。在相关经济政策中，核心部分有三个（安倍"三支箭"）：一是激进的货币政策，二是机动的财政政策，三是加强民间资本投资。安倍"三支箭"的攻击目标是通货紧缩与经济停滞带来的双重困扰。政府试图通过宽松的货币政策推高通胀预期、压低市场利率水平一改日本经济发展颓势，同时通过财政政策带动公共投资、刺激民间投资，为企业注入活力和提高企业投资热情。

在安倍晋三的执政期间，黑田东彦荣升为日本银行行长，始终同安

倍政府保持步调一致，推出多个质化量化宽松货币政策（QQE），考虑到此次安倍政府采取的量化宽松货币政策与通常意义的政策存在一定的差异，为了对此作出有效区分，日本学者将其戏称为"异次元"型货币政策。

质化量化宽松货币政策（QQE）的主要政策内容包括以下三点：

第一，采用基础货币控制目标。在QQE中，货币政策调控的目标不再是传统的无担保隔夜拆借利率，而是被重新调整为基础货币。此外，此次量化宽松政策依然延续首次政策基调，将货币政策操作目标设定在数量型工具的应用上，用来对基础货币进行有效操作。这种新型的操作模式能够更方便实现政策的快速传导。随后，日本银行又在国内宣布，计划在两年内持续扩充技术货币数量使其翻番，每年基础货币的投放量控制在60万—70万日元，2012年、2013年和2014年日本的基础货币量在年末余额分别为138万亿日元、200万亿日元和270万亿日元，由此可以看出，三年间的年平均增加数量为60万亿—70万亿日元。

第二，制定更加明确的通胀目标。《关于摆脱通货紧缩、实现经济可持续增长》于2023年1月发布，其中指出以"无限购买资产方式"实现物价上涨2%的目标，而在以往该目标仅为1%；专门设定了两年内实现目标的期限。随后，在央行发布的多项政策报告以及政府出台的各种政策制度中，2%的通胀目标频繁出现，进一步强化承诺效应机制，帮助公众摆脱货币扩张的错误预期。

第三，提高资产购买规模，提高房地产与金融资产之类的购买量，丰富货币操作工具。相比于之前的量化宽松政策，日本银行在实施QQE期间不再局限在购买国债上，采取了更加丰富的操作工具，也进一步扩大了操作规模。一是提高国债购买规模，国债每月的购买量突破7.5万亿日元，并计划到2014年年末长期国债累计持有量突破190万亿日元，而在首轮量化宽松政策期间每月购买规模仅为1.2万亿日元。此外，国债购买年限也有了明显的增加，30年期和40年期的购买量有了明显增多，进一步拉长了国债的平均期限。二是提高日本房地产信托投资基金（J-REIT）和交易所交易基金（ETF）年购买量，使其分别达到300亿日元和10000亿日元。

2024年3月19日，日本央行宣布上调基准利率，加息10个基点，将基准利率从-0.1%上调至0—0.1%。在加息的同时，日本央行宣布取消购买日本房地产信托投资基金（J-REIT）和交易所交易基金（ETF）。这是日本央行自2007年以来的首次加息，标志货币政策走向正常化。

（三）金融危机后的量化宽松和QQE的货币政策操作对比

日本两个阶段的量化宽松货币政策比较归纳如表3-13所示，两个时期的货币政策主要有如下区别和变化：一是货币政策操作目标发生变化，将货币政策操作目标从关注隔夜拆借利率变为基础货币量；二是对国债等资产购买规模和方式进行了变化，将通货膨胀目标纳入其中，并废除资金购买基金规定，交易所交易基金（ETF）和日本房地产信托投资基金（J-REIT）年购买规模得到了极大的提升，购买余额也有显著增加（刘姝彤，2017）。

表3-13　金融危机后的量化宽松和QQE货币政策比较

项目	金融危机后的量化宽松政策	"安倍经济学"下的QQE
实施时间	2008—2012年	2013年至今
央行行长	白川方明	黑田东彦
操作目标	无担保隔夜拆借利率（0%—0.1%）	基础货币量（两年间增长2倍）
政策焦点	资产负债表的资产方	资产负债表的双方
期限承诺效果	零利率政策持续到核心CPI超过1%	政策持续到2%的物价稳定目标的必要时点
通货膨胀目标	未实施	两年内实现超过2%的通胀目标
国债购买方式	进行资金调控与基金购买	将基金购买方式废除，并将资金调控合并为长期国债购买

第三章　后金融危机时期全球货币政策的新变化、新特点与影响

续表

项目	金融危机后的量化宽松政策	"安倍经济学"下的QQE
长期国债购买规模	2012年全年购买规模增加23万亿日元，并于当年年底达到89万亿日元的余额	从2013年开始，两年年购买规模均增加50万亿日元，并于2014年年末达到190万亿日元的余额
每月购买规模	约4万亿日元	超过7万亿日元
ETF余额	2012年年底交易所交易基金（ETF）余额为1.5万亿日元，到了2013年年底要达到2.1万亿日元	2012年年底交易所交易基金（ETF）余额为2.5万亿日元，到了2013年年底要达到3.5万亿日元
J-REIT余额	2012年年底日本房地产信托投资基金（J-REIT）余额为1100亿日元，到了2013年年底要达到1200亿日元	2013年年底日本房地产信托投资基金（J-REIT）余额为1400亿日元，到了2014年年底要达到1700亿日元
风险资产购买	无	有
银行券规则	"银行券规则"在限制资金购买基金的方式	暂停实施

资料来源：刘姝彤：《日本超量化宽松货币政策及效果分析》，博士学位论文，吉林大学，2017年。

（四）新冠疫情下日本的货币政策

从2016年开始，日本央行正式启动负利率货币政策，在2020年的新冠疫情中依然延续了这一政策形式，日本央行将短期利率设定在 -0.1% 左右。除此以外，日本央行还推出资产购买等一系列非常规货币政策，继续提高国债的购买量，增加企业债购买量。到了2020年3月，为了保证资产购买的增速稳定，日本央行又推出了一系列措施，每年加购资金规模80万亿日元，将ETF的年度购置速度提高至12万亿日元，并持续提升其购买速度。房地产投资信托基金购买规模也在逐年增加，从早期的1800亿日元一直增长到18万亿日元。2021年3月，日本的资产购买上限重新被设定为7.5万亿日元，特别贷款计划也由原先的75万亿日元调整为110万亿日元。为了进一步扩大借贷规模，日本央

行还推出了零贷款利率项目，使企业融资获得极大的便利。

四 发达经济体在新冠疫情中实施新货币政策框架的实践

为了应对新冠疫情给宏观经济带来的冲击，以美联储、欧洲央行、日本央行为代表的发达经济体在进行货币政策制定时都明显区别于2008年的应对策略。这些策略的制定与实施都建立在新凯恩斯主义经济学异质性主体框架（Heterogenous Agent New Keynesian，HANK）的基础之上，吸收了相关研究中的众多理论成果。

HANK框架及相关理论研究指出，为了有效地应对宏观冲击，国家需要进一步提高宽松货币政策的实施力度，同时配合针对性的财政政策，更好地修复家庭和企业资产负债表，摆脱融资约束和修复利率传导机制。进入经济恢复中期以后，纵然就业情况有所好转，产出缺口得以弥补，仍然要适当地延续宽松的货币政策，在此期间即使出现暂时性高通胀，也应当做好政策克制，拯救经济衰退，以确保工薪阶级的财富增长的持续和就业的稳定。综观新冠疫情期间各发达经济体采取的货币政策，均可以看出上述理论与实践相结合的影子。[①]

第一，政策力度和时机选择上，各个发达经济体都能够在危机出现之后及时提出超宽松货币政策。美国在2007—2008年，联邦基金利率进行了10次下调，最终达到0—0.25%的水平；国际金融危机发生以后，美国从2008年开始累计推出4轮量化宽松政策，将资产负债表由原先的0.9万亿美元扩增至4.5万亿美元；新冠疫情期间，在两周内美联储迅速作出反应，将联邦基金利率重新调整至0区间，这一调整速度显著超出市场预期。从2003年开始，美国又推出无上限量化宽松政策，加大对国债和住房抵押贷款支持证券（MBS）的购买力度，在相关政策的推动下，美联储的表内资产有了明显的增加，在2020年3月不足

---

① 谭英绮：《发达经济体新货币政策框架及其政策实践》，《海外投资与出口信贷》2022年第2期。

5万亿美元，而到了5月就已经增加至7万亿美元，扩张幅度高达75%。除此以外，美联储还充分使用了包含一级交易商信贷便利（PDCF）、商业票据融资便利（CPFF）在内的多项工具用来间接干预二级市场，有效地抑制了市场波动。

第二，政策工具配套上，各个发达经济体都强调货币政策的高效协同，促进政策向实体经济的传导。2020年3月开始，美联储实施了多轮扩张性财政政策，出台了多项企业贷款方案，为企业融资贷款提供基本保障。欧元区尽管缺乏统一的财政控制框架，但在疫情期间各国迅速就经济复苏达成统一意见，纷纷出钱设立复苏基金，通过财政刺激、提供企业贷款、资助在岗休假等方式保证就业和维持雇员收入。值得注意的是，德国复兴信贷银行早在疫情出现之时便已经快速启动政策性金融政策，提供各种企业担保贷款，为企业提供了大量的低成本流动资金，对于保障就业具有十分重要的意义。

第三，在短期高通胀显现时，依然延续宽松的宏观政策，以确保产出缺口的彻底修复和弥补。在此次强政策的影响下，各个发达经济体均表现出明显的通胀问题，需求强劲复苏，供给无法及时跟进，造成通胀的持续走高和资产价格的不断跃升。新冠疫情持续两年以后，各个经济体的产出缺口才基本弥补，各国的货币当局才正式启动政策退出方案。在此之前，发达国家的货币通胀长期维持在5%以上的水平，央行仍然延续宽松的货币政策。直至2022年3月美国的产出缺口完成修复，美联储才宣布实施加息。欧洲央行也是如此。日本央行直至当前依然维持零利率宽松的货币政策基调不变。

五　美欧日主要发达经济体实施的非常规货币政策异同

（一）背景相似及政策实施同步

受到新冠疫情的冲击，世界金融市场出现剧烈动荡，全球经济急速衰退。美国、欧洲和日本等多个发达经济体均选取了非常规货币政策作为应对此次危机的重要抓手。在2020年疫情暴发背景下，"零利率"

的约束使得常规货币政策难以充分发挥经济刺激作用,于是发达国家快速重启非常规货币政策用来更好地应对危机造成的不利影响。从2020年3月开始,美联储、日本和欧洲央行均选择非常规货币政策,不断降息和实施量化宽松,极大地削减了企业融资成本。此外,发达经济体大量购买国债,资产购买计划进一步扩大,在各种政策的配合下,金融市场的流动性显著增加,市场信心被提振,达到了恢复经济发展的目的。

(二)政策重点及力度不同

尽管美欧日发达经济体在应对疫情冲击时使用了各种形式的非常规货币政策手段,但由于不同国家在金融市场的发展程度和受疫情影响上存在差异,因此在非常规货币政策的实施时侧重点各不相同,政策实施力度也存在一定的差异(见表3-14)。

表3-14　　　　美欧日发达经济体非常规货币政策对比

发达经济体	利率调整	资产购买	信贷宽松	前瞻指引
美国	两次降息至联邦目标利率0—0.25%	除3月、4月外,每月1200亿美元,不设上限	重启PDCF、TALF、CPFF等,并创设PMCCF、SMCCF	引入平均通胀区间概念,容忍通胀水平超过2%
欧洲	疫情暴发前基准利率水平已经低于0,因此未再调整	12月持续扩大资产购买规模,使其迅速攀升至1.85万亿欧元	实施1.65万亿欧元TLTRO Ⅲ和1.35万亿欧元PEPP	保持低利率水平,以确保低于2%通胀目标的实现
日本		未设置国债购买上限,而ETF、J-REITs等资产的综合购买额度为32.18万亿日元	为商业银行提供不超过一年的总规模在90万亿日元左右的无息贷款再贷款	继续维持当前货币政策框架,使通胀稳定在2%以上的水平

资料来源:吴婷婷、王兰心:《非常规货币政策:多重影响、退出策略与政策启示——基于新冠肺炎疫情的冲击》,《武汉金融》2021年第7期。

第二节 发达经济体货币政策与其汇率间的动态关系与影响分析

在全球经济一体化的背景下，发达经济体的货币政策对其汇率的影响成为政策制定的重要议题。总的来说，发达经济体货币政策与其汇率之间的动态关系与影响涉及多个层面和因素。这些因素包括但不限于利率、通胀预期、财政政策、国际贸易状况、国际资本流动、投资者情绪、中央银行独立性、结构性改革、货币政策的预期效应以及国际金融市场的联动性。在全球金融市场高度一体化的背景下，这些相互关联的因素共同影响着发达经济体货币政策与汇率之间的关系。为了更准确地判断货币政策对汇率的影响，需要关注这些因素并进行综合分析。此外，由于各国经济结构和金融市场特点的差异，不同国家货币政策对汇率的影响可能存在差异，因此需要因地制宜地进行具体分析。发达经济体如美国、欧洲、日本等，拥有较为成熟的金融市场和货币政策体系，它们的货币政策调整不仅会影响其汇率的走势与波动率，还往往会产生更深远的影响，波及全球范围内的金融市场和汇率市场。

正如前述，从2008年国际金融危机至今，美欧日发达经济体的货币政策可划分为四个阶段。下面将根据这四个阶段的划分，分别对美联储、欧洲央行与日本央行货币政策与其汇率间的动态关系进行分析。这将有助于深入理解各大央行在不同时期的货币政策操作对汇率波动的影响，以及在全球经济环境中货币政策与汇率之间的相互作用。

一 美国货币政策与其汇率间的动态关系与影响分析

在后金融危机时代，美联储通过调整利率、实施量化宽松等货币政策工具，试图在保持通胀稳定和实现最大化就业之间寻求平衡。这些政策措施对美元汇率产生了直接和间接的影响。首先，美联储的利率调整直接影响了美元汇率的走势。当美联储降低利率时，美元的投资吸引力相对减弱，可能导致美元汇率贬值；反之，提高利率可能导致美元汇率升值。此外，美联储的货币政策预期和沟通策略也对汇率产生间接影响，市场对美联储未来政策走向的预期可能引发汇率的波动。其次，量化宽松政策通过增加市场上的美元流动性，对美元汇率产生影响。在量化宽松期间，美联储大量购买国债和其他金融资产，从而抑制长期利率，提高资产价格，刺激经济增长。这种政策可能导致美元汇率短期内贬值，但长期效果取决于市场对美国经济前景和通胀的预期。需要指出的是，全球经济一体化和资本流动的加速使得美元汇率受到更多国际因素的影响。在这种背景下，美联储的货币政策与其他国家央行政策的相互作用也对美元汇率产生影响（见图3-4）。

本研究旨在探讨美国货币政策与美元实际有效汇率走势及波动率之间的关系。通过分析后金融危机时期的美国货币政策及其阶段特点，将揭示货币政策对汇率市场的作用机制。

（一）美国货币政策在四个阶段与美元汇率走势的关系

如图3-4所示，自2008年以来，美元实际有效汇率（对发达国家）总体呈现出上升趋势。尤其是自2014年8月起，其指数水平在100以上，相较于此前基本保持在100以下的水平，标志着美元汇率的显著提升。在这一时间段内，2011年5月的汇率水平代表了一次波谷，而2022年11月则见证了一次波峰。这一趋势凸显了美元实际有效汇率的动态变化和其对发达国家的重要影响。

1. 2008年国际金融危机至2014年10月：非常规货币政策的实施

美联储实施了一系列措施来稳定金融市场并刺激经济增长。如图3-4所示，这一时期美元实际有效汇率经历了较大波动。2008年国际金融危机爆发后，美元迅速升值，表现出避险货币的特征。在2009年年初，美元短暂升值，随后急速贬值。这主要是市场对美联储的量化宽松政策和零利率政策的反应，即预期美元将大幅贬值。然而，在2010年美元再次快速升值，原因是欧洲主权债务危机引发的避险情绪以及美国经济数据的改善。但到了下半年，美元开始贬值，这一趋势持续到

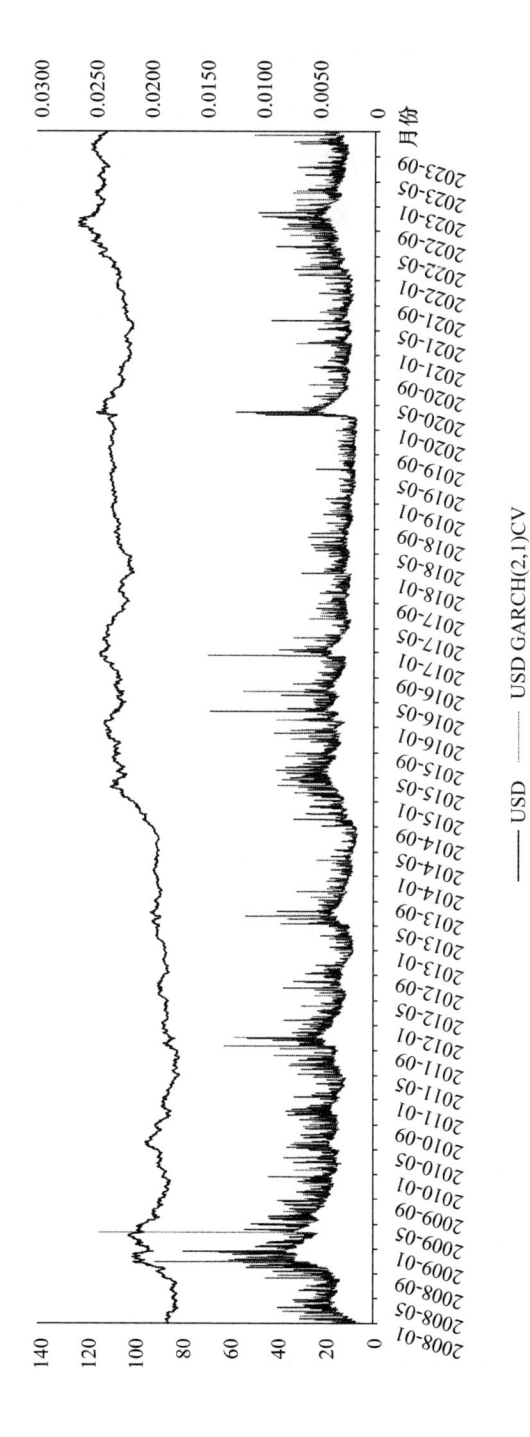

第三章 后金融危机时期全球货币政策的新变化、新特点与影响

图 3－4 2008 年 1 月至 2023 年 12 月美元实际有效汇率走势及美元汇率波动率趋势

资料来源：Wind 数据库。

2011年第四季度。这一阶段,美联储继续实施量化宽松政策,导致市场对美元的需求减弱。到了2011年第四季度,美元实际有效汇率开始保持平稳,但保持在一个缓慢升值的状态。这表明尽管美联储的非常规货币政策带来了短期内的汇率波动,但在一定程度上维持了美元实际有效汇率的稳定。

2. 2014年11月至2019年年底:货币政策分化与正常化

在这一阶段,美联储结束了量化宽松政策并开始加息。2014年第三季度至2015年第二季度,美元汇率快速上升,这期间美联储逐步结束量化宽松政策,缩减资产购买计划,并开始酝酿加息。相较之下,其他主要发达国家央行(如欧洲央行和日本央行)仍在实施宽松货币政策。这导致美元相对于其他货币更具吸引力,从而推动其升值。2016年上半年,美元汇率出现贬值趋势,可能是因为受到全球经济不确定性和美联储货币政策正常化进程缓慢的影响。然而,从2016年10月开始,美元再次升值,这与美联储加息步伐加快以及市场对于美国经济增长和通胀预期的上升有关。2017年年初至2018年第一季度,美元汇率呈现贬值趋势。这期间,全球经济形势改善,其他主要经济体央行逐渐收紧货币政策,减弱了美元的相对优势。此外,美国政治不确定性也可能对美元产生负面影响。2019年美元汇率表现平稳,反映出市场对美联储货币政策的适应以及美国经济增长趋稳的预期。在这一时期,美联储暂停加息并调整货币政策立场,与此同时,全球经济增长前景相对稳定,有助于维持美元汇率的稳定走势。综上所述,2014—2019年美元汇率走势与美联储货币政策分化和正常化密切相关,反映了市场对美国经济及全球经济状况的预期和对美联储货币政策的判断。

3. 2020年年初至2022年2月底:新冠疫情应对与货币政策框架调整

这一阶段中,美元汇率受到新冠疫情和美联储货币政策应对的深刻影响。2020年2月至3月初,美元汇率快速上升,这可能与市场对疫

第三章 后金融危机时期全球货币政策的新变化、新特点与影响

情的担忧及对美国经济和全球经济的不确定性有关,导致资金流向避险资产如美元。然而,随着美联储采取大规模宽松措施,如降息至零上限、实施量化宽松和向市场提供流动性支持,美元汇率从3月中旬开始急速贬值至3月底。在这期间,美联储不仅采取了积极的财政刺激政策,还推出了一系列援助计划,以稳定市场和支持企业。美元汇率随后开始震荡贬值,至2021年第2季度末出现波谷。这一期间,美联储调整了货币政策框架,强调实现充分就业和实现2%的通胀率目标。此外,美联储在2021年表示将维持低利率,直到通胀稳定在2%以上,同时就业市场表现达到最大水平。

4. 2022年3月至今:货币政策转向与通胀应对

这一阶段,美元汇率走势受到美联储货币政策转向和通胀挑战的影响。2022年3月开始,美元汇率急速升值反弹,至2022年第四季度一直处于上升趋势并出现波峰(为后金融危机时代汇率水平历史最高水平)。这与美联储加息以及市场对美国经济恢复和通胀压力的预期有关。随后,美元汇率开始走贬值趋势。这可能是因为受到全球经济的复苏和其他主要经济体央行收紧货币政策的影响,减弱了美元的相对优势。美联储在应对通胀压力的过程中不断调整货币政策立场,市场对其政策走向的预期变化也影响了美元汇率走势。此外,美联储在2022年持续加息,以应对通胀压力和维持经济稳定。这一阶段,美元汇率波动与美联储货币政策调整和全球经济复苏密切相关。在这个时期,美联储面临着在通胀压力和经济增长之间寻求平衡的挑战。随着疫情逐渐得到控制,美国经济逐步复苏,但高通胀压力仍然存在。美联储在应对这一挑战时采取了更加谨慎和灵活的货币政策,以确保经济的持续增长和稳定。总的来说,在2022年3月至今的货币政策转向与通胀应对时期,美元汇率的波动受到了美联储货币政策调整、全球经济复苏和通胀压力的共同影响。

综合分析2008年至2023年12月的美元汇率走势,可以看出美元汇率的变化与美联储货币政策调整密切相关。在后金融危机时代,美元

汇率波动较大,但整体处于升值趋势。在不同阶段,美联储的货币政策调整均对美元汇率产生了显著影响,如非常规货币政策时期受量化宽松政策影响,货币政策分化与正常化时期受提高利率影响,新冠疫情应对时期受零利率政策和量化宽松措施影响,以及货币政策转向与通胀应对时期受通胀压力和经济增长之间寻求平衡的货币政策影响。

(二) 美国货币政策在四个阶段与美元汇率波动率的关系

如图3-4所示,美元汇率波动率在整个研究时期内呈现出显著的阶段性特征。2008—2009年,波动率达到了最高水平,表现出较大的波幅。随后,2015—2017年再次进入一个波动率较高的阶段。值得关注的是,2020年3月和2022年1月,汇率波动率的波幅也较大。这些观察结果表明,美元汇率波动率存在显著的波动聚集现象和杠杆效应,且整体波动率变化幅度在样本区间内较为显著。

1. 2008年国际金融危机至2014年10月底:非常规货币政策的实施

国际金融危机期间美元汇率波动率急速上升,并于2008年10月出现年内最大波峰,反映出市场对金融环境的极度恐慌。随后波动率开始降低,但在2009年3月底出现后金融危机时代的波动率最大峰值,显示市场对美联储非常规政策的关注和对金融稳定的担忧。2009年以后,美元汇率波动率逐渐回落。这期间,美联储实施了QE2(2010年11月)和QE3(2012年9月),继续购买资产以刺激经济增长。在2011年9—11月和2013年6月分别出现的较大波动,这可能与市场对美联储退出非常规政策的预期和担忧有关,也可能受到其他国家货币政策和国际经济形势的影响。2013年年初,美元汇率波动率进入了一个相对低谷。当时,美联储主席伯南克表示将逐步减少量化宽松政策的规模(被称为"缩减"),市场对美联储非常规政策的实施逐渐适应,对未来货币政策走向有了更清晰的预期。2013年12月,美联储宣布将逐步减少购买债券的规模,为退出非常规政策和货币政策正常化铺平道路。在这一阶段,美元汇率波动率的下降反映了市场对美联储政策转向的适应和信心恢复。

2. 2014年11月至2019年年底：货币政策分化与正常化

2014年8月为样本期间内美元汇率波动率波谷，这一时期正值美联储逐步退出非常规货币政策，开始准备实行货币政策正常化。随后波动率开始逐渐上升，这可能与美联储开始缩减资产负债表、提高利率并与其他主要央行货币政策分化有关。直到2017年年初，波动率维持在一个较高的阶段，这期间，2016年3月和12月分别出现较高峰值，可能受到美联储加息预期的影响。从2017年年初开始，波动率逐渐下降，且波幅较小。这可能表明市场对美联储货币政策正常化的逐步接受，以及对全球经济复苏的信心增强。在这一阶段，美联储继续逐步加息并缩减资产负债表，市场对于美联储货币政策的担忧相对减轻，美元汇率波动率也呈现出较为平稳的态势。

3. 2020年年初至2022年2月底：新冠疫情应对与货币政策框架调整

2020年3月，受到新冠疫情引发的全球经济不确定性的影响，美元汇率波动率陡然上升。在此背景下，美联储迅速采取行动，将联邦基金利率降至接近零，并重新启动量化宽松政策，每月购买大量国债和抵押贷款支持证券。这些措施有助于稳定市场，缓解美元流动性紧张。随后波动率逐渐下降，但在2021年3月及2021年6月出现较大峰值，可能受到市场对美联储货币政策的调整、通胀压力以及经济复苏速度的预期变化影响。随后波动率逐渐平稳，表明市场对美联储政策和全球经济复苏的信心逐渐恢复。

4. 2022年3月至今：货币政策转向与通胀应对

自2022年3月至2022年年底美元汇率波动率呈现出波幅较大的上升趋势，这可能与美联储开始关注通胀压力，预示货币政策可能收紧有关。在此期间，美联储表达了对通胀的担忧，并暗示可能逐步减少购债计划（逐步缩减量化宽松政策），甚至可能提前加息。市场担忧加息和缩减购债计划可能影响经济复苏，从而导致波动率上升。此外，乌克兰危机对美元汇率波动率可能产生一定影响。在冲突期间，市场的风险厌恶情绪可能会增加，导致投资者寻求避险资产，如美元。这种情况下，美元可能在短期内表现为避险货币，提高其汇率波动率。随后波动率开始呈现波幅较大的下降趋势，这可能反映出市场逐步消化了美联储货币政策转向的预期，对未来经济和货币政策的担忧逐渐减轻。这也说明市场对美联储应对通胀和实现经济复苏的能力有更多信心。

综上所述，自2008年国际金融危机以来，美元汇率波动率经历了多个阶段，这些阶段反映了市场对金融环境、美联储非常规政策、经济复苏和通胀压力等因素的不同关注。整体而言，美元汇率波动率的变化趋势揭示了市场对美联储货币政策的适应程度以及对全球经济形势的信心逐渐恢复。在各个阶段中，美元汇率波动率的高峰和低谷都与美联储政策调整、全球经济环境变化以及市场预期等因素密切相关。这些变化反映了市场对于美联储应对各种挑战的能力信心，从而在一定程度上影响了汇率波动的走势。

(三) 美国货币政策与美元汇率走势及波动率的关系

通过对后金融危机时代美联储货币政策与美元汇率及其波动率的历史演变进行梳理，可以观察到以下几个方面的重要特征。

(1) 美联储货币政策对美元汇率具有显著影响。当美联储实施宽松货币政策（如量化宽松）时，美元汇率可能会受到贬值压力。相反，当美联储实施紧缩货币政策（如加息）时，美元汇率往往会上升。

(2) 美联储货币政策对美元汇率波动率的影响也十分显著。例如，在美联储实施非常规货币政策期间，美元汇率波动率逐渐降低；而在美联储实施货币政策正常化时，波动率则开始上升。在新冠疫情应对阶段，美联储的宽松货币政策导致美元汇率波动率暴增，但随着市场对美联储政策的适应，波动率逐渐回落。

(3) 美联储货币政策通过影响美元汇率和美元汇率波动率间的关系发挥作用。宽松货币政策可能导致美元贬值，从而引发市场对美元价值不确定性的担忧，进一步加大美元汇率波动率。而紧缩货币政策往往会增强美元价值，降低市场对美元价值不确定性的担忧，进而减小美元汇率波动率。

(4) 美元汇率与美元汇率波动率之间的关系并非简单线性。高波动率可能表明市场对美元价值不确定性的担忧，这可能对美元汇率产生负面影响。然而，美元汇率的走势受到众多因素的影响，包括美联储货币政策、国际经济环境、市场预期等。因此，美元汇率与美元汇率波动率之间存在相互影响的关系，不能简单地界定为正相关或负相关。

二 欧洲央行货币政策与其汇率间的动态关系与影响分析

欧洲央行（European Central Bank，ECB）作为欧元区的中央银行，其货币政策目标主要是维护价格稳定。为实现这一目标，欧洲央行采用了多种货币政策工具，如调整利率、实施量化宽松等。这些政策对欧元汇率具有显著影响。首先，欧洲央行的利率调整直接影响了欧元汇率走势。当央行降低利率时，欧元的投资吸引力减弱，可能导致欧元汇率贬值；反之，提高利率可能使欧元汇率升值。此外，欧洲央行的货币政策预期和沟通策略也对汇率产生间接影响，市场对未来政策走向的预期可能引发汇率的波动。其次，量化宽松政策通过增加市场上的欧元流动性，对欧元汇率产生影响。在量化宽松期间，欧洲央行购买大量国债和其他金融资产，从而降低长期利率、提高资产价格并刺激经济增长。这种政策可能导致欧元汇率短期内贬值，但长期效果取决于市场对欧洲经济前景的预期。

本研究旨在深入了解欧洲央行货币政策与欧元实际有效汇率变动及波动率之间的关联。通过审视后金融危机时期欧洲央行的货币政策以及其各阶段特征，将揭示货币政策在汇率市场中的运作机制。

（一）欧洲央行货币政策在四个阶段对欧元汇率走势的影响分析

如图 3-5 所示，2008 年以来欧元实际有效汇率（EER-18/Euro）整体呈现下滑趋势。尤其是 2015 年成为一个显著的分水岭，欧元实际有效汇率指数在此之前多数时间保持在 100 以上，而在 2015 年之后则主要位于 100 以下，标志着欧元汇率的显著贬值。本书将分析欧元实际有效汇率在不同时期的波动特征及其与欧洲央行货币政策的关系。

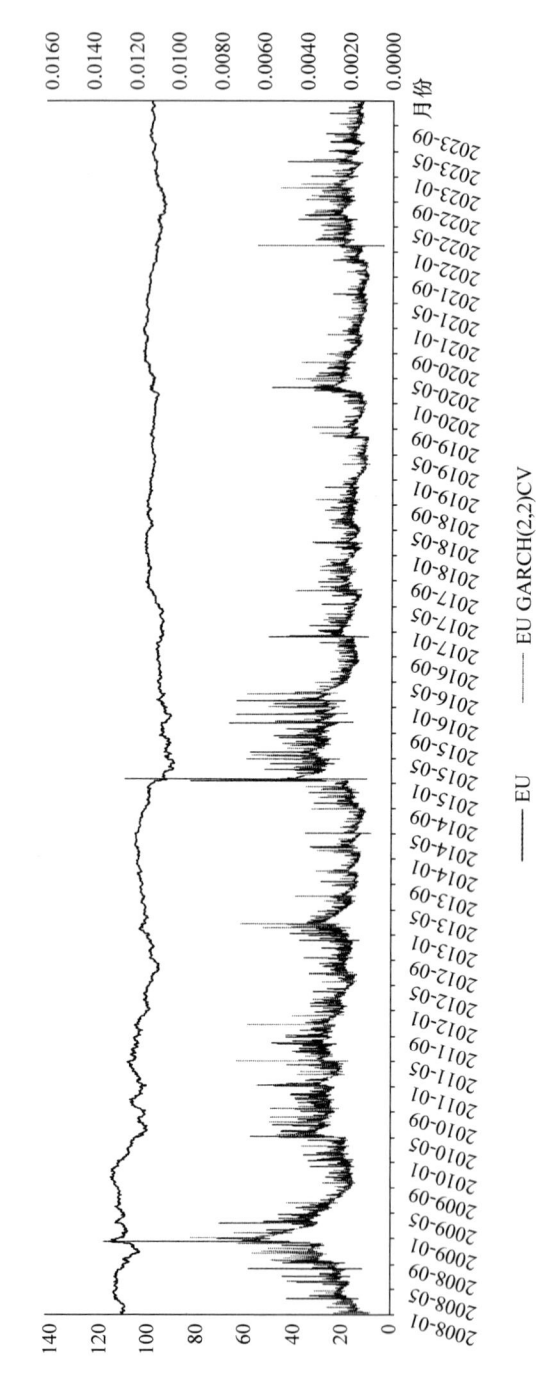

图 3-5 2008 年 1 月至 2023 年 12 月欧元实际有效汇率走势及欧元汇率波动率趋势

资料来源：欧洲央行网站。

1. 2008年国际金融危机至2014年年底：非常规货币政策的实施

2008年8—11月，金融危机期间欧元汇率出现显著快速贬值。欧洲央行采取降低利率、实施长期再融资操作（LTROs）等非常规货币政策措施，以维护金融市场稳定。2009年5月，欧洲央行推出了证券市场计划（SMP），通过购买发生危机的国家的国债来降低借款成本。这些举措使得欧元汇率在2008年12月反弹达到波峰，之后进入震荡波动的走势。2012年7月，欧洲央行行长德拉基发表"Whatever it takes"讲话，表明欧洲央行将全力维护欧元区的稳定。随后，欧洲央行推出了无限量购债计划（OMT），进一步稳定了欧元汇率。2012年9月至2013年年底，欧元汇率开始缓慢升值。2013年年底至2014年年初，欧元区经济逐渐复苏。欧洲央行开始对非常规货币政策进行审慎评估，并为后续实施量化宽松做准备。

2. 2014年年底至2019年年底：货币政策分化与正常化

2014年6月，欧洲央行正式启动负利率政策，以刺激经济增长。此外，欧洲央行还扩大了押品框架，并推出了定向长期再融资操作（TLTROs），以提高银行信贷。在这一阶段，欧元汇率缓慢贬值，从2014年年初的较高水平下滑至2014年年底的较低水平。2014年9月，欧洲央行宣布启动资产购买计划（APP），以应对通胀过低和增长乏力的问题。2015年3月，欧洲央行正式实施公共部门购债计划（PSPP），导致欧元汇率在2014年12月至2015年4月快速贬值。随后，欧洲央行多次调整购债规模和时间表，并在2017年开始减少购债规模，逐步实现货币政策正常化。在此过程中，欧元汇率经历了多次波动，如2017年5—10月匀速升值，之后直至2019年年底缓慢贬值。

3. 2020年年初至2022年2月底：新冠疫情应对与货币政策框架调整

新冠疫情暴发后，欧洲央行迅速采取措施，如降低再融资利率、扩大押品框架、实施新一轮TLTROs等。2020年3月，欧洲央行推出紧急购债计划（PEPP），进一步稳定市场。此外，欧洲央行调整通胀目标为

2%附近，提高货币政策透明度和有效性。在这一阶段，欧元汇率在短暂下跌后呈现快速升值和震荡上升的走势，如2020年3月至2021年1月的升值过程。

4. 2022年3月至今：货币政策转向与通胀应对

这一阶段通胀压力上升，欧洲央行逐步收紧货币政策，如缩减购债规模、提前结束PEPP等。同时，欧洲央行加强政策沟通，以减轻市场对货币政策转向的担忧。在这一阶段，欧元汇率先是在2022年3—8月缓慢升值，随后在全球经济前景不确定的背景下快速贬值至2022年9月。最后，在欧洲央行逐步调整货币政策的推动下，欧元汇率逐渐走上升值趋势。

综上所述，欧元实际有效汇率的波动特征与欧洲央行在不同时期采取的货币政策密切相关。在金融危机、新冠疫情等突发事件下，欧洲央行通过非常规货币政策来稳定汇率和市场。而在经济逐渐恢复的过程中，欧洲央行不断调整货币政策以适应市场变化，进而影响欧元汇率走势。在未来，欧洲央行将继续关注通胀、经济增长等因素，灵活调整货币政策以应对市场波动。

（二）欧洲央行货币政策在四个阶段对欧元汇率波动率的影响分析

图3-5表示了自2008年以来欧元汇率波动率的变化趋势。总体来看，欧元汇率波动率的波动幅度逐步减小，但在整个过程中仍然呈现出显著的周期性聚集特征。在这些周期性波动中，有两个时期尤为突出：2008—2009年和2015年1月。2008—2009年，欧元汇率波动率的平均波幅较大，这主要是由于金融危机的爆发和欧洲央行采取非常规货币政策来稳定市场。特别是在2008年12月，欧元汇率波动率达到了整个样本期内的最高水平，这与金融危机时期的市场恐慌和信贷紧缩有关。进一步观察，在2015年1月，欧元汇率波动率再次出现较高峰值和显著的聚集效应。这一现象可以归因于欧洲央行在2014年年底启动的大规模资产购买计划（量化宽松政策），以应对低通胀和支持经济增长。这一政策导致市场预期发生变化，进而引发欧元汇率波动率的上升。通过

第三章 后金融危机时期全球货币政策的新变化、新特点与影响

对比不同时期的欧元汇率波动率特征,可以发现货币政策和市场事件在很大程度上影响了欧元汇率的波动。

1. 2008 年国际金融危机至 2014 年年底:非常规货币政策的实施

在这一阶段,欧洲央行实施了非常规货币政策来应对金融危机及其后果。2008 年 1—12 月,欧元汇率波动率逐步上升,这主要是因为金融危机引发了市场恐慌。2008 年 12 月波动率达到最大幅度,这是因为金融危机导致的信贷紧缩和银行间隔夜拆借利率的飙升,欧洲央行此时采取了降息政策以增加流动性。2009 年年初至 2009 年 10 月,欧元汇率波动率较快地恢复到 2008 年年初的水平,这可以归因于欧洲央行在 2009 年年初开始实施定量宽松政策和购买政府债券,以稳定市场和降低波动率。此后,直到 2010 年 5 月,汇率波动率保持在较为平稳的水平。2010 年 5 月后,欧元汇率波动率略有提高,波幅较大,这是因为欧洲主权债务危机开始显现,导致市场对欧洲国家的财政状况产生担忧。欧洲央行在此期间通过提供国家救助计划和购买国债,以稳定金融市场。这一特征保持到 2011 年 11 月,随后波动率逐渐下跌同时波幅降低,直到 2013 年 1 月。2013 年 1—3 月,欧元汇率波动率再次急速上升,波幅变大。这与欧洲央行 2013 年年初开始减少国债购买计划有关,市场对欧洲经济复苏的预期使得波动率上升。2013 年 3 月,波动率达到较高峰值,此后波动率开始降低,这反映了欧洲央行逐步削减非常规政策措施,市场逐渐适应新的经济环境。

2. 2014 年年底至 2019 年年底:货币政策分化与正常化

该阶段欧元汇率波动率呈现出整体下降的趋势。2014 年 1—12 月,欧元汇率波动率相对较低。这可以归因于此时的欧洲经济逐步复苏,货币政策开始从非常规政策转向正常化。然而,2015 年 1 月,欧元汇率波动率出现了一个突然的上升,与欧洲央行启动的大规模资产购买计划(量化宽松政策)有关。此后,波动率在 2016 年 2 月前保持较高水平,之后逐渐回落。这一趋势反映了市场逐渐适应了欧洲央行的货币政策,并开始关注其他地区的货币政策变化以及全球经济形势。

3. 2020 年年初至 2022 年 2 月底：新冠疫情应对与货币政策框架调整

2020 年 3 月，新冠疫情导致市场恐慌，欧元汇率波动率迅速上升。欧洲央行为应对疫情对经济的影响，采取了一系列紧急措施，包括降息、提供流动性支持和扩大资产购买。这些政策在短期内稳定了市场，但也导致了汇率波动率的上升。随着疫情逐渐得到控制，2021—2022 年，欧元汇率波动率逐步降低，反映了市场对欧洲央行货币政策的信心逐渐恢复。

4. 2022 年 3 月至今：货币政策转向与通胀应对

2022 年 3 月以来，欧元汇率波动率保持在较高水平，主要原因是市场对通胀压力和货币政策转向的担忧。此时，全球经济正面临通胀压力上升，许多国家的央行开始加息以抑制通胀。欧洲央行也面临着货币政策调整的压力，因此在 2022 年加大了资产购买的退出速度，并逐步收紧货币政策。这些政策调整导致市场预期发生变化，进而影响了欧元汇率的波动。

2008 年后，欧元汇率波动率的变化反映了欧洲央行在不同阶段的货币政策调整及市场事件的影响。金融危机期间，欧洲央行采取非常规货币政策应对危机，波动率上升。随着经济复苏，货币政策正常化，波动率降低。然而，2015 年欧洲央行启动的量化宽松政策导致波动率再次上升。新冠疫情期间，欧洲央行采取紧急措施应对经济影响，汇率波动率上升。疫情得到控制后，波动率逐步降低，反映市场对欧洲央行政策的信心恢复。自 2022 年 3 月以来，欧元汇率波动率较高，原因是市场对通胀压力和货币政策转向的担忧。全球经济面临通胀压力上升，央行纷纷加息。欧洲央行也面临货币政策调整压力，逐步收紧政策，导致市场预期变化，影响欧元汇率波动。

（三）欧洲央行货币政策与欧元汇率走势及波动率的关系

通过对后金融危机时代欧洲央行货币政策与欧元汇率及其波动率的历史演变进行梳理，可以观察到以下几个方面的重要特征。

第一，欧洲央行在不同阶段实施的货币政策在很大程度上影响了欧元汇率。金融危机期间，欧洲央行采取非常规货币政策应对危机，导致欧元汇率波动较大。随着经济复苏，欧洲央行逐步正常化货币政策，欧元汇率趋于稳定。然而，在新冠疫情期间，欧洲央行采取紧急措施应对经济影响，导致欧元汇率波动加大。

第二，欧洲央行在不同阶段采取的货币政策影响了欧元汇率波动率。金融危机期间，欧洲央行的非常规货币政策导致波动率上升。随着经济复苏和货币政策正常化，波动率逐渐降低。然而，2015年欧洲央行启动的量化宽松政策导致波动率再次上升。新冠疫情期间，欧洲央行采取紧急措施应对经济影响，汇率波动率上升。疫情得到控制后，波动率逐步降低。自2022年3月以来，欧元汇率波动率较高，原因是市场对通胀压力和货币政策转向的担忧。

第三，欧洲央行的货币政策与欧元汇率及欧元汇率波动率之间存在密切联系。在金融危机期间，欧洲央行的非常规货币政策导致欧元汇率波动加大。随着经济复苏和货币政策正常化，欧元汇率波动率逐步降低。新冠疫情期间，欧洲央行的紧急措施导致欧元汇率波动率上升。通常情况下，欧洲央行的货币政策调整会对欧元汇率及欧元汇率波动率产生直接影响。

第四，欧元汇率与欧元汇率波动率之间存在一定的相关性。通常情况下，欧元汇率波动率较高时，投资者面临较高的风险；而欧元汇率波动率较低时，投资者面临较低的风险。欧元汇率的稳定性与其波动率有很大关系，货币政策的调整、宏观经济因素以及国际市场情况等因素都会影响欧元汇率波动率，进而影响欧元汇率的稳定性。

三 日本央行货币政策与其汇率间的动态关系与影响分析

在后金融危机时代，日本央行为应对金融危机和长期滞胀，采取了一系列非常规措施，包括实施零利率政策、量化宽松和负利率政策。这些政策措施对日元汇率产生了显著影响，导致日元在某些时期贬值，而在其他时期升值。量化宽松政策的推行使日本央行大量购买国债、股票和其他金融资产，从而增加货币供应。这一政策降低了日元的价值，导致其汇率下跌。然而，全球经济不确定性增加，市场避险情绪上升时，日元作为避险货币，升值压力也随之增加。另外，日本央行的负利率政策使得银行将更多资金投向风险较高的资产，以追求更高的回报。这一政策在短期内可能导致日元贬值，但长期来看，负利率政策对日元汇率的影响取决于全球经济环境以及其他国家的货币政策。总之，后金融危机时代日本央行的货币政策对日元汇率的动态关系和影响是复杂多样的。分析这种关系时，需要充分考虑全球经济、市场心理、避险需求和其他国家的货币政策等多种因素。在未来，日本央行的货币政策将继续在国内外市场环境的制约下，对日元汇率产生重要影响。

（一）日本央行货币政策在四个阶段对日元汇率走势的影响分析

图 3-6 表示了日元汇率在研究样本期间的总体趋势，其特征为一个波动性较大的下行过程。从 2008 年 10 月至 2012 年 10 月，日元汇率在较高水平上呈现出波动性升值趋势，反映了一定程度的市场不确定性。然而，从 2012 年 10 月开始，日元汇率迅速进入贬值阶段，并持续至 2015 年 8 月。这一时期的贬值可能受到日本央行货币政策以及全球经济环境等因素的影响。在 2015 年 8 月至 2016 年 11 月，日元汇率转向升值趋势，可能与全球经济形势的变化和市场避险情绪的提高等因素有关。然而，从 2016 年 11 月起，日元汇率再次回到贬值状态，并一直持续至样本期结束。这一阶段的贬值可能是日本央行货币政策的调整以及其他全球经济因素相互作用的结果。在整个样本期间，特别值得关注的是两个显著的波动点：2011 年 10 月的波动高峰和 2022 年 11 月的波动低谷。这些波动点可能受到特定货币政策操作或特殊事件的影响，如地缘政治风险、自然灾害等。

1. 2008 年国际金融危机至 2014 年年底：非常规货币政策的实施

在这一阶段，受国际金融危机影响，日本央行采取了一系列非常规

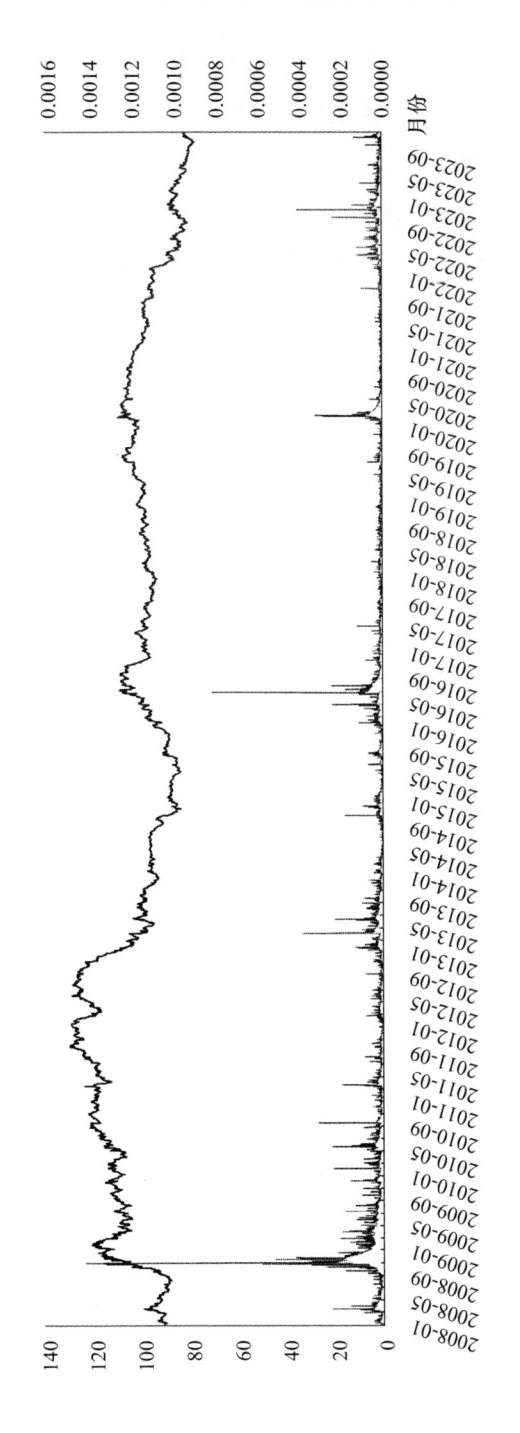

第三章 后金融危机时期全球货币政策的新变化、新特点与影响

图 3-6 2008 年 1 月至 2023 年 12 月日元汇率走势及日元汇率波动率趋势

资料来源：Wind 数据库。

货币政策以稳定经济和金融市场。这包括零利率政策、量化宽松政策等。2008年11月,日本央行宣布实施量化宽松政策,购买国债以稳定市场。这导致日元汇率在2009—2012年波动上升。2010年9月,日本央行进一步扩大量化宽松规模,推动日元升值。2011年3月,东日本大震灾发生,日元短暂大幅升值,随后日本央行实施干预,日元汇率回落。2013年1月,日本央行宣布实施"无限量化宽松"政策,进一步推动日元贬值。

2. 2014年年底至2019年年底:货币政策分化与正常化

这一时期,日本央行加大量化宽松力度,并在2016年引入负利率政策。2013—2014年,日元汇率保持稳定。然而,从2014年8月开始,日元汇率延续了2012年年底开始的贬值态势,2015年7月达到阶段性谷值。这一贬值趋势直到2015年8月左右开始反弹。自2015年8月开始,日元快速升值,2016年8月达到本阶段峰值水平,升值趋势持续到2016年11月。随后开始快速贬值直到2017年1月。此后日元汇率保持基本平稳。

3. 2020年年初至2022年2月底:新冠疫情应对与货币政策框架调整

2020年年初,新冠疫情暴发促使全球经济陷入衰退。为缓解疫情冲击,日本央行进一步实施宽松货币政策。2020年3月,日本央行扩大购买企业债和商业票据,提供流动性支持,日元汇率因此在短期内升值。2020年9月,日本央行对货币政策框架进行调整,以支持经济复苏。2021年10月,日本央行宣布退出国债购买行动,导致日元汇率下跌。

4. 2022年3月至今:货币政策转向与通胀应对

该时期全球通胀压力加大,各国央行纷纷收紧货币政策。日本央行也开始逐步调整货币政策方向。2022年3月,日本央行宣布缩减国债购买,提高长期国债收益率目标。在这一阶段,日元汇率快速震荡下跌,直到2022年11月达到本阶段谷值,反映出市场对日本央行加息和收紧货币政策的预期。此外,全球经济复苏和贸易逐步回暖也对日元汇率产生了负面影响。

由此可知,日元汇率在不同阶段受到日本央行货币政策和全球经济事件的影响。金融危机后,非常规货币政策导致汇率波动上升。之后,货币政策调整和负利率实施使日元经历贬值、升值和平稳阶段。新冠疫情期间,宽松货币政策缓解了疫情冲击,使日元短期升值。最近,全球通胀压力加大,日本央行逐步调整货币政策,导致日元快速震荡下跌。随着通胀压力缓解和货币政策正常化,日元汇率有望逐步稳定。

(二)日本央行货币政策在四个阶段对日元汇率波动率的影响分析

如图3-6所示,日元汇率在样本期间内总体上展现出了稳定的态势,而在特定的时间节点,其波动率却呈现出明显的增长,具体的峰值出现在2008年10月、2013年4月、2016年6月、2020年3月以及2022年12月。在这些时间节点上,日元汇率的波动率与其在大部分时间里的稳定状态形成鲜明对比。例如,2008年10月,受国际金融危机的影响,日元汇率波动率急剧上升,达到后金融危机时代的最高水平,这是因为市场情绪的恐慌和不确定性在此期间达到顶点。此后,随着日本央行实施了一系列非常规货币政策,市场情绪逐步稳定,日元汇率的波动率也开始下降。而在2013年4月、2016年6月、2020年3月以及2022年12月,日元汇率也出现了较大的波动峰值。这些时期的峰值出现,一方面,可能与当时的全球经济环境和特殊事件有关,如新冠疫情的暴发和全球通胀压力的加大;另一方面,也与日本央行在这些时期的货币政策调整有关,如2013年的"无限量化宽松"政策、2016年的负利率政策,以及2022年的货币政策转向等。总的来看,这些时期的数据波动反映了日元汇率对于全球经济状况、特殊事件以及日本央行货币政策的敏感反应。虽然在大部分时间里日元汇率保持稳定,但在特定情况下,其波动率仍然存在显著的变动。这为深入理解日本央行货币政策对日元汇率的影响提供了有力的实证证据。

1.2008年国际金融危机至2014年年底：非常规货币政策的实施

2008年10月，国际金融危机爆发，市场恐慌导致日元汇率波动率急剧上升。为稳定国内经济和金融市场，日本央行采取了一系列非常规货币政策措施，除了零利率政策和量化宽松政策，日本央行还通过购买政府债券、扩大企业融资支持、提高货币基金供应等手段来应对危机。这些政策在很大程度上稳定了市场情绪，促使波动率逐渐回落。2011年3月，日本遭遇东日本大震灾，造成日元短期内大幅升值。为应对汇率波动，日本央行迅速增加了流动性支持，以确保金融市场的正常运行。2013年，安倍晋三提出"安倍经济学"，日本央行随之实施无限量化宽松政策，以实现2%的通胀目标，从而使日元贬值，并提高出口竞争力，从而引发波动率上升。

2.2014年年底至2019年年底：货币政策分化与正常化

在这一阶段，日本央行进一步加大量化宽松力度，甚至在2016年引入负利率政策。2014年11月，日元汇率波动率突然放大，这与当时日本央行的政策调整密切相关。2016年6月，波动率达到峰值，由于负利率政策在国内外受到一定争议，市场对其长期效果和潜在副作用产生担忧，以及英国公投脱欧所引发的全球市场动荡的影响。随后，日本央行逐步调整货币政策，使得波动率恢复平稳。

3.2020年年初至2022年2月底：新冠疫情应对与货币政策框架调整

2020年新冠疫情给世界经济带来严重冲击。为缓解疫情对国内经济的影响，日本央行扩大购买企业债和商业票据，提供流动性支持。此举导致日元汇率波动率上升。2020年9月，日本央行对货币政策框架进行了调整，取消了对资产购买的上限，以便在未来更灵活地调整货币政策，使得波动率逐渐降低。

4.2022年3月至今：货币政策转向与通胀应对

自2022年3月起，全球通胀压力加大，各国央行纷纷收紧货币政策。日本央行也开始逐步调整货币政策方向，宣布缩减国债购买并提高长期国债收益率目标。这一政策调整引发市场对未来加息和收紧货币政策的预期，导致日元汇率波动率逐步上升。到 2022 年 12 月底，日元汇率波动率达到一个较大峰值水平。随后，随着通胀压力的缓解和货币政策逐步正常化，日元汇率波动率开始回落。

总结来看，日本央行在不同阶段的货币政策对日元汇率波动率产生了显著影响。在金融危机和新冠疫情等特殊时期，非常规货币政策的实施有助于稳定市场情绪，降低汇率波动率。而在正常经济周期中，日本央行的货币政策调整和市场对未来政策的预期也会对日元汇率波动率产生重要影响。

（三）日本央行货币政策与日元汇率走势及波动率的关系

通过对后金融危机时代日本央行货币政策与日元汇率及其波动率的历史演变进行梳理，可以观察到以下几个方面的重要特征：

第一，日本央行货币政策对日元汇率的直接影响。日本央行通过调整货币政策来实现通胀目标和促进经济增长，这些政策调整会对日元汇率产生直接影响。例如，量化宽松政策可能导致日元贬值，从而提高出口竞争力；而紧缩性货币政策可能导致日元升值，提高进口购买力。

第二，日本央行货币政策对日元汇率波动率的影响。日本央行的货币政策调整可能会影响日元汇率波动率。在特殊时期，如金融危机和新冠疫情等，日本央行实施非常规货币政策有助于稳定市场情绪，降低汇率波动率。在正常经济周期中，日本央行的货币政策调整和市场对未来政策的预期也会对日元汇率波动率产生重要影响。

第三，多因素共同作用下的日元汇率波动。日元汇率波动受到全球经济状况、特殊事件以及日本央行货币政策的影响。市场情绪、经济基本面、国际贸易和资本流动等多种因素共同决定了日元汇率的波动程度。在特定情况下，如金融危机或全球经济不稳定时，日元汇率波动率可能出现显著变动。

第三节 发达经济体货币政策新变化对中国货币政策和人民币汇率波动的影响分析

一 发达经济体货币政策新变化对中国货币政策的影响分析

（一）热钱大规模流出，外汇储备额减少

美联储于 2021 年 11 月开始结束对资产的购买，并于 12 月正式宣布缩小资产购买规模和在 2022 年 3 月开启加息，截至 2023 年 6 月，共加息 9 次，累计加息 475 个基点。欧洲央行在 2022 年 7 月至 2023 年 6 月共计加息 8 次，累计加息 400 个基点。日本央行则是在 2013 年开始，长期实施质化量化宽松货币政策。与美国和欧洲等各个国家实施的货币政策相比，中国采取的货币政策有明显的不同。在 2021 年 7 月，中国正式启动新一轮总量型货币宽松政策，实行降息降准分步走。尽管美欧发达经济体在超宽松货币政策退出时间与退出速度方面的选择上存在不小的差距，但大多数都出现在市场对经济复苏的预期的回温的情形下。以美元或欧元计价的资产对整个市场形成较大的吸引力，国际资本重新回流至美欧地区，会引发资本市场的快速动荡，不利于中国金融秩序的稳定。

首先，以美国为代表的发达经济体实施紧缩的货币政策后，会逐步提高利率水平，同时中国降低利率，使得中国和美欧之间的利差逐渐扩大，形成了套利空间。其次，美联储再次启动加息以后，美元走势强劲，人民币大幅贬值，国际游资开始抛弃人民币追逐美元。最后，以美国为首的发达经济体开始复苏，经济形势前景良好且经济上行，显著提高投资回报率。考虑到上述三点和国际游资的短期逐利性，在美联储加息、中国人民银行降息后，国际游资有很大的可能从中国流出，流入美国等发达经济体。从表 3-15 中可以看出，从 2014 年开始，国际游资就开始表现出撤出中国市场的现象，说明发达经济体还未结束量化宽松货币政策时，热钱就已经开始流出了。2021 年，中国与美欧的货币政策开始分化，美欧正式步入加息周期，中国出现资本外逃，热钱流出规模从2021年的6638.291亿美元上升到2022年的9820.175亿美元，这严重影响中国经济和金融市场的稳定，影响中国货币政策的实施。外汇储备余额由2014年的38430.18亿美元降到2022年的31276.91亿美元，外汇储备余额减少约7000万亿美元。2023年外汇储备余额为32379.77亿美元。

表3-15　　　　　　2008—2022年中国热钱流入额　　　　　单位：亿美元

年份	中国外汇储备	外汇储备变化	贸易顺差	FDI	热钱流入
2008	19460.3	4177.81	1775.17	952.53	1450.11
2009	23991.52	4531.22	2639.44	918.04	973.74
2010	28473.38	4481.86	2981.31	1088.21	412.34
2011	31811.48	3338.1	1956.89	1176.98	204.23
2012	33115.89	1304.41	1815.07	1132.94	-1643.6
2013	38213.15	5097.26	1548.97	1187.21	2361.08
2014	38430.18	217.03	2303.09	1197.05	-3283.11
2015	33303.62	-5126.56	3830.58	1262.67	-10219.81
2016	30105.17	-3198.45	5929.989	1260.01	-10388.449
2017	31399.49	1294.32	5097.05	1310.35	-5113.08
2018	30727.12	-672.37	4195.52	1349.66	-6217.55
2019	31079.24	352.12	3509.476	1381.35	-4538.706
2020	32165.22	1085.98	4210.731	1443.69	-4568.441
2021	32501.66	336.44	5239.901	1734.83	-6638.291
2022	31276.91	-1224.75	6704.125	1891.3	-9820.175

资料来源：国家外汇管理局和中经网数据库。

（二）加剧人民币汇率波动

图3-7为2008—2023年美元、欧元和日元兑人民币的平均汇率的走势。2021年，在美欧等多个发达经济体宣布退出量化货币宽松政策

以后，发达经济体的货币有了明显走强的发展趋势。首先，从美元兑人民币平均汇率的表现来看，2022年，美元兑人民币汇率为6.72，与2021年相比，表现为人民币贬值，美元升值；2023年，美元兑人民币汇率为7.08，与2022年相比，继续表现为人民币贬值，美元升值。其次，从欧元兑人民币平均汇率的表现来看，2022年，欧元兑人民币汇率为7.07，与2021年相比，表现为人民币升值，欧元贬值；2023年，欧元兑人民币汇率为7.63，与2022年相比，表现为人民币贬值，欧元升值。但是从图3-8可以看出，2023年人民币仍表现出贬值的趋势，此外，热钱大规模流出进一步引发人民币汇率波动，降低调控的有效性，增大了经济波动的可能性。与美欧表现不同，由于日本从2013年开始一直实施QQE的宽松货币政策，2021—2023年表现为人民币升值，日元贬值，日元兑人民币的汇率从100日元兑人民币6.46元下降到100日元兑人民币5.04元。

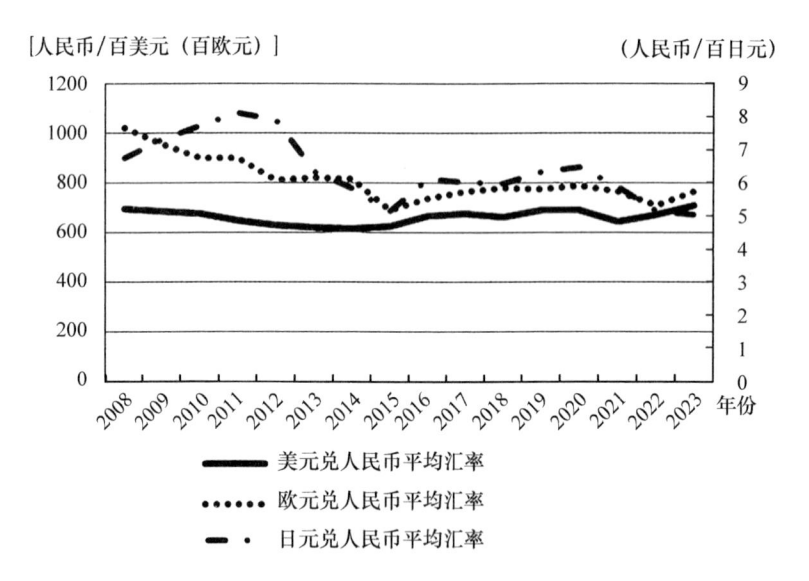

图3-7 2008—2023年美元、欧元和日元兑人民币年度平均汇率变化情况

资料来源：EPS数据库。

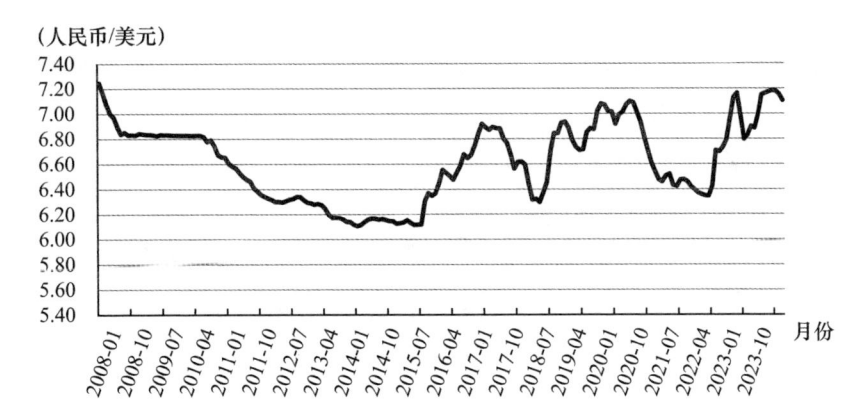

第三章 后金融危机时期全球货币政策的新变化、新特点与影响

图 3-8 2008 年 1 月至 2023 年 12 月美元兑人民币月度平均汇率变化情况

资料来源：国泰安。

（三）投放流动性，提高上海银行间同业拆借利率（SHIBOR）水平

2008 年国际金融危机爆发以后，在全球范围内大多数经济体都纷纷实施量化宽松货币政策，在此情形下，中国人民银行为了确保人民币升值速度不至于过快和防止热钱快速抢占人民币市场，稳定中国经济金融市场，也采取了相对宽松的货币政策，详见图 3-9 和图 3-10。在 2021 年，美联储和欧洲央行退出量化宽松的货币政策后，

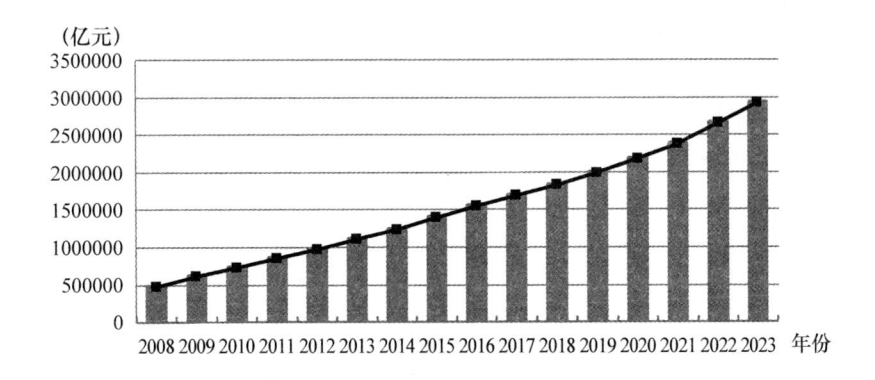

图 3-9 2008—2023 年中国广义货币供应量（M2）

资料来源：中经网数据库。

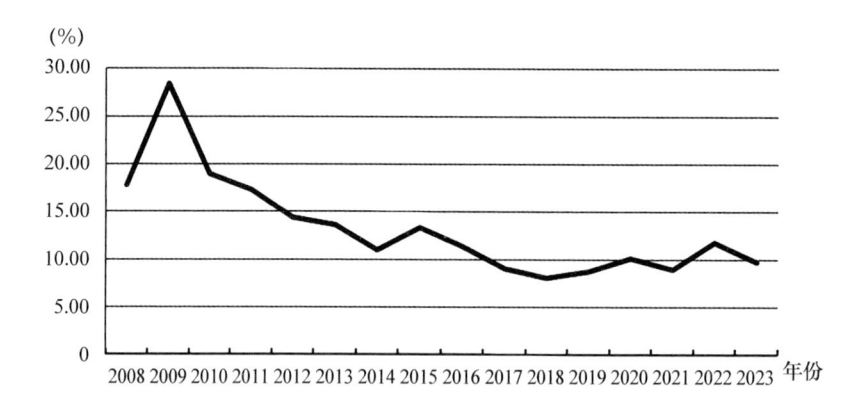

图 3-10 2008—2023 年中国广义货币供应量增速

资料来源：中经网数据库。

我国广义货币增长率一直维持在 9% 左右，相比 2020 年略有下降。但是，2022 年，中国人民银行继续实施宽松的货币政策，降低 LPR 利率和 MLF 利率以及降准，广义货币增长率为 11.81%，较 2021 年又提高了 2.84 个百分点。2023 年广义货币增长率为 9.70%，较 2022 年下降了 2.11 个百分点。此外，如图 3-11 所示，我国上海银行间

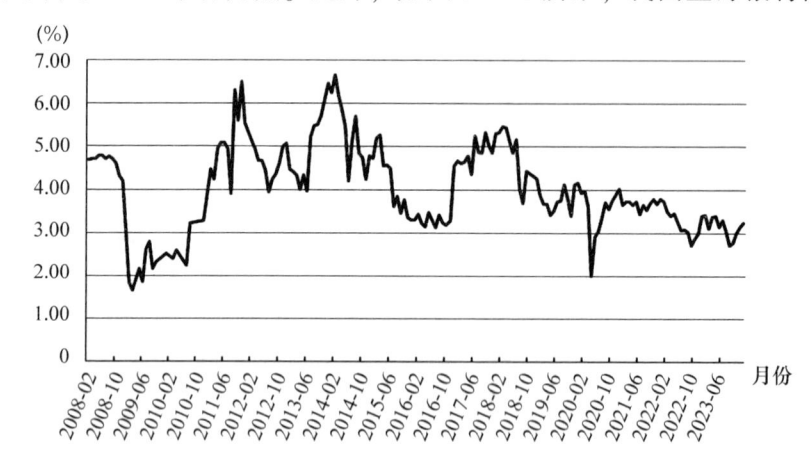

图 3-11 2008 年至 2023 年上海银行间
同业拆借利率（1 年）

资料来源：中经网数据库。

同业拆借利率（SHIBOR）在 2023 年 8 月开始适度提高了利率水平。由于中国和美欧货币政策的分化，国际游资大量流出，为了降低中国与美欧之间的利率缺口，防止热钱流出对中国经济稳定造成的冲击，中国提高了 SHIBOR 利率水平。

（四）国内货币超发，稳定物价水平

2008 年，随着世界发达经济体的量化宽松货币政策的实施，全球其他国家货币政策都会受到不同程度的影响，中国也是如此。在强大的内外双重压力下，中国采取了增发货币、降低基准利率等多种形式的宽松货币政策，用来缓解国际政治压力和解决国内货币通货问题。如图 3-12 所示，2008 年，中国的 M2/GDP 值为 1.49。在此之后，中国 M2/GDP 继续增长。2019—2023 年，M2/GDP 连续五年大于 2。尤其是 2023 年，中国 M2/GDP 为 2.32，达到了历史新高度，说明在美国和欧洲逐渐退出量化宽松政策、开启加息周期的背景下，中国在相对宽松的货币政策的影响下，货币出现明显的超发问题。一般而言，M2 的供应量略微超出 GDP 有助于促进经济发展，但超出幅度过大就会出现明显的货币超发风险，由此引发通货膨胀问题。与此同时，CPI 与 PPI 的变化如图 3-13 所示。其中，PPI 的变化较为明显，2020 年，PPI 同比增长率为 -1.8%，而 2021 年，PPI 同比增长率为 8.1%，工业生产者出厂价格增长幅度较大。从 2021 年全年来看，无论是国内市场还是国际市场，需求复苏节奏快于供给修复；同时，疫情反复抑制了原材料的供给，发达经济体宽松的货币政策创造了额外的货币供应，国内通胀输入压力加大。2022 年，在全球高通胀的背景下，我国基本保持物价平稳运行，CPI 同比增长率为 2%，PPI 同比增长率为 4.13%，国际大宗商品价格上涨影响，我国早已防患于未然，在供给端和需求端同时进行调节，联动监控期货与现货市场，有效地遏制了价格的非理性上涨，将 PPI 的涨幅严格地控制在合理的范围内。2023 年，CPI 同比增长率为 0.2%，PPI 同比增长率为 -3%。从居民消费价格指数来看，物价运行保持总体稳定。从工业生产者出厂价格指数来看，受到国际油价继续下

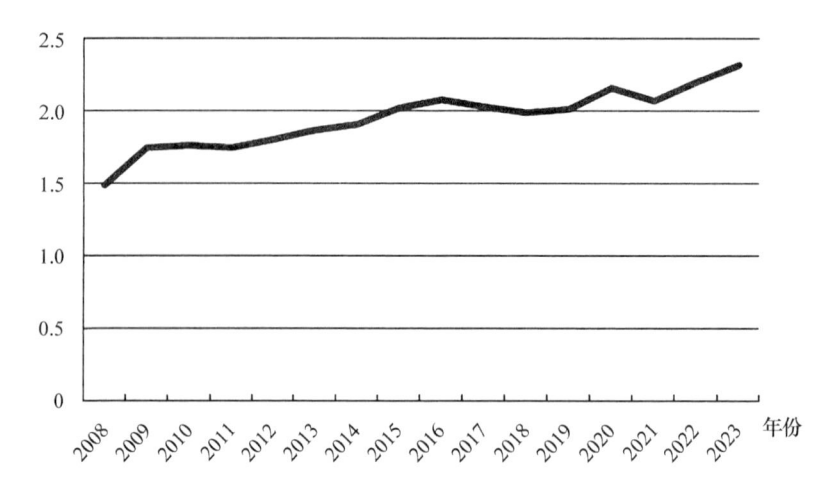

图 3-12　2008—2023 年中国 M2/GDP 变化趋势

资料来源：中经网数据库。

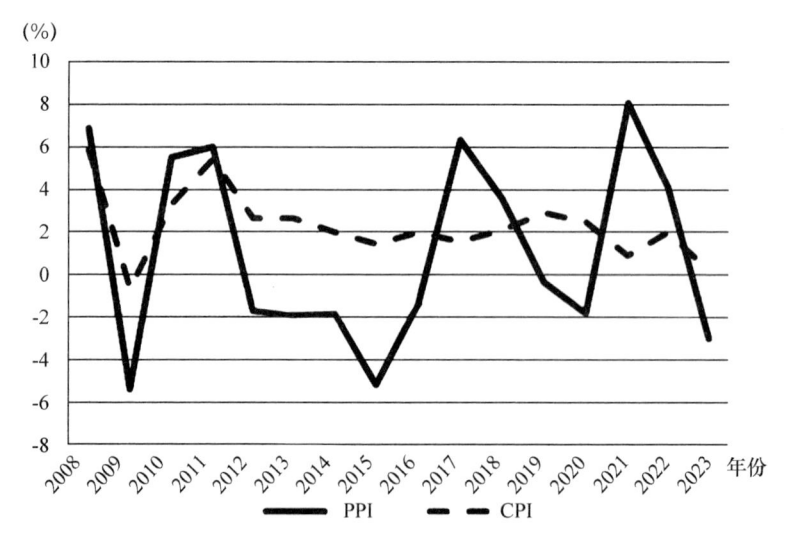

图 3-13　2008—2023 年中国 CPI 与 PPI 同比增速

资料来源：中经网数据库。

行、部分工业品需求不足等因素影响，国内石油和天然气开采、石油煤炭等加工业价格下行。

第三章　后金融危机时期全球货币政策的新变化、新特点与影响

(五) 扰动大宗商品价格

图 3-14 为 2008 年 1 月 2 日至 2023 年 12 月 29 日美国商品价格现货指数（CRB）① 走势。可以发现，在 2020 年 3 月新冠疫情期间，美联储的多次降息和多轮量化宽松货币政策以后，美元开始贬值，同时以美元计价的国际大宗商品价格也开始出现明显的变化，从 2020 年 8 月开始，美国商品价格现货指数开始出现上涨趋势。可观测到同时期内，如图 3-15 所示，我国大宗商品现货价格指数（CCPI）的走势也会开始上涨，与 CRB 现货指数走势上是趋于一致的。

2022 年，美联储再次进入加息周期，美元升值。从图 3-14 中可以看出，自 2022 年 6 月以来，CRB 指数呈现出明显的下降趋势，与之同步的是中国的 CCPI 指数也持续下降。

国际大宗商品主要是通过美元计价交易，美元币值对大宗商品的影响较大，供需变化也会对其价格产生不同程度的影响。在市场供给保持稳定的前提下，美元贬值发生较大程度的震荡也会造成大宗商品的价格出现大范围的波动。例如，美元相对于人民币保持升值，显著地影响我

图 3-14　2008 年 1 月 2 日至 2023 年 12 月 29 日 CRB 现货指数变化趋势

资料来源：Wind。

---

① CRB 是由美国商品研究局编制的，该指数通过一揽子商品价格计算得出，包括原油、天然气、贵金属、农产品等。该指数反映了美国商品价格的波动。

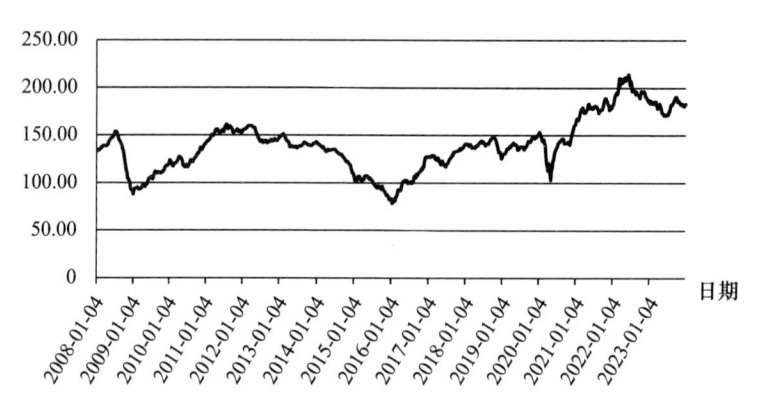

图 3-15　2008 年 1 月 4 日至 2023 年 12 月 29 日中国
大宗商品价格指数变化趋势

资料来源：Wind。

国的铁矿石、原油等多种类型原材料进口成本上升，增加制造企业的生产压力，增大下游企业成本压力。

（六）冲击国内资本市场

我国金融市场的对外开放步伐不断加快，国内、国际资本市场产生更加密切的联系，沪港通、深港通、沪伦通的陆续开通为国际资本进入国内市场提供了便捷的通道，但也带来一些潜在的传导风险。美国和欧洲各个国家在超宽松货币政策的退出步伐上存在显著差异，有可能在一定程度上造成短期国际资本的大幅进出，影响中国的股市和债市的稳定。此外，超宽松货币政策的退出也会对市场投资者预期产生影响，对美欧上市的各个中概股的股价在短期内会造成大幅影响，而这种影响甚至会传导至国内市场，造成国内的股市和债市大幅波动。

二　发达经济体货币政策新变化对人民币汇率的影响分析

近年来，美联储、欧洲央行和日本央行的货币政策调整对全球金融市场和人民币汇率产生了显著影响。本书重点关注这些政策变化如何影响人民币汇率走势。

第三章 后金融危机时期全球货币政策的新变化、新特点与影响

(一) 发达经济体货币政策新变化与人民币汇率

在后金融危机时期,美联储、欧洲央行及日本央行的货币政策发生了一系列的新变化。特别是在新冠疫情后,各国央行为了应对疫情带来的经济压力,实施了更加灵活和开放的货币政策。例如,美联储在2020年宣布了一种新的"平均通胀目标"策略,这意味着美联储将容忍通胀率超过2%的目标,以实现最大就业。欧洲央行和日本央行也都采取了量化宽松政策,尤其是负利率政策,以刺激经济增长。

首先,发达经济体的量化宽松政策降低了全球利率水平,导致全球资本流向高收益的中国等新兴市场。这种资本流入为人民币汇率提供了支撑。其次,当美联储和欧洲央行采取更加宽松的政策时,相对于美元和欧元,人民币的吸引力增强,可能导致人民币汇率升值。而日本央行采取的量化宽松政策和负利率政策,也可能对人民币汇率产生影响。若日元在全球市场上贬值,那么与日元相对应的人民币汇率可能面临升值压力。然而,若发达经济体货币政策出现转向,如美联储开始加息,欧洲央行减少购债,日本央行结束负利率政策,可能会对新兴市场产生负向影响,引发资本外流,从而对人民币汇率构成压力(见图3-16)。

(二) 关键时期发达经济体货币政策新变化对人民币汇率的影响

在全球金融体系中,美联储在2008年国际金融危机阶段采用了一系列降息政策并实行大规模的量化宽松政策,这些举措的主要目的是应对金融危机,从美国市场到引导全球资本流动。在此期间,由于中国的经济增长稳健,加上其利率高于美国,人民币汇率在2008年上半年呈现升值趋势。然而,随着国际金融危机的加深,市场风险厌恶情绪升高,资本开始回流美国。同时,中国坚持其汇率钉住制度,人民币汇率因此保持稳定。到了2015年,美联储开始逐步提高利率,并开始缩减其资产负债表。这种政策变化可能导致资本从新兴市场回流美国。叠加中国在2015年进行的"8·11"汇率改革,人民币汇率的浮动空间扩大,导致人民币汇率在2015年8月后快速贬值。2020年,随着新冠疫

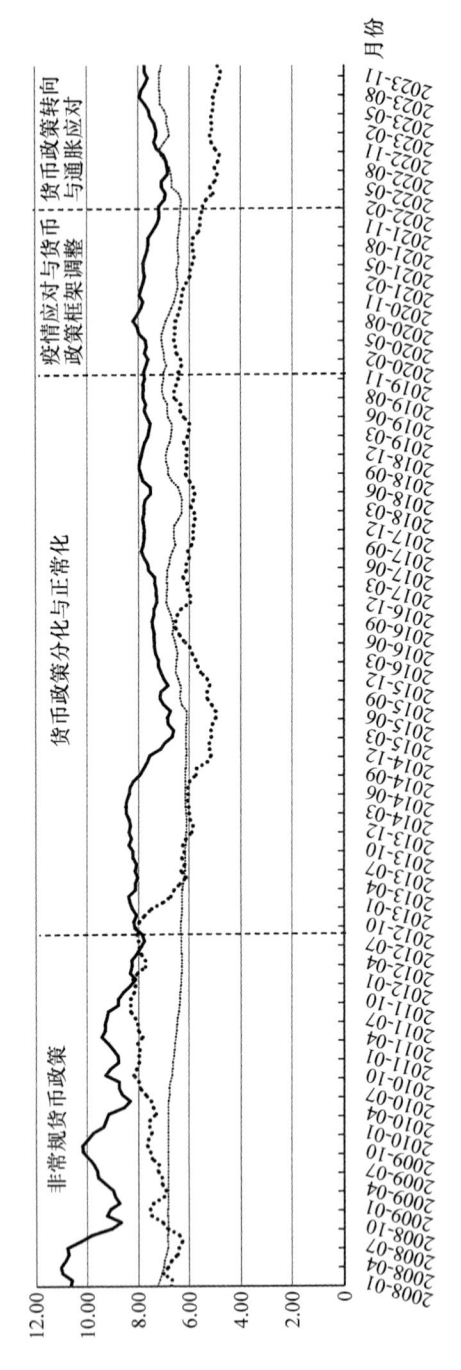

图 3-16 2008 年 1 月至 2023 年 12 月美元、欧元、日元兑人民币汇率走势

资料来源：Wind 数据库。

第三章 后金融危机时期全球货币政策的新变化、新特点与影响

情的暴发，美联储再次降息并实行无上限的量化宽松政策。这可能引导全球资本再次流向新兴市场。人民币汇率在 2020 年上半年微幅贬值，但在下半年开始快速升值。然而，2022 年，美联储开始提高利率，退出量化宽松政策，这可能导致资本从新兴市场回流到美国，从而使人民币对美元迅速贬值。

同样地，欧洲央行在 2008 年国际金融危机期间，也采用了降息并启动信贷支持措施。这可能引导资本流向新兴市场。在此情况下，人民币在 2008 年 7 月前对欧元保持稳定，但随后升值。2014 年，欧洲央行引入负利率政策，并启动量化宽松政策。这可能导致全球资本流向中国。随之，人民币汇率在 2014 年上半年保持基本稳定，但后来对欧元快速升值。2020 年，在新冠疫情暴发背景下，欧洲央行加大购债力度。虽然这可能引导资本流向新兴市场，但由于疫情冲击，市场风险厌恶情绪增强，可能抑制资本流入。人民币汇率在 2020 年上半年基本稳定，6—8 月快速贬值，但随后迅速反弹。2022 年，欧洲央行开始提高利率，可能引发资本从新兴市场回流，对人民币汇率产生贬值压力。在此期间，人民币汇率在上半年震荡升值，从 7 月开始，人民币对欧元开始迅速贬值。

2008 年，日本推出了名为"安倍经济学"的政策，大幅扩大量化宽松政策。这可能引导资本流向新兴市场。在这期间，人民币对日元在 2008 年 4—8 月呈现快速升值阶段，但自 9 月开始，人民币对日元开始迅速贬值。2013 年，日本扩大量化宽松政策，可能引导资本流向中国。在此期间，人民币对日元在该时期急速升值。2016 年，日本实施负利率政策，维持量化宽松政策。这可能继续引导资本流向中国。在此期间，人民币对日元在 2016 年 8 月前呈现快速贬值趋势，但随后人民币汇率快速反弹升值。2020 年，日本央行进一步实施量化宽松政策。虽然这可能对人民币汇率产生支撑作用，但由于疫情的冲击，市场的风险厌恶情绪增强，可能短期抑制资本流入。在此期间，人民币对日元在 2020 年上半年缓慢贬值，但随后开始匀速

升值。

总体来看,全球货币政策的动态演变对人民币汇率及全球资本流动具有显著影响。在主要发达经济体的央行采取宽松货币政策的情况下,全球资本有可能流向新兴市场,这一情况通常对人民币汇率形成积极支撑,推动其升值。然而,一旦这些央行选择执行紧缩货币政策,资本可能从新兴市场撤回,从而引发人民币汇率贬值的趋势。除此之外,市场情绪以及对风险的厌恶态度也会对资本流动和人民币汇率的变动产生影响。

(三)在四个阶段发达经济体货币政策对人民币汇率的影响

1. 2008年国际金融危机至2013年年底阶段

美联储、欧洲央行和日本央行都实施了非常规货币政策,对各自的货币价值和人民币汇率产生了影响。美联储在此期间首次实施了量化宽松政策(QE),以稳定金融市场和提振经济。这种政策实质上增加了美元的供给,导致美元相对贬值。在这个背景下,人民币兑美元汇率在2008年7月前保持升值,然后在中国人民银行采取汇率钉住政策后,直到2010年6月一直保持水平走势。随着美联储逐步退出量化宽松政策,人民币汇率在阶段末保持缓慢稳定的升值趋势。在此阶段,欧洲央行也面临着欧洲主权债务危机,推出了低利率和长期再融资操作(LTRO)等非常规政策,以稳定欧元区的金融环境。这些措施导致欧元对其他货币贬值,反映在人民币兑欧元的汇率上,就是人民币的升值。然而,当欧洲央行在2012年宣布"无限制"购买成员国的主权债券以稳定欧元时,欧元开始反弹,使得人民币兑欧元汇率从2012年7月的高点开始缓慢震荡贬值。日本央行在此期间也实施了大规模资产购买计划,以抑制日元升值和通胀压力。然而,由于其实施的力度和规模不及美联储和欧洲央行,人民币兑日元汇率在2008年8月至2010年10月期间呈现震荡贬值走势。随着日本央行在2012年宣布"无限量"资产购买,日元开始大幅贬值,导致人民币兑日元在2012年9月至2013年5月急速升值,阶段末保持基本稳

第三章 后金融危机时期全球货币政策的新变化、新特点与影响

定。总的来说，各主要央行的非常规货币政策在此阶段对人民币汇率产生了深远影响。当美联储、欧洲央行和日本央行实施宽松政策时，人民币相对于这些货币升值；而当它们开始退出这些政策或缩小宽松规模时，人民币汇率则相应地贬值。

2. 2014年年初至2019年年底阶段

各大央行的货币政策开始分化并逐步恢复正常，这对人民币汇率产生了影响。从美联储来看，开始逐步提高利率并缩减资产负债表，实施了货币政策正常化。这些操作导致美元相对升值，反映在人民币兑美元的汇率上，就是人民币的贬值。从2014年1月至2018年7月，人民币兑美元汇率保持相对稳定，然而自2015年8月起，随着美联储加息的步伐加快，人民币兑美元汇率开始走跌，这一趋势一直持续到2016年12月。2017年至2018年4月，由于美联储暂停加息，人民币兑美元汇率快速升值，达到了一个较高的峰值，但随着美联储在2018年继续加息，人民币至阶段末呈震荡贬值趋势。从欧洲央行来看，在此阶段维持低利率，并开始讨论退出量化宽松政策，这使得欧元在某些时段内相对升值。从2014年4月起，人民币兑欧元汇率快速升值，一直持续到2015年4月。然而，随着欧洲央行开始缩减其资产购买规模，欧元开始升值，导致人民币汇率开始缓慢贬值。从日本央行来看，在此期间，继续维持大规模的量化宽松政策，导致日元持续贬值。2014年1—7月，人民币兑日元汇率保持基本平稳，但随后开始急速升值，这一趋势直到2015年7月为止。自2015年8月后，日本央行加大了量化和定性宽松政策的力度，但中国股市的大幅度震荡，可能影响了市场对中国经济前景的预期，导致资本流出至安全资产市场，进而使人民币汇率面临下行压力，人民币兑日元汇率一路快速贬值直到2016年8月。之后随着日本央行逐渐调整其货币政策，人民币汇率进行了一定程度的反弹，2018年5月至阶段末，人民币兑日元汇率开始震荡贬值。总体来说，此阶段各大央行的货币政策分化与正常化对人民币汇率产生了显著影响，各货币的相对价值变动在一定程度上反映在人民币的汇率变化中。

3. 2020年年初至2022年2月底新冠疫情应对与货币政策框架调整阶段

各国央行都对货币政策进行了重大调整，应对全球疫情对经济造成的影响。从美联储来看，为应对新冠疫情引发的经济危机，美联储在2020年年初快速降息，甚至几乎将利率降至零，并开始大规模的资产购买计划。这种超宽松的货币政策使得全球资本在寻求更高收益的情况下，开始流入其他市场，其中包括中国。这导致了人民币兑美元汇率在2020年5月至2021年2月期间保持匀速升值状态。随后，美联储的货币政策保持稳定，人民币兑美元汇率也相对稳定。从欧洲央行来看，在应对疫情的过程中，欧洲央行也实施了相当宽松的货币政策，包括降息和大规模的量化宽松计划。然而，相较于美联储，欧洲央行的政策影响相对较小，因为欧元区的经济复苏较为缓慢。因此，人民币兑欧元汇率在2020年5月之后出现短暂贬值，但随后又回归到贬值前水平。从2021年9月开始至阶段末，随着欧洲经济的逐渐复苏，人民币开始对欧元升值。从日本央行来看，在这个阶段，日本央行的货币政策相对稳定，未进行大规模的政策调整。由于日本经济在疫情期间表现相对较弱，且负利率政策仍在继续，因此人民币兑日元的汇率基本保持持续升值状态。总的来说，这个阶段各国央行的货币政策调整，以及全球新冠疫情的影响，对人民币汇率产生了显著的影响。

4. 2022年3月至今的货币政策转向与通胀应对阶段

全球央行面临着新的挑战，即如何在保持经济稳定的同时，抵抗上升的通胀压力。从美联储来看，在新冠疫情过后，美国经济开始恢复，同时通胀压力也开始显现。因此，自2022年年初开始，美联储逐步收紧货币政策，包括提高利率和减少资产购买。这导致了全球资本开始流出其他市场并回流美国，从而引发了人民币兑美元汇率自2022年4月开始急速贬值，这一态势直到2022年11月为止，随后短暂反弹。从欧洲央行来看，欧洲央行在2022年3—7月，也开始逐步

第三章 后金融危机时期全球货币政策的新变化、新特点与影响

收紧货币政策，以应对上升的通胀压力。尽管收紧幅度较美联储为小，但是对人民币兑欧元汇率的影响也开始显现，即人民币兑欧元汇率开始震荡小幅升值。然而，自2022年7月后，随着欧洲央行的货币政策收紧力度增加，人民币开始出现快速贬值的走势。从日本央行来看，在这个阶段的货币政策相对稳定，因为日本的通胀压力相对较小。然而，随着全球资本流动的影响，人民币兑日元汇率在2022年10月之前保持震荡迅速升值。然后，随着全球资本的重新配置，人民币汇率开始急速贬值，直至2023年1月后，汇率开始走稳。总的来说，这个阶段各国央行在通胀应对和货币政策转向的影响下，对人民币汇率产生了深远影响。

（四）综合分析

发达经济体的货币政策变化对人民币汇率有深远影响。从2008年国际金融危机至今，美联储、欧洲央行和日本央行的货币政策都经历了从宽松、正常化，到应对新冠疫情的超宽松，再到应对通胀压力的收紧等不同阶段。在这个过程中，它们的货币政策调整的时序性和影响程度，对人民币汇率造成了显著影响。

1. 美欧日发达经济体的货币政策调整的时序性对人民币汇率造成一定影响

当美欧日发达经济体实施宽松政策时，增加了自身货币的供应，造成了相对贬值，反映在人民币汇率上就是升值。而当它们退出这些政策或缩小宽松规模时，人民币汇率则相应地贬值。特别是在新冠疫情阶段，全球央行的超宽松政策使得全球资本流入其他市场，包括中国，导致美元和欧元兑人民币汇率的贬值。然而，当它们为应对通胀压力开始收紧货币政策时，全球资本开始流出其他市场并回流美国，引发了美元兑人民币汇率的急速升值。

2. 美欧日发达经济体的货币政策影响程度也对人民币汇率造成了明显的影响

一般来说，美联储的货币政策对全球金融市场的影响力最大，然后

是欧洲央行，最后是日本央行。例如，在新冠疫情阶段，美联储的超宽松政策对人民币汇率的波动影响要大于欧洲央行和日本央行。而在应对通胀压力的阶段，虽然各大央行都在收紧货币政策，但美联储的货币政策调整对人民币汇率的波动影响最大。

第四章

后金融危机时期中国货币政策与人民币汇率波动的特点与影响分析

第一节 中国货币政策的现状与溢出效应分析

一 中国货币政策的现状

(一) 传统货币政策工具仍发挥基本功能

中国所采取的货币政策工具主要有两种：一是数量型工具；二是价格型工具。其中数量型货币政策使用较为频繁，在整个政策调控中占据主导地位，而价格型货币政策工具起到一定辅助作用。从"十二五"规划提出至今，我国对数量型货币政策工具的运用有了明显的克制，价格型货币政策工具的运用成为主要的过渡方向。但从当前来看，我国的宏观调控中数量型货币政策仍然是主要的工具手段。国内的数量型货币政策与量化宽松货币政策存在较大差异，在数量型货币政策方面国内主要以法定存款准备金率操作为主，同时使用再贷款政策和信贷总量调控政策。在量化货币政策方面，购买国债仍然是主要的操作手段。目前，国内货币政策调控的重要中间目标为广义货币供应量 M2，货币政策调控的核心工具为信贷规模，二者相互配合对维护宏观经济增长及物价稳定起到重要作用。而随着党的十八届三中全会的召开，中国已经完成国债收益曲线的成功构建，有望建立起更加完善的利率传导机制，推动数量型货币政策向价格型货币政策的顺利转型，提升货币政策调控的平滑性及前瞻性。

(二) 逐步采用结构性货币政策工具

为促进国内经济的协调发展，根据不同行业或区域的需求差异，中国人民银行逐步推进具有针对性的差异化货币政策。2022年6月，在支持普惠金融、绿色低碳发展、金融科技创新等重点发展方向下，中国人民银行已构建包括十项货币政策工具的结构性货币政策调控体系。目前的结构性货币政策工具包括农村商业银行、农村合作银行等支农再贷款的发放对象，为地方金融机构提供支小再贷款，进一步支持扩大、涉农、小微企业的融资再贴现，普惠小微贷款支持工具，服务于棚户区改造、地下管廊建设、重大水利工程等的抵押补充贷款，为低碳、节能和减排环保事业做出贡献；此外，国家还推出了科技创新、交通物流、普惠养老和煤炭清洁高效利用分类的专项再贷款工具。结构性货币政策工具的优势在于将央行的资金投放与目标调控领域精准匹配，以提高货币政策的有效性与合理性。

(三) 货币政策独立性面临外部压力

相比于美欧日发达经济体货币政策在短期内的急剧调整，中国货币政策在长期始终保持稳健，利率波动维持在较为合理的区间。这得益于中国长期以来的经济快速增长，以及对外贸易规模的不断增长。受到新冠疫情蔓延的影响，世界经济持续低迷，贸易逆全球化趋势逐渐升温，长期以来形成的全球经济格局均衡面临重构风险。2022年以来，美联储持续激进加息，带动多个国家跟随加息，如瑞士、挪威、南非、菲律宾、印度尼西亚、越南等。而未跟随加息的部分国家，已出现汇率大幅贬值，股票、债券等金融市场崩盘现象。在全球普遍加息的背景下，资本将流向利率较高的国家，中国面临的资本外流压力增大。根据三元悖论，在保证人民币汇率相对稳定的条件下，为了进一步提高货币政策独立性，就需要对资本的自由流动做出适当限制；而要确保金融开放进程不断推进，以及人民币的汇率相对稳定，则货币政策的独立性将无法保障。根据短期宏观调控目标的侧重点，需要对宏观政策实施进行动态调整,从而维护长期经济的稳定增长。此外,货币政策的绝对独立性较难维持,但可以通过维持相对独立性,从而减缓外部压力。

(四) 货币政策长期维持稳健特征

中国自 1998 年以来逐步构建并形成具备中国特色的稳健货币政策方针,并取得了较好的实践成果。国务院在 2022 年 10 月关于金融工作情况的报告中,进一步强调了结合中国国情采取稳健货币政策的必要性和具体实施目标。其中明确指出,稳健的货币政策主要采取的是逆周期调节策略,例如经济繁荣期政府可以实施紧缩的货币政策,防止通胀的扩大;经济萧条期政府可以采取扩张性的货币政策,保证就业和提高生产要素的流动性。通过实施稳健的货币政策能够确保人民币币值的相对稳定,以及物价的相对平稳,从而维护社会主义市场经济的平稳运行。由于财政政策可以是非中性、紧缩或者积极的,因此通过配合财政政策的调节可以弥补货币政策偏中性的弱调节作用。在长期能够确保货币政策的稳健性、经济发展水平的均衡及资金流动性充裕,避免过多受到外部不确定性的影响。

二 中国货币政策溢出效应

(一) 中国货币政策溢出效应因采用货币政策工具不同而存在差异

中国经济与世界各国的贸易往来越发密切,对外影响力持续增加,因此中国的货币政策影响力也不断增强。货币政策调控不仅改变了国内市场的资金流动性,同时也在一定程度上通过利率、汇率、资本流动等不同传导渠道改变了其他国家的资金流动性。价格型货币政策工具与数量型货币政策工具由于各自的特点和传导路径存在差异,因此对不同国家的影响也存在一定的异质性。中国的货币政策早期以调整信贷规模、实施现金计划为主,之后较长时期以数量型货币政策工具对货币总量进行调节。随着中国货币政策工具的不断创新,短期流动性调节工具、中期借贷便利、常备借贷便利等不仅丰富了中央银行的货币政策调控手段,同时也增加了货币政策溢出效应的多样化和复杂性。

(二) 中国货币政策溢出效应处于不断增强的历史阶段

自 2013 年"一带一路"倡议提出以来,中国不断加强与深化和欧洲、亚洲、非洲等国家的经贸、运输与文化合作交流,推动中国企业向外投资和发展,使亚欧非国家之间的联系不断加深。中国制造的装备等工业产品具备较高性价比优势,通过走向国际市场,促进国内产业升级和贸易结构改良。中国企业通过重组和兼并,获取国际市场份额,不断跻身跨国公司行列。国家开发银行在上合组织框架下,为不同的伙伴成员方提供专项贷款,促进成员方的经济发展。中国经济影响力的日益扩大,使中国货币政策也成为较多国家关注的焦点。中国维持较为宽松的货币政策环境能够促进其他经济体的资本流入,并助推其他经济体的经济增长;而中国实施较为偏紧的货币政策,则可能导致中国对外投资规模降低,资本由其他经济体回流至中国,并对其他经济体的经济产生消极作用。

(三) 中国货币政策溢出效应随人民币结算规模扩大而增强

随着人民币使用范围的不断扩展,其跨境支付功能、投融资功能、储备货币功能、计价货币功能持续拓展和增强。中国货币政策的稳健性会促进人民币币值的稳定,并使人民币在不同的国家或区域充分发挥以上功能,促进人民币国际化进程的推进。人民币离岸市场目前处于不断建设的过程中,未来具有广泛的发展空间。通过不断完善人民币供给机制,并采用多元化离岸市场人民币交易产品,能够不断促进人民币汇率形成机制的调整和优化。通过与不同国家签订人民币互换协定,能够促进人民币外汇储备规模的上升,增加人民币在国际贸易中的使用份额。跨境人民币清算支付系统的全球构建,也为人民币跨境贸易结算提供技术支撑,提高人民币跨境支付效率。数字人民币的应用和普及,将在未来提高宏观调控部门对货币的实时监控和数量管理水平,并进一步促进中国货币政策对其他国家的溢出效应。

（四）中国货币政策溢出效应与发达经济体货币政策溢出效应存在本质区别

由于各经济体的国情、经济基础、结构、环境等各有不同，经济体的货币政策以及对外溢出的现象和效果也有着明显的区别。根据制定和实施货币政策的目的以及对他国所产生影响的不同，已有研究将一国货币政策对他国产生的溢出效应分为以邻为壑效应和火车头效应。

以邻为壑，顾名思义，就是把他国当作沟壑。即采取对本国有利的相关经济政策，但是却直接或间接地给其他国家利益造成负面影响的情况。典型的例子为在2007年美国次贷危机爆发并引起全球范围的金融危机后，美联储实施的量化宽松政策引发了全球性的通货膨胀，给其他国家的经济发展造成了巨大影响。不仅如此，为确保自身利益，这些国家往往会效仿美国的做法，最终导致国际范围内的货币政策协调机制失调，经济严重受损。火车头效应则相反，是本国通过施行货币政策，从而能够对其他国家起到增加产品需求、增大他国的产出等对经济发展有利的影响，从而促进合作，实现共同发展。两种效应都会导致不同的溢出效果，而具体货币政策会对其他国家带来什么样的溢出效果等问题，都会依溢出国和被溢出国的不同而不同，所产生的溢出的效果、溢出事件、溢出机制、溢出通道也都有所不同。

然而，在经济全球化不断深化、国家与国家之间联系不断紧密的今天，一国的某一项货币政策往往不会只带来单纯的以邻为壑效应或者火车头效应。结合蒙代尔—弗莱明—多恩布什模型理论可知，一国实施的货币政策对于其他国家的最终影响由两种效应决定，分别是收入吸收效应和支出转换效应。以中国实施宽松型货币政策为例，当中国增加货币供应量或者使利率下降时，从支出转换效应的角度来看，本国与他国的利差扩大，本国资金流入他国，人民币面临贬值压力，从而对中国的出口贸易造成正向影响，而他国对中国的贸易出口会得到负向影响，进而国际贸易净额缩小，他国经济产出水平下降；从收入吸收效应来看，宽松的货币政策会降低国内利率水平，本国投资将增加，总产出会提高，导致国内居民消费需求进一步增加，从而使得中国的进口需求增加，即中国对于他国出口的产品需求增加，最终使其产出相应提高。总而言之，在货币政策溢出的传导过程中，收入吸收效应与支出转换效应是两个作用方向相反的效应，一国货币政策的溢出效应究竟如何，还需要结合实际情况，运用合适的分析方法，进行更深入的研究分析。

已有研究认为，中国作为负责任的大国，承担更多推进全球化与世界和平的重任，因此在货币政策的调控上更为慎重，也会考虑是否对贸易伙伴国产生消极影响。随着中国对外投资规模的不断扩大，国内外利差的变化对国际投资成本及收益的影响程度逐渐上升，当中国货币政策中长期产生波动时，可能会对市场自主投资行为产生影响。

而以美国为首的发达经济体货币政策的主动调控通常会对自身产生有利影响，但对其他经济体产生负面影响。由于美元是最重要的储备货币和新兴经济体、发展中国家主要的外币融资货币，叠加全球贸易与金融的高度一体化，以美联储加息和缩表为代表的发达国家货币政策收紧势必对新兴经济体和发展中国家产生外溢影响。其影响的传导途径主要有两种：

一是通过利率传导。一方面，发达国家加息会在短期利率端引发新兴经济体和发展中国家资本外流；另一方面，发达国家缩表将引导长期国债收益率上升，进一步引发新兴经济体和发展中国家的中长期资本外流，还将加大企业再融资难度，造成资产负债表恶化。以上两方面不仅推升了新兴经济体和发展中国家外币（尤其是美元）融资成本，还使新兴经济体和发展中国家的货币政策调整陷入两难：如果放任资本外流，则新兴经济体和发展中国家不仅面临短期金融动荡的风险，中长期经济增长也会受到危害；而如果迫于资本外流压力上调利率水平，新兴经济体和发展中国家短期消费和中长期投资又均将受到抑制，从而弱化经济复苏动能。此外，新兴经济体和发展中国家上调利率还将引发资产价格下行，与资本流出对资产价格产生的压力形成共振，加剧金融市场风险。

二是通过汇率传导。首先，能源、基础原材料等大宗商品是许多新兴市场国家的重要出口产品，美元走强导致大宗商品价格承压，不利于部分新兴市场国家经济恢复；其次，美元升值和国际资本迅速向美国等发达国家回流加大了新兴市场国家货币的贬值压力，进口价格上涨使得部分新兴市场国家通胀压力急剧上升；再次，由于新兴市场国家积累了大量以美元计价的外债，美元升值将加重新兴市场国家的实际债务负担；最后，新兴市场国家货币贬值会恶化市场主体对其经济预期，反过来也会加剧资本外流，二者相互强化将加速新兴市场国家经济恶化。

第二节　中国货币政策与人民币汇率波动的关系与影响分析

近年来，发达经济体货币政策的变化、贸易的紧张局势都加剧了全球经济和金融的不确定性，从而使汇率的波动性更大，这给许多国家的金融系统带来重大挑战。中国自2015年"8·11"汇率形成机制改革后，人民币汇率由单边升值走势转变为双向波动，汇率弹性逐渐增加、波动加大。而国内货币政策的变化与人民币汇率间有着紧密的联系，基于中国货币政策的四大目标：物价稳定、充分就业、经济增长与国际收支平衡，人民币汇率的波动与宏观经济的稳定息息相关。而货币政策等外部冲击和市场的不完全性，会使汇率的波动更加频繁。而汇率波动频率的增加将对新兴市场国家与发展中国家的经济运行造成一定负面影响，对于我国来说，一方面，中国作为全球最大的贸易国之一，对外贸易与国际投资的规模不断扩张，对外依存度不断提高，汇率的频繁波动对进出口贸易的影响显著；另一方面，中国以外币计价的债务数额较大，汇率的波动对外债的影响可能通过金融加速器的作用传染到实体经济中。此外，汇率的波动还会对货币政策的实施效果造成影响，而随着汇率市场化的推进，如何平衡汇率与货币政策间的协调关系十分重要。因此，在当前全球金融深化的背景下，研究中国货币政策与人民币汇率波动间的关系与相互作用对我国的经济、金融的稳定性有着重要的现实意义与理论意义。

与发达国家施行的货币政策相比,中国的货币政策相对复杂且注重结构性调整。由于发达经济体的市场经济体制与金融市场相对成熟与完善,因此其货币政策往往更加关注总量上的调控,且政策目标较为固定、操作幅度较小。而中国的货币政策在工具上大致分为价格型货币政策工具与数量型货币政策工具。基于此,本节主要从以下两个方面进行分析:第一,阐释中国历年来实施的主要货币政策与人民币汇率波动的经验事实;第二,分析中国货币政策与人民币汇率波动间的理论关系。

一 中国货币政策的经验事实分析

如表4-1所示,2008年上半年中国人民银行多次上调存款类金融机构人民币存款准备金率,由15%上调至17.5%,实行相对紧缩的货币政策。在受到国际金融危机的波及后,2008年下半年起,为缓解国际金融危机带来的资金流动性紧张,中国人民银行多次下调人民币存款准备金率与人民币存贷款利率,并两次下调再贷款/再贴现利率,货币政策逐渐由紧缩转变为宽松。随后,2010年至2011年7月,货币政策再次紧缩,中国人民银行多次上调存款类金融机构人民币存款准备金率与人民币存贷款利率,存款准备金率由7.5%最高上调至21.5%,存贷款利率分别上调至3.5%和6.56%。而自2011年10月起至今,我国面临日趋复杂的国内外环境、国内经济下行压力、各方面超预期的冲击等,货币政策逐渐转变为稳健,期间存款准备金率与存贷款利率下调,其中金融机构人民币存款准备金率由21.5%下调至10%,一年期存贷款基准利率分别调整至1.5%和4.35%。此外,我国货币政策的结构性工具逐渐丰富,适时开展了如中期借贷便利(MLF)、常备借贷便利(SLF)、票据互换(CBS)操作等,2019年8月中国人民银行授权全国银行间同业拆借中心公布贷款市场报价利率(LPR),作为全新的利率定价基准,标志着中国货币政策利率市场化改革迈出了重要一步。

第四章 后金融危机时期中国货币政策与人民币汇率波动的特点与影响分析

表 4-1　2008 年 1 月至 2024 年 2 月中国主要货币政策实施情况　　单位：%

时间	货币政策内容	人民币存款准备金率	一年期存款基准利率	一年期贷款基准利率
2008 年 1 月	上调人民币存款准备金率 0.5 个百分点	15	4.14	7.47
2008 年 3 月	上调人民币存款准备金率 0.5 个百分点	15.5	4.14	7.47
2008 年 4 月	上调人民币存款准备金率 0.5 个百分点	16	4.14	7.47
2008 年 5 月	上调人民币存款准备金率 0.5 个百分点	16.5	4.14	7.47
2008 年 6 月	上调人民币存款准备金率 1 个百分点	17.5	4.14	7.47
2008 年 9 月	下调一年期贷款基准利率 0.27 个百分点	17.5	4.14	7.2
2008 年 10 月	下调人民币存款准备金率 0.5 个百分点 下调一年期存款基准利率 0.54 个百分点 下调一年期贷款基准利率 0.54 个百分点	17.0	3.60	6.66
2008 年 11 月	下调人民币存款准备金率 1 个百分点 下调一年期存款基准利率 1.08 个百分点 下调一年期贷款基准利率 1.08 个百分点 下调中国人民银行对金融机构存贷款利率 下调再贷款/再贴现利率	16.0	2.52	5.58
2008 年 12 月	下调人民币存款准备金率 0.5 个百分点 下调一年期存款基准利率 0.27 个百分点 下调一年期贷款基准利率 0.27 个百分点 下调再贷款/再贴现利率	15.5	2.25	5.31

续表

时间	货币政策内容	人民币存款准备金率	一年期存款基准利率	一年期贷款基准利率
2010年1月	上调人民币存款准备金率0.5个百分点	16	2.25	5.31
2010年2月	上调人民币存款准备金率0.5个百分点	16.5	2.25	5.31
2010年5月	上调人民币存款准备金率0.5个百分点	17	2.25	5.31
2010年10月	上调一年期存、贷款基准利率0.25个百分点	17	2.50	5.56
2010年11月	上调人民币存款准备金率1个百分点	18	2.50	5.56
2010年12月	上调人民币存款准备金率0.5个百分点 上调一年期存、贷款基准利率0.25个百分点	18.5	2.75	5.81
2011年1月	上调人民币存款准备金率0.5个百分点	19	2.75	5.81
2011年2月	上调一年期存、贷款基准利率0.25个百分点	19	3	6.06
2011年2月	上调人民币存款准备金率0.5个百分点	19.5	3	6.06
2011年3月	上调人民币存款准备金率0.5个百分点	20	3	6.06
2011年4月	上调人民币存款准备金率0.5个百分点 上调一年期存、贷款基准利率0.25个百分点	20.5	3.25	6.31
2011年5月	上调人民币存款准备金率0.5个百分点	21	3.25	6.31
2011年6月	上调人民币存款准备金率0.5个百分点	21.5	3.25	6.31

续表

时间	货币政策内容	人民币存款准备金率	一年期存款基准利率	一年期贷款基准利率
2011年7月	上调一年期存、贷款基准利率0.25个百分点	21.5	3.50	6.56
2011年12月	下调人民币存款准备金率0.5个百分点	21	3.50	6.56
2012年2月	下调人民币存款准备金率0.5个百分点	20.5	3.50	6.56
2012年5月	下调人民币存款准备金率0.5个百分点	20	3.50	6.56
2012年6月	下调一年期存、贷款基准利率0.25个百分点	20	3.25	6.31
2012年7月	下调一年期存款基准利率0.25个百分点 下调一年期贷款基准利率0.31个百分点	20	3	6
2014年11月	下调一年期存款基准利率0.25个百分点 下调一年期贷款基准利率0.4个百分点	20	2.75	5.6
2015年2月	下调人民币存款准备金率0.5个百分点	19.5	2.75	5.6
2015年3月	下调一年期存、贷款基准利率0.25个百分点	19.5	2.5	5.35
2015年4月	下调人民币存款准备金率1个百分点	18.5	2.5	5.35
2015年5月	下调一年期存、贷款基准利率0.25个百分点	18.5	2.25	5.1
2015年6月	下调一年期存、贷款基准利率0.25个百分点	18.5	2	4.85

续表

时间	货币政策内容	人民币存款准备金率	一年期存款基准利率	一年期贷款基准利率
2015年8月	下调一年期存、贷款基准利率0.25个百分点	18.5	1.75	4.6
2015年9月	下调人民币存款准备金率0.5个百分点	18	1.75	4.6
2015年10月	下调人民币存款准备金率0.5个百分点 下调一年期存、贷款基准利率0.25个百分点	17.5	1.5	4.35
2016年3月	下调人民币存款准备金率0.5个百分点	17	1.5	4.35
2018年4月	下调人民币存款准备金率1个百分点	16	1.5	4.35
2018年7月	下调人民币存款准备金率0.5个百分点	15.5	1.5	4.35
2018年10月	下调人民币存款准备金率1个百分点	14.5	1.5	4.35
2019年1月	下调人民币存款准备金率1个百分点	13.5	1.5	4.35
2019年9月	下调人民币存款准备金率0.5个百分点	13	1.5	4.35
2020年1月	下调人民币存款准备金率0.5个百分点	12.5	1.5	4.35
2021年7月	下调人民币存款准备金率0.5个百分点	12	1.5	4.35
2021年12月	下调人民币存款准备金率0.5个百分点	11.5	1.5	4.35
2022年4月	下调人民币存款准备金率0.25个百分点	11.25	1.5	4.35

第四章　后金融危机时期中国货币政策与人民币汇率波动的特点与影响分析

续表

时间	货币政策内容	人民币存款准备金率	一年期存款基准利率	一年期贷款基准利率
2022年12月	下调人民币存款准备金率0.25个百分点	11	1.5	4.35
2023年3月	下调人民币存款准备金率0.25个百分点	10.75	1.5	4.35
2023年9月	下调人民币存款准备金率0.25个百分点	10.5	1.5	4.35
2024年2月	下调人民币存款准备金率0.5个百分点	10	1.5	4.35

注：由于篇幅限制，2008年以前的货币政策操作未列入表中。
资料来源：根据中国人民银行公开信息整理。

总体来看，我国2008年以来的货币政策的调控经历了以下几个阶段：

（1）第一阶段：2008—2009年。在国际金融危机的影响下，为应对金融危机带来的资金流动性紧缩问题，央行开始实行宽松的货币政策，实现扩大实际货币供给量的效果。

（2）第二阶段：2009年至2011年上半年。这期间国内经济逐渐在国际金融危机带来的影响中全面回升，国内开始实施相对紧缩的货币政策，以抑制物价的不断上涨。在2010年12月中共中央政治局召开的会议中，提出2011年货币政策基调的重大转变，货币政策由"适度宽松"调整为"稳健"的货币政策，增强宏观调控的针对性、灵活性与有效性。

（3）第三阶段：2011年下半年至2015年。这期间，欧洲主权债务危机深化和减缓，发达经济体逐渐从国际金融危机中复苏并开始实施量化宽松的货币政策，同时中国经济面临从高速增长转向中高速增长的新常态发展阶段，为保持经济增长，国内总体上实行相对宽松的货币政策，并通过短期流动性调节工具、常备借贷便利等工具提升社会融资总规模。

（4）第四阶段：2016年至今，实行稳健中性的货币政策。在"稳健中性"的基调上，货币政策不断做出结构性调整，增加政策的灵活程度与精准匹配的调控能力。在这一期间，央行推出全面降准、定向降准、短期借贷便利利率、再贴现再贷款等货币政策工具等。2019年，央行完善了贷款市场报价利率（LPR）形成机制，更好地反映了市场资金的供求状态，价格型货币政策工具的重要性进一步提升，而我国推动价格型货币政策工具的发展有利于与其他国家央行的沟通与协调，提高宏观政策国际协调的效率。

与发达经济体国家货币政策相比，中国货币政策当前持续精准有力地实施稳健的货币政策，其特点主要体现在以下两点：

（1）中国的货币政策采用多目标制。大多数发达经济体国家采取单一目标制——通货膨胀目标制，美国的货币政策目标包含通胀与就业，而中国的货币政策仍处于转轨的过程中，作为发展中国家，经济增长与充分就业仍是国家的重要目标，因此中国当前采用多重目标制，包含物价稳定、经济增长、充分就业、国际收支平衡和金融稳定等目标。

（2）数量型货币政策工具和价格型货币政策工具与结构型货币政策工具混合使用。对于中国现阶段的发展来看，既要重视价格型货币政策工具，也要重视数量型货币政策工具。与主要的发达经济体中央银行采用价格型货币政策工具一致，由于科技发展和银行规避监管，多国央行放弃了以存款准备金率为核心的数量型货币政策，转向利率调控模式。为增强与其他国家央行的沟通与协调效率，我国应重视价格型货币政策工具的使用，在两种类型的货币政策并重的基础上创设更多的具有精准释放流动性的创新型货币政策工具。同时，结构型货币政策工具作为补充也在支持中小企业和实体经济中发挥着重要作用。

二 人民币汇率的波动趋势分析

本书中将人民币汇率的波动分为两部分研究：2005年7月至2015年8月汇率改革，以及2015年8月汇率改革至今（见图4-1）。

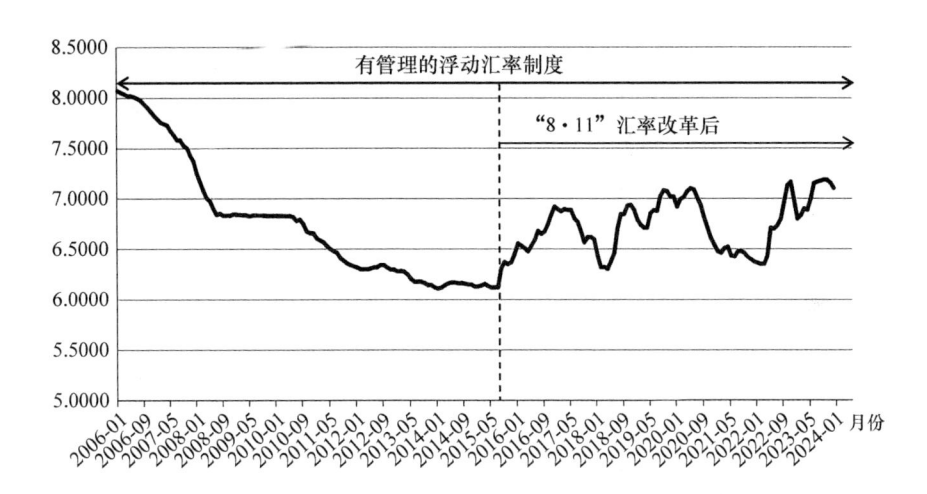

图4-1　2006年1月至2024年1月美元兑人民币名义汇率走势

资料来源：国家外汇管理局。

（一）2005年7月至2015年"8·11"汇率改革

中国在2005年7月的汇率制度改革前，实际上实行爬行钉住美元的固定汇率制，因此人民币汇率的波动区间较小，基本固定在1美元兑换8.27元人民币。2005年7月21日，中国进行了一次重大的汇率制度改革，此后，人民币兑换主要国际货币的汇率均保持稳定升值的态势，如图4-2所示，1美元兑换人民币由2008年1月的1美元兑换7.24元人民币一路至2015年7月的6.11元人民币，美元、欧元、日元的兑换汇率升值幅度分别达26%、35%和36%，相较于美元兑人民币汇率，欧元和日元兑人民币汇率的弹性和波动性更大。不同于人民币汇率的持续升值，欧元和日元分别在2009年和2008—2012年出现过阶段性的贬

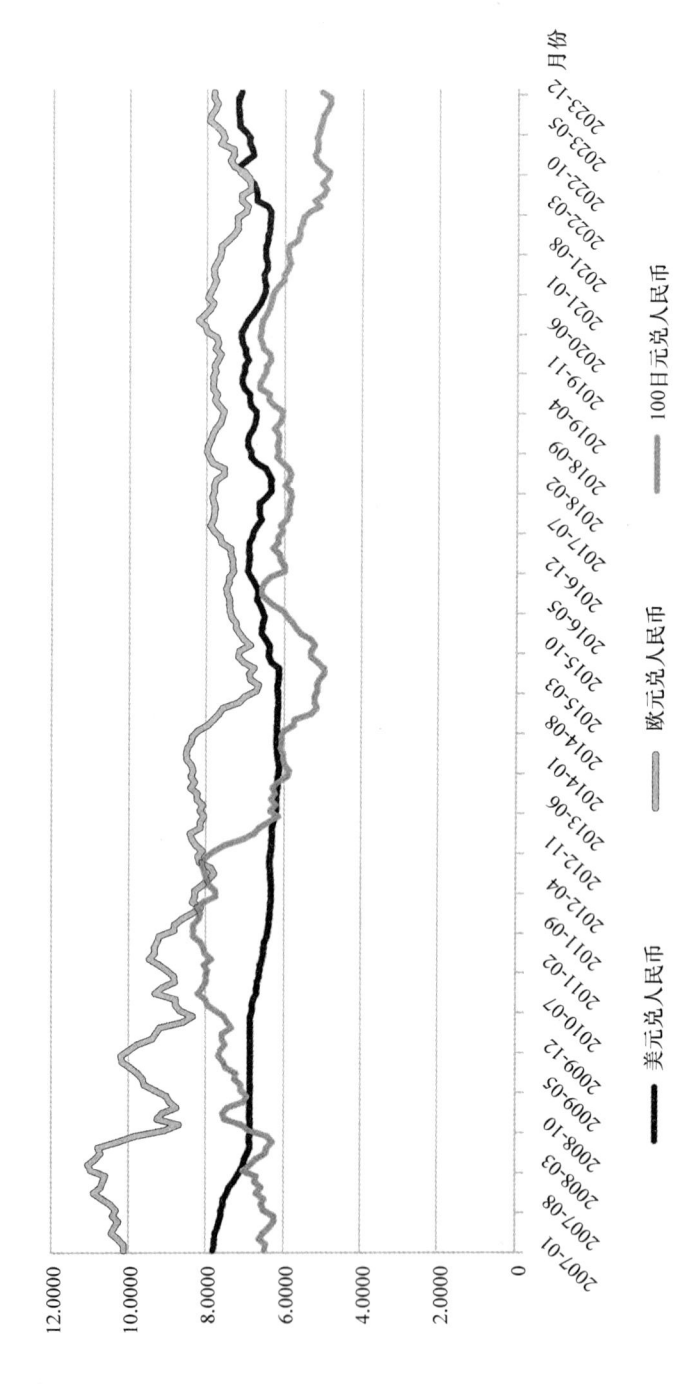

图 4-2　2007 年 1 月至 2023 年 12 月全球主要货币兑人民币名义汇率走势

资料来源：Wind 数据。

值趋势。除此之外，人民币兑换全球一篮子货币的有效汇率升值幅度更大，如图4-3所示。2004年1月至2015年7月，人民币名义有效汇率和实际有效汇率的升值幅度分别达到45.15%和52.32%。人民币名义有效汇率是将中国贸易伙伴国家的汇率进行加权平均后得到的汇率指数，因此名义有效汇率的升值表明了人民币不仅相对于美元、欧元和日元等世界主要货币升值，对于其他主要贸易伙伴国家货币也有大幅度的升值。人民币汇率的大幅度升值，改变了一直以来人民币被低估的状态，在这一阶段人民币处于强势的升值周期。

在这一阶段内，发生了国际金融危机，为维持汇率与金融体系的稳定人民币重新回到了钉住美元的汇率制度，其间美元兑人民币汇率基本固定在1美元兑换6.7—6.8元人民币的区间。除此之外，中国严格的结售汇制度和对外贸易政策的执行，以及现有的汇率形成机制都对人民币汇率的稳定起到决定性影响。2010年6月19日，央行重启汇率制度改革，增强了汇率弹性，人民币汇率在这一年持续升值趋势，由6.8273升至6.6515。随着欧债危机的发酵，人民币汇率在震荡中仍保持升值态势，至2012年美国第三轮量化宽松政策的实施，人民币兑美元继续升值周期。总之，在国际金融危机后的几年中，人民币汇率中间价由2009年7月的6.832升值至2014年1月的6.1043，升值幅度达11.9%，是这一阶段以来人民币汇率的最高点。而2014年年初开始至"8·11"汇率改革前的一年半时间，人民币汇率进入调整期，该阶段人民币汇率稳定没有大幅度波动，由2014年年初的最高点降至6.1167，仅有0.2%左右的贬值区间（见图4-3）。

（二）2015年"8·11"汇率改革至今

如图4-1所示，人民币汇率持续升值的趋势持续至2015年8月11日，中国央行宣布进行人民币汇率中间价形成机制改革，当日美元兑人民币中间价下调1136个基点，随后贬值到2016年年底，达到1美元兑换6.95元人民币，贬值幅度达12%，是近年来人民币贬值

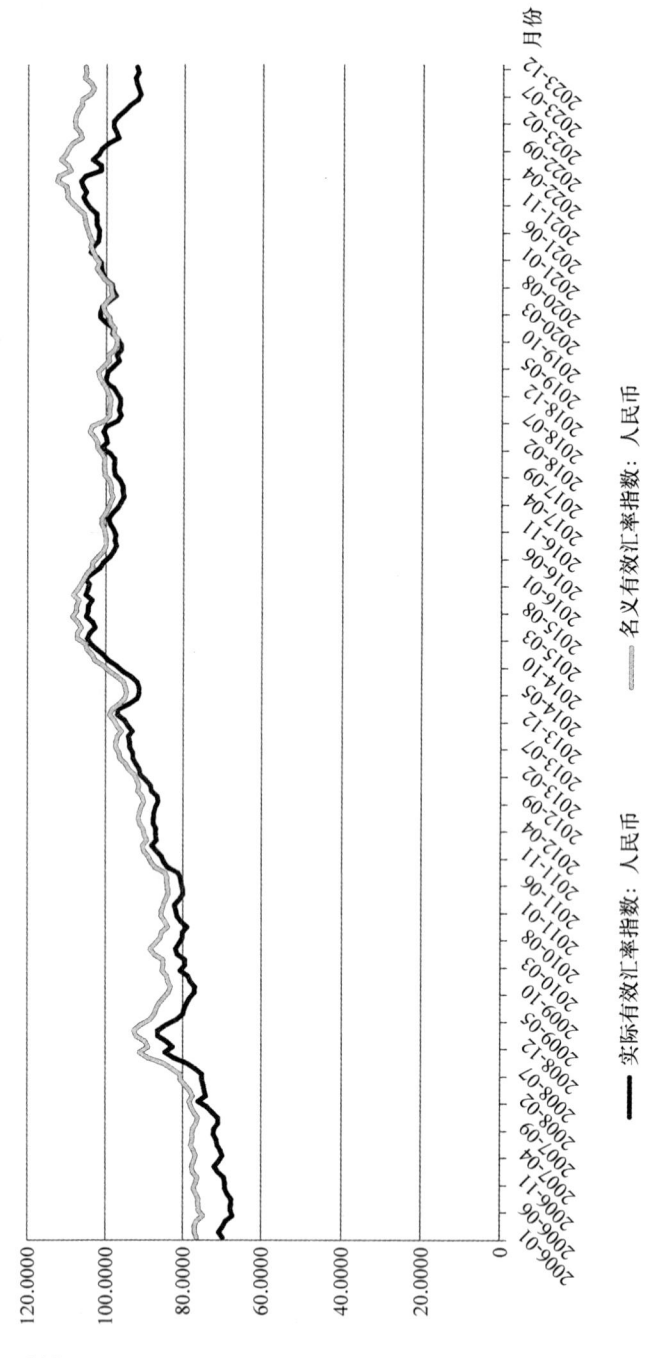

图 4-3　2006 年 1 月至 2023 年 12 月人民币名义有效汇率指数与实际汇率有效指数

资料来源：国家外汇管理局。

幅度最大的一段时期。除了中间价机制改革后市场变为主导的原因，美联储加息与美元的持续走强也是人民币持续贬值的原因之一，由于人民币持续贬值预期，短期国际资本大量流出国内，进一步加重人民币贬值压力。

人民币汇率在经历了快速贬值后的一年多时间后，2017年5月26日，央行宣布引入逆周期调节因子，以适度对冲市场的顺周期波动。逆周期调节因子的加入让央行重新获得市场价格主导权，空头开始迅速撤离，人民币汇率走向升值通道。随着"收盘价＋篮子货币＋逆周期因子"这种三因素的汇率形成机制的改革，2017年5月开始，人民币汇率逐渐升值，至2018年4月美元兑人民币汇率升值至6.2975，升值幅度约为8.5%。然而人民币升值的趋势并没有持续下去，2018年7月由升值趋势转为贬值，且于2019年8月美元兑人民币汇率突破"7"，并在该汇率水平下维持了近一年时间。在"7"的关口徘徊近一年后，人民币汇率重新回到升值趋势，2020年8月起至2022年3月，人民币汇率持续升值，由1美元兑换6.9346元人民币升至1美元兑换6.3547元人民币。人民币名义有效汇率和实际有效汇率也在经历了升值—贬值的双向波动后，逐渐恢复到"8·11"汇率改革前的水平。总体来看，2015年"8·11"汇率改革以后，人民币汇率由单边走势转向升值、贬值交替的双向波动，汇率弹性增加。人民币汇率的剧烈波动与国内外因素均有关，内因在于中国国内市场的调整、进入新常态后经济增速放缓，以及人民币中间价汇率形成机制的改革。外因在于国际经济环境的变化，美国等主要发达经济体货币政策逐渐退出量化宽松并逐渐从金融危机中复苏，导致短期国际资本大量由新兴经济体国家转入发达经济体国家。

总体来看，"8·11"汇率改革至今，美元兑人民币汇率贬值幅度约10.04%，并经历了四轮调整行情，分别对应在：

（1）2015年"8·11"汇率改革后至2017年的持续性贬值阶段；

（2）2018—2019年的双向振荡波动阶段；

(3) 2020年至2022年上半年的小幅度升值趋势阶段;

(4) 2022年下半年至今在岸、离岸人民币汇率均出现不同程度的连续性贬值,在2023年连续多月内跌破7.0、7.1、7.2关口,进入新一轮贬值阶段。2024年人民币在各种因素影响下小幅升值。

第五章

发达经济体货币政策新变化对中国货币政策和人民币汇率波动影响的实证研究

在全球经济格局不断发展和变化的环境下，各国中央银行的货币政策也在不断调整和转变。发达经济体货币政策自 2008 年国际金融危机爆发以来，始终影响着全球货币政策的走向，并影响不同国家汇率的波动情况。本章从实证角度运用 SVAR、MS-VAR、TVP-SV-VAR 三种不同模型，分别检验不同发达经济体采用价格型货币政策或数量型货币政策对中国货币政策和人民币汇率的异质性影响，并检验不同货币政策传导渠道的有效性。

第一节 美欧日货币政策的新变化对中国货币政策的影响实证分析

本章侧重研究美欧日货币政策的新变化对中国货币政策的影响，并检验利率渠道、汇率渠道、贸易渠道和资本流动渠道等货币政策传导渠道的有效性。美欧日货币政策的实施存在一定差异性，为了比较这种差异性，分别对美国、欧元区和日本三个经济体建立不同的实证模型，并将货币政策分为价格型货币政策和数量型货币政策。本章的研究内容能够识别中国货币政策应对外部货币政策变化的反应情况，有利于进一步维护中国货币政策的独立性和有效性。

一 结构向量自回归模型

结构向量自回归模型是由 VAR 模型衍生而来，通过对变量施加结构性约束，能够反映变量间的同期影响关系，广泛应用于宏观经济分析。

模型一般采用以下结构：

$$Ay_t = \widetilde{\Phi}_1 y_{t-1} + \widetilde{\Phi}_2 y_{t-2} + \cdots + \widetilde{\Phi}_p y_{t-p} + \varepsilon_t \tag{5-1}$$

其中，y_t 为 $k \times 1$ 阶向量，p 为滞后阶数，ε_t 为扰动项，A 为同期变量间关系矩阵，Φ_p 为参数向量。

在式（5-1）两边同时乘以 A^{-1}，得到：

$$y_t = B_1 y_{t-1} + B_2 y_{t-2} + \cdots + B_p y_{t-p} + u_t \tag{5-2}$$

其中，

$$B_t = A^{-1}\widetilde{\Phi}_t,\ u_t = A^{-1}\varepsilon_t \tag{5-3}$$

对于矩阵 A 的约束条件设定方面，通常采用 Cholesky 约束方法进行构建，即设定矩阵 A 是如式（5-4）所示的下三角矩阵，矩阵 B 是如式（5-5）所示的对角矩阵。

$$A = \begin{pmatrix} 1 & 0 & \cdots & 0 \\ a_{2,1} & 1 & \cdots & 0 \\ \vdots & \vdots & \ddots & \vdots \\ a_{k,1} & a_{k,2} & \cdots & 1 \end{pmatrix} \tag{5-4}$$

$$B = \begin{pmatrix} b_{11} & 0 & \cdots & 0 \\ 0 & b_{22} & \cdots & 0 \\ \vdots & \vdots & \ddots & \vdots \\ 0 & 0 & \cdots & b_{kk} \end{pmatrix} \tag{5-5}$$

二 变量选取及处理

本节选取 2008 年 1 月至 2022 年 12 月的月度数据作为研究样本，

第五章　发达经济体货币政策新变化对中国货币政策和人民币汇率波动影响的实证研究

选取的变量包括发达经济体货币政策利差、发达经济体货币供应量、上海银行间同业拆借利率、人民币汇率指数、进出口贸易比率、短期资本流动、国内生产总值、物价指数等，所有变量的含义、参考依据、选取来源及处理方法如下所述。

（1）发达经济体货币政策利差（dr）。该变量分别由以美国、欧元区和日本与中国货币政策利率的差值计算得出，用于从价格型货币政策工具角度，衡量发达经济体货币政策的变化情况。该变量包括美中货币政策利差（$drus$）、欧中货币政策利差（$dreu$）和日中货币政策利差（$drjp$）。该变量的选取参考刘尧成（2016）的研究，数据来源为 FRED 经济数据库和中经网统计数据库。

（2）发达经济体广义货币供应量增长率（m）。该变量分别由美国广义货币供应量增长率（mus）、欧元区广义货币供应量增长率（meu）和日本广义货币供应量增长率（mjp）表示，用于从数量型货币政策工具角度，衡量发达经济体货币政策的变化情况。该变量有助于中央银行分层分析整个经济的动态变化，该变量的选取参考邵磊等（2018）的研究，数据来源为 IMF 的 IFS 数据库和 FRED 经济数据库。

（3）上海银行间同业拆借利率（pr）。该变量表示银行间利率报价的均值，用来衡量国内货币政策的基本变化情况。在数据的频率选取方面，选择短期相较于长期更能反映货币政策的变化特征。

该变量的选取参考何国华和彭意（2014）的研究，数据来源为中经网统计数据库。

（4）中国货币供应量增长率（pm）。该变量由中国货币供应量 M2 的增长率表示，用于从数量型货币政策工具角度，衡量中国货币政策的变化情况。该变量的选取参考邵磊等（2018）的研究，数据来源为中经网统计数据库。

（5）实际有效汇率指数（ex）。该变量用于衡量人民币汇率的实际波动水平，能够代表发达经济体货币政策溢出效应的汇率传导渠道。该变量的选取参考何国华和彭意（2014），数据来源为 IMF 的 IFS 数据库。

(6) 进出口贸易比率 (tra)。该变量用于衡量我国进出口贸易情况，根据进出口贸易总额与 GDP 的比率计算得到，能够代表发达经济体货币政策溢出效应的贸易传导渠道。该变量的选取参考邵磊等 (2018) 的研究，数据来源为中经网统计数据库。

(7) 短期国际资本流动比率 (cap)。该变量用于衡量短期国际资本净流入量，由公式：资本流动规模 = (外汇储备增量 – FDI – 贸易顺差) /GDP，计算得出，能够代表发达经济体货币政策溢出效应的资本流动传导渠道。该变量的选取参考肖卫国和兰晓梅 (2017) 的研究，数据来源为中经网统计数据库。

(8) 国内生产总值增长率 (gdp)。该变量用于衡量实际产出的增长情况，能够反映中国经济总体运行水平。该变量通过季节调整，消除季度因素的影响。该变量的选取参考肖卫国和兰晓梅 (2017) 的研究，数据来源为中经网统计数据库。

(9) 居民消费价格指数 (cpi)。该变量用于衡量国内物价的一般水平，能够反映一定时期内城乡居民购买的生活消费品和服务项目价格变动趋势。该变量的选取参考何国华和彭意 (2014) 的研究，数据来源为中经网统计数据库。

本书的变量选取如表 5 – 1 所示。

表 5 – 1　　　　　　　　各变量选取定义和说明

变量名称	变量符号	数据来源
美中货币政策利差	drus	FRED 经济数据库和中经网统计数据库
欧中货币政策利差	dreu	
日中货币政策利差	drjp	
美国广义货币供应量增长率	mus	IMF 的 IFS 数据库和 FRED 经济数据库
欧元区广义货币供应量增长率	meu	
日本广义货币供应量增长率	mjp	

续表

变量名称	变量符号	数据来源
上海银行间同业拆借利率	pr	中经网统计数据库
中国货币供应量增长率	pm	
实际有效汇率指数	ex	IMF 的 IFS 数据库
进出口贸易比率	tra	中经网统计数据库
短期国际资本流动比率	cap	
国内生产总值增长率	gdp	
居民消费价格指数	cpi	

三 描述性统计

分别对各时间变量序列数据进行描述性统计，包括变量的名称、符号、平均值、标准差、最小值、最大值、观测值，汇总结果如表 5-2 所示。

从美国、欧元区和日本与中国货币政策利差来看，美国和欧元区与中国的货币政策利差区间较大，其中美中货币政策利差最大值为 2.840%，最小值为 -6.490%，平均值为 -1.680%；欧中货币政策利差最大值为 1.841%，最小值为 -6.494%，平均值为 -2.118%。而日中货币政策利差区间相对较小，最大值为 -0.740%，最小值为 -6.510%，平均值为 -2.320%。表明美国和欧元区基准利率差异普遍较大，而日本由于长期处于零利率或负利率的状态，与中国的基准利率差异变化相对稳定。

从发达经济体的货币供应量增长率上看，美国、欧元区和日本的统计值较为接近。美国货币供应量增长率最大值为 0.269%，最小值为 -0.010%，平均值为 0.076%；欧元区货币供应量增长率最大值为 0.123%，最小值为 -0.021%，平均值为 0.045%；日本货币供应量增长率最大值为 0.081%，最小值为 0.005%，平均值为 0.028%。在 2008—2022 年样本期内，发达经济体的货币供应量变化不大，说明发达经济体在进行货币政策操作时,通过提高或降低基准利率的操作,对本国货币供应量的影响在可控范围内。

2008—2022年,中国上海银行间同业拆借利率最大值为6.580%,最小值为0.840%,平均值为2.371%,标准差为0.824%。中国货币供应量增长率最大值为29.740%,最小值为7.970%,平均值为13.375%,标准差为5.028%。实际有效汇率指数最大值为132.676,最小值为91.461,平均值为115.776,标准差为10.983。可以发现,中国SHIBOR利率、货币供应量增长率和实际有效汇率指标的变化区间很大,在样本期内,受到发达经济体货币政策变化的影响,中国基准利率和汇率水平也会随之波动,货币供应量增长较高。2008—2022年,中国进出口贸易、国内生产水平和物价水平方面,均表现出不同程度的扩张,短期国际资本主要表现为资本流出的现象。

表5–2 变量描述性统计

变量名称	变量符号	平均值	标准差	最小值	最大值	观测值（个）
美中货币政策利差（%）	drus	-1.680	1.270	-6.490	2.840	180
欧中货币政策利差（%）	dreu	-2.118	1.311	-6.494	1.841	180
日中货币政策利差（%）	drjp	-2.320	0.820	-6.510	-0.740	180
美国货币供应量增长率（%）	mus	0.076	0.050	-0.010	0.269	180
欧元区货币供应量增长率（%）	meu	0.045	0.032	-0.021	0.123	180
日本货币供应量增长率（%）	mjp	0.028	0.014	0.005	0.081	180
上海银行间同业拆借利率（%）	pr	2.371	0.824	0.840	6.580	180
中国货币供应量增长率（%）	pm	13.375	5.028	7.970	29.740	180
实际有效汇率指数	ex	115.776	10.983	91.461	132.676	180
进出口贸易比率	tra	0.305	0.137	0.103	0.627	180
短期国际资本流动比率	cap	-0.071	0.075	-0.334	0.129	180
国内生产总值（%）	gdp	8.590	4.113	-2.900	21.300	180
居民消费价格指数	cpi	102.441	1.855	98.200	108.700	180

资料来源：Stata 估计结果。

四 平稳性检验

为确保构建结构向量自回归模型的所有变量平稳,对所有变量进行取对数处理,然后对所有变量分别进行 ADF 检验、PP 检验、DF-GLS 检验和 KPSS 检验;最后对所有不平稳的变量进行一阶差分处理,再次进行以上单位根检验。直到所有时间序列均平稳,将经过处理后的平稳时间序列汇总如表 5-3 所示。

表 5-3 变量平稳性检验

变量	ADF 检验	PP 检验	DF-GLS 检验	KPSS 检验	是否平稳
$\Delta drus$	-14.913***	-15.355***	-2.159***	0.0705***	平稳
$\Delta dreu$	-15.558***	-16.708***	-4.148***	0.0625***	平稳
$\Delta drjp$	-15.821***	-17.293***	-3.082***	0.0405***	平稳
Δmus	-6.182***	-6.035***	-2.643***	0.0685***	平稳
Δmeu	-11.155***	-11.369***	-3.916***	0.129***	平稳
Δmjp	-6.314***	-6.332***	-4.196***	0.0685***	平稳
Δpr	-15.663***	-16.971***	-3.237***	0.0418***	平稳
Δpm	-11.831***	-12.099***	-4.688***	0.0463***	平稳
Δex	-9.344***	-9.322***	-2.778***	0.0464***	平稳
Δtra	-22.843***	-39.398***	-2.653***	0.0408***	平稳
Δcap	-19.970***	-23.408***	-2.217***	0.0453***	平稳
Δgdp	-15.638***	-16.280***	-2.736***	0.0413***	平稳
Δcpi	-12.760***	-12.978***	-2.921***	0.0423***	平稳

注:*** 表示在 1% 的显著性水平下显著。

资料来源:Stata 估计结果。

五 实证检验

(一) 模型参数设定

为避免发达经济体之间货币政策的自相关性,分别对美国、欧元区和日本建立不同的模型,以对比分析美欧日货币政策对中国货币政策影响的差异性。为降低自相关性，分别对美国、欧元区和日本建立三个模型，每个模型中共包含9个变量，可以表示为：

$$y_t^T = (\Delta dr\ \Delta m\ \Delta pr\ \Delta pm\ \Delta ex\ \Delta tra\ \Delta cap\ \Delta gdp\ \Delta cpi) \quad (5-6)$$

其中，$\Delta dr_{i,t}^T = (\Delta drus_t, \Delta dreu_t, \Delta drjp_t)$，$\Delta m_{i,t}^T = (\Delta mus_t, \Delta meu_t, \Delta mjp_t)$。

（二）滞后阶数设定

根据 AIC、HQIC 和 SBIC 准则，对构建的三个 SVAR 模型的滞后阶数分别进行判断。由表 5-4 的结果可知，三个模型的 HQIC 和 SBIC 准则均选择滞后 2 阶，因此模型的滞后阶数为 2 阶。

表 5-4　　　　　　　　滞后阶数检验结果

	滞后阶数	LL	LR	df	p	FPE	AIC	HQIC	SBIC
美国	0	-276.862	—	—	—	0	3.267	3.333	3.430
	1	-56.984	439.76	81	0	0	1.680	2.340	3.307
	2	254.573	623.11	81	0	0	-0.955	0.299*	2.137*
	3	345.346	181.55	81	0	0	-1.067	0.782	3.490
	4	437.506	184.32*	81	0	0*	-1.194*	1.248	4.828
欧元区	0	-155.898	—	—	—	0	1.885	1.951	2.047
	1	43.914	399.62	81	0	0	0.527	1.187	2.154
	2	353.597	619.37	81	0	0	-2.087	-0.832*	1.006*
	3	441.879	176.56	81	0	0	-2.170	-0.321	2.387
	4	531.194	178.63*	81	0	0*	-2.265*	0.178	3.757
日本	0	306.504	—	—	—	0	-3.400	-3.334	-3.237
	1	504.262	395.52	81	0	0	-4.734	-4.074	-3.107
	2	824.634	640.74	81	0	0	-7.470	-6.216*	-4.378*
	3	932.505	215.74	81	0	0	-7.777	-5.929	-3.220
	4	1022.240	179.48*	81	0	0*	-7.877*	-5.434	-1.855

注：*表示最优滞后阶数对应的检验结果。

资料来源：Stata 估计结果。

(三) 变量次序设定

分别对三个模型的变量进行格兰杰因果检验,以确定变量的排序,对格兰杰检验显著的变量关系进行汇总,得到表5-5。根据表5-5的结果,确定SVAR模型的冲击传导顺序为:

$$\Delta dr \rightarrow \Delta m \rightarrow \Delta gdp \rightarrow \Delta ex \rightarrow \Delta cpi \rightarrow \Delta pm \rightarrow \Delta cap \rightarrow \Delta pr \rightarrow \Delta tra$$

表5-5　　　　　　　　　格兰杰因果检验汇总

序号	因变量	自变量	卡方值	自由度	拒绝原假设的概率	是否为格兰杰原因
1	Δmus	$\Delta drus$	13.043	2	0.001	是
2	Δgdp	Δmus	10.425	2	0.005	是
3	Δex	Δgdp	7.6434	2	0.022	是
4	Δcpi	Δex	6.8073	2	0.033	是
5	Δpm	Δcpi	7.7678	2	0.021	是
6	Δcap	Δpm	6.3361	2	0.042	是
7	Δpr	Δcap	5.6801	2	0.058	是
8	Δtra	Δpr	3.4523	2	0.178	是
9	Δgdp	Δmjp	8.9521	2	0.011	是

注:第1行为 $\Delta drus \rightarrow \Delta mus$ 的顺序,第4行为 $\Delta ex \rightarrow \Delta cpi$ 的顺序,第8行为 $\Delta pr \rightarrow \Delta tra$ 的顺序。

资料来源:Stata估计结果。

(四) 脉冲响应分析

1. 美国货币政策对中国货币政策的传导效果

图5-1为中国货币政策对美国货币政策变化的脉冲响应,分别绘制了美国货币政策利率变化、中国货币政策利率、中国M2增速对美国M2增速变化的脉冲响应。

从美国货币政策利率对中国货币政策利率的脉冲响应 [图5-1(a)] 看,给定美国货币政策利率一个正向标准差的冲击,中国货币政策利率在即期下降0.5%。这表明中国货币政策利率与美国货币政策利率的变化并不同步，甚至呈现反向变化。其原因可能是中国货币政策始终保持稳健且独立，在美国采用价格型货币政策工具实施宽松货币政策时，中国货币政策仍能够维持紧缩，而美国采用价格型货币政策工具实施紧缩货币政策时，中国货币政策能够维持宽松。

从美国货币政策利率对中国 M2 增速的脉冲响应 [图 5 - 1 (b)] 看，给定美国货币政策利率一个正向标准差的冲击，中国 M2 增速在即期上升 0.15%。这表明当美国实施加息时，中国 M2 增速同步增加，即中美货币政策呈反向变化。这是由于中国经济的整体实力较强，能够确保货币政策实施的稳健和独立。当美国采用价格型货币政策工具实施紧缩性货币政策时，短期中国国内仍然可以通过释放流动性，维护经济的平稳运行；当美国采用价格型货币政策工具实施宽松性货币政策时，短期中国国内的流动性可以不受影响，甚至有所缩减。

从美国 M2 增速对中国货币政策利率的脉冲响应 [图 5 - 1 (c)] 看，给定美国 M2 增速一个正向标准差的冲击，中国货币政策利率在即期下降 0.05%。这表明美国释放流动性时，中国货币政策利率同步下降，中美货币政策存在一定的一致性。这是由于美国的数量型货币政策对中国存在更强烈的溢出效应，并影响了中国短期的利率水平。当美国采用数量型货币政策工具实施宽松性货币政策时，短期中国货币政策利率有下降趋势；当美国采用数量型货币政策工具实施紧缩性货币政策时，短期中国货币政策利率有上升趋势。

从美国 M2 增速对中国 M2 增速的脉冲响应 [图 5 - 1 (d)] 看，给定美国 M2 增速一个正向标准差的冲击，中国 M2 增速在即期上升 0.1%。这表明美国释放流动性时，短期中国国内流动性也有所增加，即中美货币政策在流动性水平上存在一定的一致性。这是由于美国自 2008 年国际金融危机以来，长期实施大规模非常规量化宽松货币政策，对世界各国经济都产生较强的溢出效应。当美国采用数量型货币政策工具实施宽松性货币政策时，短期中国 M2 增速上升；当美国采用数量型货币政策工具实施紧缩性货币政策时，短期中国 M2 增速下降。

第五章 发达经济体货币政策新变化对中国货币政策和人民币汇率波动影响的实证研究

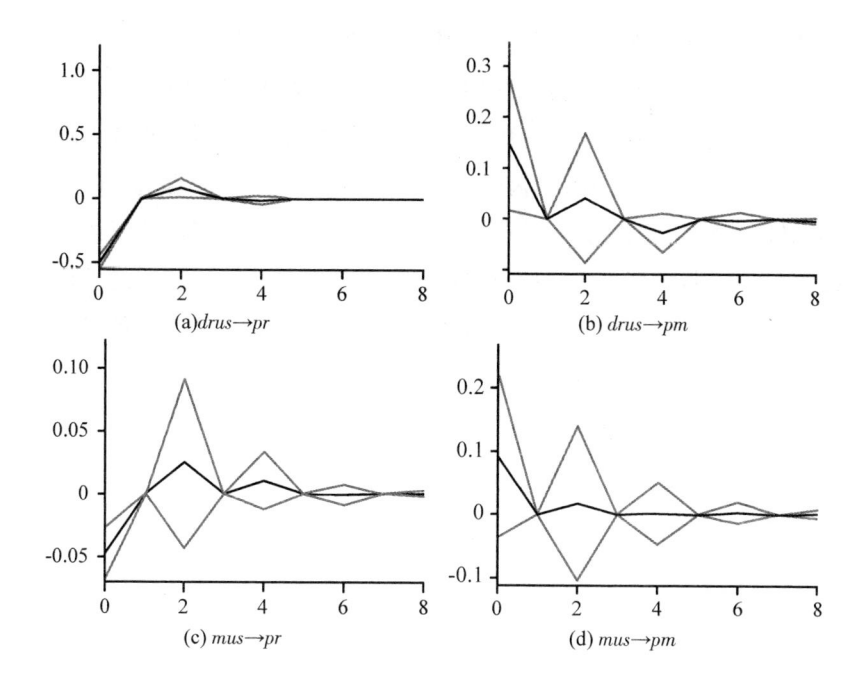

(a) $drus \rightarrow pr$

(b) $drus \rightarrow pm$

(c) $mus \rightarrow pr$

(d) $mus \rightarrow pm$

图 5-1 美国货币政策变化对中国货币政策的脉冲响应

资料来源:Stata 估计结果。

2. 欧元区货币政策对中国货币政策的传导效果

图 5-2 为欧元区货币政策变化对中国货币政策的脉冲响应图,分别绘制了欧元区货币政策利率变化、M2 增速变化对中国货币政策利率、M2 增速的脉冲响应。

从欧元区货币政策利率对中国货币政策利率的脉冲响应看,给定欧元区货币政策利率一个正向标准差的冲击,中国货币政策利率在即期下降 0.5%。这表明中国货币政策利率与欧元区货币政策利率的变化并不同步,甚至呈现反向变化。其原因可能是中国货币政策始终保持稳健且独立,欧元区采用价格型货币政策工具实施宽松货币政策时,中国货币政策仍能够维持紧缩,而欧元区采用价格型货币政策工具实施紧缩货币政策时,中国货币政策能够维持宽松。

从欧元区货币政策利率对中国 M2 增速的脉冲响应看，给定欧元区货币政策利率一个正向标准差的冲击，中国 M2 增速在即期上升 0.1%。这表明当欧元区实施加息时，中国 M2 增速同步增加，即中欧货币政策呈反向变化。这是由于中国经济的整体实力较强，能够确保货币政策实施的稳健和独立。当欧元区央行采用价格型货币政策工具实施紧缩性货币政策时，短期中国国内仍然可以通过释放流动性，维护经济的平稳运行；当欧元区央行采用价格型货币政策工具实施宽松性货币政策时，短期中国国内的流动性可以不受影响，甚至有所缩减。

从欧元区 M2 增速对中国货币政策利率的脉冲响应看，给定欧元区 M2 增速一个正向标准差的冲击，中国货币政策利率在即期上升 0.01%。这表明欧元区释放流动性时，中国货币政策利率上升，中欧货币政策存在一定差异性。这是由于欧元区的数量型货币政策对中国货币政策利率的溢出效应不及美国。当欧元区采用数量型货币政策工具实施宽松性货币政策时，短期中国货币政策利率有上升趋势；当欧元区采用数量型货币政策工具实施紧缩性货币政策时，短期中国货币政策利率有下降趋势。

从欧元区 M2 增速对中国 M2 增速的脉冲响应看，给定美国 M2 增速一个正向标准差的冲击，中国 M2 增速在即期上升 0.08%。这表明欧元区释放流动性时，短期中国国内流动性也有所增加，即中欧货币政策在流动性水平上存在一定一致性。这是由于欧元区实施大规模非常规量化宽松货币政策，对世界各国经济都产生较强的溢出效应。当欧元区采用数量型货币政策工具实施宽松性货币政策时，短期中国 M2 增速上升；当欧元区采用数量型货币政策工具实施紧缩性货币政策时，短期中国 M2 增速下降。

3. 日本货币政策对中国货币政策的传导效果

图 5-3 为日本货币政策变化对中国货币政策的脉冲响应图，分别绘制了日本货币政策利率变化、M2 增速变化对中国货币政策利率、M2 增速的脉冲响应。

第五章　发达经济体货币政策新变化对中国货币政策和人民币汇率波动影响的实证研究

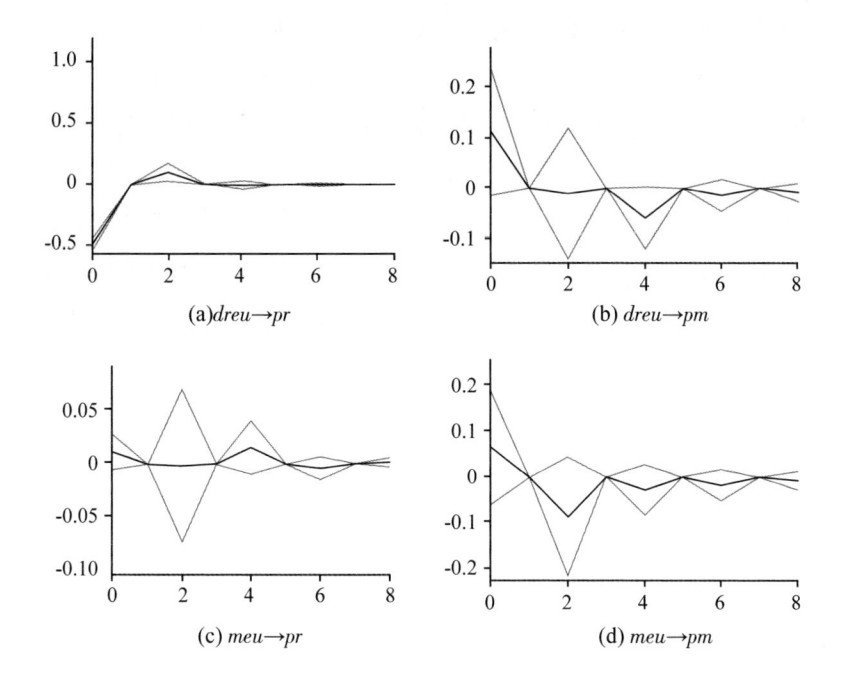

图 5-2　欧元区货币政策变化对中国货币政策的脉冲响应

资料来源：Stata 估计结果。

从日本货币政策利率对中国货币政策利率的脉冲响应看，给定日本货币政策利率一个正向标准差的冲击，中国货币政策利率在即期上涨 0.05%。这表明中国货币政策利率与日本货币政策利率的变化较为同步。其原因可能是中国资本市场的利率水平与日本资本市场的利率水平存在较高的相关性，日本采用价格型货币政策工具实施宽松货币政策时，中国货币政策通常也为宽松，而日本采用价格型货币政策工具实施紧缩货币政策时，中国货币政策通常也为紧缩。

从日本货币政策利率对中国 M2 增速的脉冲响应看，给定日本货币政策利率一个正向标准差的冲击，中国 M2 增速在即期没有变化。这表明当日本实施加息时，中国 M2 几乎不受影响。这是由于日本维持近 20 年的零利率货币政策，价格型货币政策工具的变化幅度较小。日本采用价格型货币政策工具实施宽松货币政策，短期对中国 M2 的影响近乎为零。

从日本 M2 增速对中国货币政策利率的脉冲响应看，给定日本 M2 增速一个正向标准差的冲击，中国货币政策利率在即期上升 0.05%，在第 2 期下降 1.8%。这表明日本释放流动性时，短期中国货币政策利率上升，但随后会下降，即日本货币政策对中国货币政策的影响存在一定时滞性。这表明日本的数量型货币政策对中国货币政策利率存在溢出效应，且会在 2 个月后显现。当日本采用数量型货币政策工具实施宽松性货币政策时，2 个月后中国货币政策利率有下降趋势；当日本采用数量型货币政策工具实施紧缩性货币政策时，2 个月后中国货币政策利率有上涨趋势。

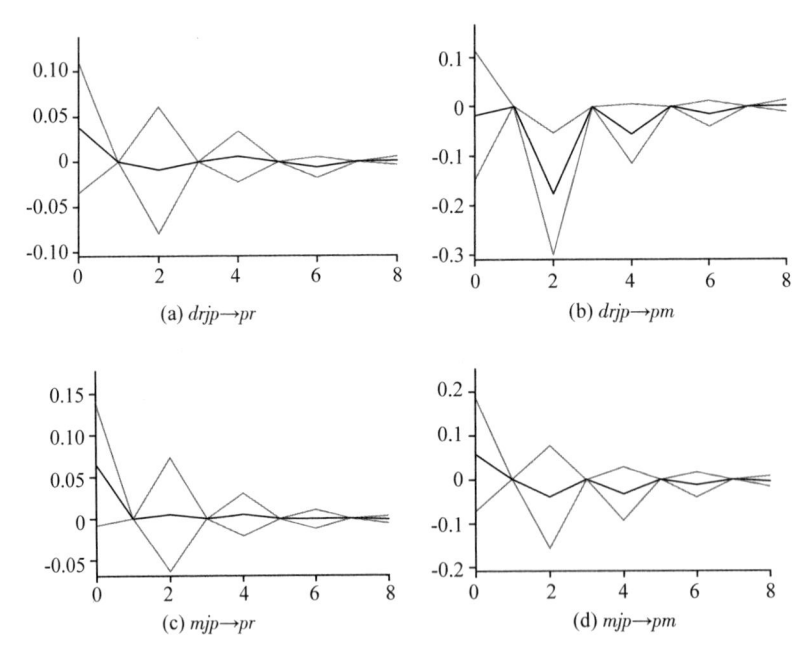

图 5-3　日本货币政策变化对中国货币政策的脉冲响应

资料来源：Stata 估计结果。

从日本 M2 增速对中国 M2 增速的脉冲响应看，给定日本 M2 增速一个正向标准差的冲击，中国 M2 增速在即期上升 0.05%。这表明日本

第五章　发达经济体货币政策新变化对中国货币政策和人民币汇率波动影响的实证研究

释放流动性时，短期中国国内流动性也有所增加，即中日货币政策在流动性水平上存在一致性。这是由于日本实施非常规量化宽松货币政策，对中国产生一定的溢出效应。当日本采用数量型货币政策工具实施宽松性货币政策时，短期中国 M2 增速上升；当日本采用数量型货币政策工具实施紧缩性货币政策时，短期中国 M2 增速下降。

(五) 方差分解分析

1. 利率方差分解

表 5-6 为对中国货币政策利率方差分解结果，从不同变量新息的冲击比例可以归纳出不同变量对中国货币政策的解释能力。

(1) 美欧价格型货币政策工具对中国货币政策利率的影响最大

从美欧日发达经济体价格型与数量型货币政策对中国货币政策利率解释力的差异看，美国和欧元区的价格型货币政策工具能够解释中国货币政策利率 0.8 以上的波动，日本的价格型货币政策工具对中国货币政策利率波动的解释能力几乎为零；美国和日本的数量型货币政策工具能够解释大约 0.01 的中国货币政策利率波动，远小于美国和欧元区价格型货币政策工具的解释能力，欧元区数量型货币政策工具对中国货币政策利率波动的解释能力几乎为零。这表明美欧的价格型货币政策工具相比于数量型货币政策工具对中国货币政策利率的影响更强，日本货币政策对中国货币政策利率的影响微弱。其原因可能是，日本长期维持零利率货币政策，而中国的货币政策利率对于美欧价格型货币政策工具更为敏感。

(2) 美欧日发达经济体货币政策通过汇率传导渠道对中国货币政策利率影响最大

从汇率、贸易和资本流动传导渠道对中国货币政策利率的解释力差异看，汇率渠道能够解释大约 0.02 的中国货币政策利率波动，贸易渠道和资本流动渠道分别能够解释大约 0.01 的中国货币政策利率波动。这表明汇率传导渠道在美欧日发达经济体货币政策对中国货币政策利率的传导更为有效，贸易渠道和资本流动渠道的传导效果较为接近，且弱于汇率渠道。这是由于汇率的波动更为频繁,传导速度更快,而在资本流动存在一定管制的情况下,汇率渠道的解释能力优于资本流动渠道。

(3) 中国宏观经济变量对货币政策利率影响程度有限

从宏观经济变量对中国货币政策利率的解释力看,GDP 增速能够解释大约 0.015 的中国货币政策利率波动,CPI 能够解释大约 0.009 的中国货币政策利率波动。这表明宏观经济变量对中国货币政策利率的解释力弱于美欧的价格型货币政策工具调整,即发达经济体货币政策的新变化对于中国货币政策工具的调整具有显著的溢出效应。通过促进经济增长和降低通胀水平,宏观调控部门可以在一定程度上缓冲外部冲击的溢出效应。

表 5-6　　　　　　　　　　Δpr 方差分解结果

类别	期数	Δdr	Δdm	Δex	Δtra	Δcap	Δgdp	Δcpi
美国	1	0.9183	0.0087	0.0000	0.0000	0.0000	0.0000	0.0000
	2	0.9183	0.0087	0.0000	0.0000	0.0000	0.0000	0.0000
	3	0.8598	0.0103	0.0204	0.0085	0.0083	0.0150	0.0096
	4	0.8598	0.0103	0.0204	0.0085	0.0083	0.0150	0.0096
	5	0.8487	0.0107	0.0205	0.0104	0.0132	0.0150	0.0097
	6	0.8487	0.0107	0.0205	0.0104	0.0132	0.0150	0.0097
	7	0.8475	0.0106	0.0206	0.0105	0.0137	0.0152	0.0097
	8	0.8475	0.0106	0.0206	0.0105	0.0137	0.0152	0.0097
欧元区	1	0.9524	0.0005	0.0000	0.0000	0.0000	0.0000	0.0000
	2	0.9524	0.0005	0.0000	0.0000	0.0000	0.0000	0.0000
	3	0.8982	0.0004	0.0163	0.0083	0.0090	0.0152	0.0052
	4	0.8982	0.0004	0.0163	0.0083	0.0090	0.0152	0.0052
	5	0.8855	0.0013	0.0160	0.0104	0.0142	0.0149	0.0062
	6	0.8855	0.0013	0.0160	0.0104	0.0142	0.0149	0.0062
	7	0.8842	0.0014	0.0163	0.0105	0.0145	0.0151	0.0062
	8	0.8842	0.0014	0.0163	0.0105	0.0145	0.0151	0.0062

续表

类别	期数	Δdr	Δdm	Δex	Δtra	Δcap	Δgdp	Δcpi
日本	1	0.0060	0.0170	0.0000	0.0000	0.0000	0.0000	0.0000
	2	0.0060	0.0170	0.0000	0.0000	0.0000	0.0000	0.0000
	3	0.0057	0.0155	0.0213	0.0081	0.0082	0.0149	0.0090
	4	0.0057	0.0155	0.0213	0.0081	0.0082	0.0149	0.0090
	5	0.0058	0.0154	0.0214	0.0104	0.0125	0.0147	0.0090
	6	0.0058	0.0154	0.0214	0.0104	0.0125	0.0147	0.0090
	7	0.0059	0.0154	0.0216	0.0105	0.0130	0.0148	0.0090
	8	0.0059	0.0154	0.0216	0.0105	0.0130	0.0148	0.0090

资料来源：Stata 估计结果。

2. M2 增速方差分解

表 5-7 为对中国 M2 增速的方差分解结果，从不同变量新息的冲击比例可以归纳出不同变量对中国货币政策的解释能力。

（1）美欧价格型货币政策工具对中国 M2 增速的影响最大

从美欧日发达经济体价格型货币政策对中国 M2 增速的解释力看，美国和欧元区的价格型货币政策工具分别能够解释中国货币政策利率大约 0.027 和 0.017 的波动，日本的价格型货币政策工具对中国 M2 增速波动大约 0.04 的解释能力；美国和欧元区的数量型货币政策工具能够解释大约 0.01 的中国 M2 增速波动，日本数量型货币政策工具对中国 M2 增速波动的解释能力几乎为零。这表明美国和欧元区价格型货币政策工具对中国 M2 有较强的影响力，同时美国和欧元区的数量型货币政策工具对中国 M2 有较强的影响力。其原因可能是，美国和欧元区在 2008 年国际金融危机后实施了大规模的量化宽松政策，因此对中国 M2 产生较强的溢出效应；而日本的数量型货币政策规模有限，价格型货币政策调整幅度较小，因此影响程度有限。

(2) 美欧日发达经济体货币政策通过汇率传导渠道对中国 M2 增速的影响最大

从汇率、贸易和资本流动传导渠道对中国 M2 增速的解释力看,汇率渠道能够解释大约 0.003 的中国 M2 增速,贸易渠道和资本流动渠道对中国 M2 增速的解释能力几乎为零。这表明汇率传导渠道在美欧日发达经济体货币政策对中国 M2 增速的传导更为有效,贸易渠道和资本流动渠道的传导效果微弱。这是由于汇率的波动更为频繁,传导速度更快,而在资本流动存在一定管制以及贸易订单的变更具有长期性等因素影响下,汇率渠道有效性最显著。

(3) 中国宏观经济变量对 M2 增速的影响程度有限

从宏观经济变量对中国货币政策利率的解释力看,GDP 增速能够解释不超过 0.012 的中国 M2 增速波动,CPI 能够解释不超过 0.006 的中国 M2 增速波动。这表明宏观经济变量对中国 M2 增速的解释力弱于美欧的价格型货币政策工具调整,即发达经济体货币政策的新变化对于中国货币政策工具的调整具有显著的溢出效应。通过促进经济增长和降低通胀水平,宏观调控部门可以在一定程度上缓冲外部冲击的溢出效应。

表 5–7　　　　　　　　　　Δpm 方差分解结果

类别	期数	Δdr	Δdm	Δex	Δtra	Δcap	Δgdp	Δcpi
美国	1	0.0270	0.0108	0.0000	0.0000	0.0000	0.0000	0.0000
	2	0.0270	0.0108	0.0000	0.0000	0.0000	0.0000	0.0000
	3	0.0281	0.0108	0.0020	0.0002	0.0003	0.0077	0.0019
	4	0.0281	0.0108	0.0020	0.0002	0.0003	0.0077	0.0019
	5	0.0288	0.0107	0.0035	0.0002	0.0003	0.0077	0.0023
	6	0.0288	0.0107	0.0035	0.0002	0.0003	0.0077	0.0023
	7	0.0288	0.0107	0.0036	0.0002	0.0005	0.0077	0.0024
	8	0.0288	0.0107	0.0036	0.0002	0.0005	0.0077	0.0024

第五章　发达经济体货币政策新变化对中国货币政策和人民币汇率波动影响的实证研究

续表

类别	期数	Δdr	Δdm	Δex	Δtra	Δcap	Δgdp	Δcpi
欧元区	1	0.0171	0.0057	0.0000	0.0000	0.0000	0.0000	0.0000
	2	0.0171	0.0057	0.0000	0.0000	0.0000	0.0000	0.0000
	3	0.0154	0.0138	0.0029	0.0001	0.0002	0.0107	0.0003
	4	0.0154	0.0138	0.0029	0.0001	0.0002	0.0107	0.0003
	5	0.0189	0.0141	0.0058	0.0001	0.0003	0.0109	0.0032
	6	0.0189	0.0141	0.0058	0.0001	0.0003	0.0109	0.0032
	7	0.0189	0.0143	0.0067	0.0001	0.0007	0.0114	0.0051
	8	0.0189	0.0143	0.0067	0.0001	0.0007	0.0114	0.0051
日本	1	0.0004	0.0043	0.0000	0.0000	0.0000	0.0000	0.0000
	2	0.0004	0.0043	0.0000	0.0000	0.0000	0.0000	0.0000
	3	0.0373	0.0059	0.0000	0.0008	0.0002	0.0062	0.0006
	4	0.0373	0.0059	0.0000	0.0008	0.0002	0.0062	0.0006
	5	0.0406	0.0071	0.0028	0.0009	0.0004	0.0063	0.0008
	6	0.0406	0.0071	0.0028	0.0009	0.0004	0.0063	0.0008
	7	0.0408	0.0073	0.0029	0.0009	0.0005	0.0065	0.0008
	8	0.0408	0.0073	0.0029	0.0009	0.0005	0.0065	0.0008

资料来源：Stata 估计结果。

六　稳健性检验

为确保模型回归结果的稳健性，将解释变量货币政策利差、货币供应量增长率分别采用美欧日货币政策加权利差、美欧日货币供应量加权增长率进行替代，权重采用中国与美国、欧元区和日本双边贸易额的比例。

由图 5-4 可知，美欧日加权利差对中国货币政策利率的脉冲响应（$r \to pr$）、美欧日货币供应量加权增长率对中国货币政策利率的脉冲响应（$m \to pr$）、美欧日货币供应量加权增长率对中国货币供应量增长率的影响（$m \to pm$）均不显著，但美欧日加权利差对中国货币供应量增长率（$r \to pm$）在第 3 期之后产生正向冲击。这表明当美国采用价格型货币政策工具实施紧缩性货币政策时，中国国内可以通过释放流动性来缓冲外部货币政策的冲击。这与实证部分的研究结果较为一致，表明本节的研究结果是稳健的。

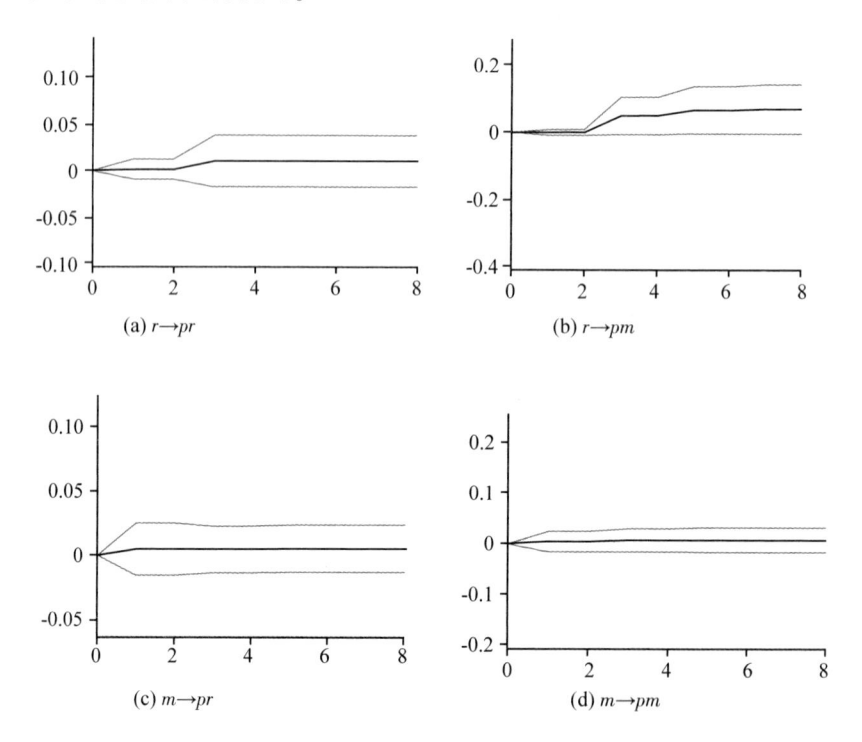

图 5-4　稳健性检验货币政策脉冲响应

资料来源：Stata 估计结果。

从表 5-8 可以看出，加权利差对中国货币政策利率和货币供应量增速的解释力在第 3 期之后强于加权货币供应量增速的影响；在前 4 期，汇率渠道对中国货币政策利率和货币供应量增速的解释力高于贸易渠道和资本流动渠道。这表明中国货币政策更多受到发达经济体价格型货币政策工具的影响，而在短期汇率渠道为较为主要的传导渠道，贸易渠道和资本流动渠道的传导效果受制于其他。这与实证部分的研究结果较为一致，表明本节的研究结果是稳健的。

表 5-8　　　　　　　　稳健性检验方差分解结果

变量	期数	Δdr	Δdm	Δex	Δtra	Δcap	Δgdp	Δcpi
Δpr	1	0.0014	0.0049	0.0070	0.0000	0.0124	0.0007	0.0126
	2	0.0014	0.0049	0.0070	0.0000	0.0124	0.0007	0.0126
	3	0.0106	0.0047	0.0209	0.0177	0.0118	0.0200	0.0146
	4	0.0106	0.0047	0.0209	0.0177	0.0118	0.0200	0.0146
	5	0.0104	0.0054	0.0206	0.0221	0.0131	0.0199	0.0155
	6	0.0104	0.0054	0.0206	0.0221	0.0131	0.0199	0.0155
	7	0.0104	0.0054	0.0209	0.0224	0.0134	0.0200	0.0155
	8	0.0104	0.0054	0.0209	0.0224	0.0134	0.0200	0.0155
Δpm	1	0.0009	0.0049	0.0103	0.0000	0.0000	0.0001	0.0092
	2	0.0009	0.0049	0.0103	0.0000	0.0000	0.0001	0.0092
	3	0.0508	0.0075	0.0173	0.0000	0.0002	0.0060	0.0094
	4	0.0508	0.0075	0.0173	0.0000	0.0002	0.0060	0.0094
	5	0.0678	0.0082	0.0191	0.0001	0.0002	0.0061	0.0114
	6	0.0678	0.0082	0.0191	0.0001	0.0002	0.0061	0.0114
	7	0.0707	0.0083	0.0193	0.0001	0.0003	0.0062	0.0126
	8	0.0707	0.0083	0.0193	0.0001	0.0003	0.0062	0.0126

资料来源：Stata 估计结果。

七　小结

本节采用结构向量自回归模型，实证检验美欧日货币政策对中国货币政策的异质性影响，并检验不同影响渠道的影响效果。本节的研究结论为：

第一，发达经济体货币政策对中国货币政策的直接传导渠道为利率渠道，有效性最强，其中美欧日采用价格型货币政策工具和数量型货币政策对中国货币政策的影响存在差异性。

美国货币政策对中国货币政策的影响强于欧元区，日本货币政策的影响最弱。而且，价格型货币政策工具对中国货币政策的影响程度要高于数量型货币政策工具的影响。从短期影响看，美国和欧元区采用数量型货币政策时，中国货币政策会受到较为强烈的同向影响，但采用价格型货币政策时，中国货币政策会反向调整。日本采用价格型货币政策调整时，中国货币政策会同向调整；而日本采用数量型货币政策调整时，对中国货币政策的溢出效应存在2个月左右的时滞。从解释力看，美国和欧元区的价格型货币政策工具能够解释中国货币政策较多波动，日本的价格型货币政策工具对中国货币政策利率波动的解释能力几乎为零。其原因可能是美国和欧元区在2008年国际金融危机后实施了大规模的量化宽松政策，因此对中国货币政策产生较强的溢出效应；而日本的数量型货币政策规模有限，价格型货币政策调整幅度较小，因此影响程度有限。

第二，发达经济体货币政策对中国货币政策的间接传导渠道为汇率渠道、贸易渠道和资本流动渠道，其中汇率渠道的传导更为有效，贸易渠道和资本流动渠道的传导效果较为接近，且弱于汇率渠道。

从汇率、贸易和资本流动传导渠道对中国货币政策的解释力差异看，汇率渠道能够解释较多的中国货币政策波动，贸易渠道和资本流动渠道的解释能力稍弱。这是由于汇率的波动更为频繁，传导速度更快，而中国资本流动存在一定管制，贸易渠道则受到贸易逆全球化影响，因此汇率渠道的解释能力优于贸易渠道和资本流动渠道。

第三，中国宏观经济变量对中国货币政策的影响程度有限。

宏观经济变量GDP和CPI对中国货币供应量增速和货币政策利率的解释力均弱于美欧的价格型货币政策工具调整，即发达经济体货币政策的新变化对于中国货币政策工具的调整具有显著的溢出效应。中国可以通过对物价水平的控制，降低外部输入通胀压力对中国的冲击，注重以国内大循环为主提高中国经济增长和产出水平，以缓冲发达经济体货币政策变化对中国带来的溢出效应。

第二节 美欧日量化宽松货币政策调整对人民币汇率变动影响的实证分析——基于混合模型视角

美国、欧元区和日本作为发达经济体，三者的货币政策调整对世界经济的影响是显著的。后金融危机时期，随着中国经济的稳步发展，一方面中国经济总量超越日本，中国成为第二大经济体，另一方面中国经济与美国、欧元区和日本经济的联系更为紧密。

在量化宽松货币政策出现转变的同时，中国外汇市场交易同样出现了显著变化。主要表现出两大特点：第一，短期内美元兑人民币即期交易仍占有绝对主导地位，欧元和日元兑人民币即期交易具有较大发展潜力。第二，美元和欧元兑人民币即期交易成交笔数明显扩大，两者的交易在2014年后出现了巨大的波动，日元兑人民币即期交易在金融危机后趋于平稳，但是仍具有一定规模的交易量。可以看出，后金融危机时期，一方面，量化宽松货币政策出现了频繁的调整，另一方面，中国外汇市场的逐步完善使得中国经济更易受到量化宽松货币政策调整的影响。因此，通过分析2008年以来量化宽松货币政策调整对人民币汇率变动影响形成的差异，并建立可行的外汇经销商定价（DP）实证模型，基于宏观和微观混合视角，分析人民币汇率变动受到的动态影响具有十分重要的理论意义和现实意义。

一 变量的选取与数据的处理

根据第二章混合视角下的汇率决定与变动理论，设定外汇经销商定价模型公式：

$$\Delta P_{it} = \beta_0 + \beta_1 X_{jt} + \beta_2 I_{it} + \beta_3 I_{it-1} + \beta_4 D_t + \beta_5 D_{t-1} + \beta_6 B_t + \beta_7 v_{it-1} + v_{it}$$

(5-7)

其中，所有变量均为日度数据，且设有中国外汇市场订单流变量。从实证方面来看，一方面，中国外汇市场订单流数据往往较难获得，关于外汇交易信息，国内较为权威的网站和数据库为中国外汇交易中心（CFETS）网站和 Wind 数据库，两者均未提供外汇市场实时订单流数据，只提供了月度中国外汇市场交易情况。《中国货币市场》杂志曾在 2011 年提供了为期半年的中国外汇市场日度订单流数据，但是均为外币兑外币交易数据，对本书研究的参考价值不大。另一方面，我们可以通过选择中国外汇市场技术分析指标作为替代变量得到变量 D_t、D_{t-1}、B_t 的取值。

本节采用的外汇经销商定价模型是根据以上分析进行修改得到的。

我们选取如下变量进行人民币汇率变动的实证研究：

(1) 人民币汇率变量。选取美元、欧元和日元兑人民币汇率数据，三个变量分别定义为：usa_cny、eur_cny、jpn_cny（100 日元兑人民币）。以上单个变量均采用人民币直接标价法，且均为中国即期外汇市场数据，汇率大小采用名义汇率形式。

(2) 利率差变量。选取日度银行间一个月同业拆借利率作为各国基准利率，人民币基准利率来自 SHIBOR，美元、欧元和日元基准利率来自 LIBOR，将人民币基准利率与发达国家基准利率相减得到三个利率差变量，定义为：$diusa\_cny$、$dieur\_cny$、$dijpn\_cny$。

(3) 货币供给差变量。选取各国广义货币供给量 M2 作为货币政策调整的实施指标，所选取的货币供给数据均为月度数据，中国、美国、欧元区和日本货币供给时间序列定义为：$m2\_cny$、$m2\_usa$、$m2\_eur$、$m2\_jpn$。其中日本货币供给单位为百亿日元，其余单位均为亿元。

(4) 人民币外汇市场交易方向变量。选取技术分析中的停损指标（Stop And Reverse，SAR）作为人民币外汇市场交易方向变量。停损指标，也叫抛物线指标。该指标用来衡量多头市场和空头市场的反转信号，理性的投资者往往可以在市场发生意外消息时依据该指标来进行止损操作。分别将发达国家货币兑人民币交易方向变量定义为 $direusa\_$

cny、direeur_cny、direjpn_cny。若外汇汇率在红色线上方，则表示是多头市场，此时变量取值为 1，若外汇汇率在绿色线下方，则表示空头市场，此时变量取值为 -1。

（5）人民币外汇市场交易情况变量。选取技术分析中的威廉指标（Williams % R）作为反映人民币外汇市场交易情况变量，分别定义为 wrusa_cny、wreur_cny、wrjpn_cny。其中：威廉指标主要用于研究汇价的波动，通过分析汇价波动变化中的峰与谷决定买卖时机。它利用震荡点来反映市场的超买和超卖现象，可以预测期内的高点与低点，从而显示出有效的买卖信号，是用来分析市场短期行情走势的技术指标。其计算公式为：$Williams\%R = (H - C)/(H - L) \times 100$，$H$ 为基期内最高价，L 为基期内最低价，C 为当日收盘价。引用该指标作为变量 B_t 的替代变量有三个优点：第一，威廉指标是市场短期行为的指标，与本书的日度数据实证分析相互吻合。第二，威廉指标的计算包含了日度外汇数据价差和收盘价的信息，较为灵敏地反映了外汇市场交易情况。第三，威廉指标取值往往是 0—100 区间内的随机数，避免了实证分析中与外汇市场交易变量存在着共线性的局限性。

另外，考察模型中的因变量 ΔP_{it}，该变量表示即期汇率的一阶差分，因此，对人民币汇率变量分别取一阶差分，得到新的时间序列。因为各国广义货币供给数据为月度数据，在实证分析之前首先要转换为日度数据。观察各国货币供给走势曲线发现，货币供给均呈直线式增长。因此，本书利用对数线性插值法将月度货币供给数据转换为日度货币供给数据。为了消除货币供给的异方差性和量纲，本书对货币供给量先取对数，之后不同国家之间作差，表示量化宽松货币政策下中国与发达经济体货币供给数量之间的相对变化，分别表示为 dm2cny_usa、dm2cny_eur、dm2cny_jpn。本书的实证研究数据均来自 Wind 数据库，模型估计与分析基于 Eviews8.0，样本区间为 2009 年 11 月 4 日至 2016 年 5 月 31 日日度数据（不包含周六与周日观测值）。

二 估计方法

考虑到引入微观因素的同时，中国外汇市场交易主体的行为很难量化，因此量化宽松货币政策调整对中国外汇市场交易主体行为的改变并不易直接进行分析。另外，后金融危机时期，随着发达经济体国内宏观经济出现了较大差异，货币政策调整对人民币汇率变动影响变得更加复杂，不同的经济背景和不同的货币政策下，人民币汇率变动并不会呈现简单的线性变化特征。基于此，本书通过马尔可夫区制转换（Markov Switching）模型进行实证分析，试图找出量化宽松货币政策调整对人民币汇率变动影响的非线性特征。

考察式（5-7）中的因变量 ΔP_{it}，该变量表示人民币日度汇率的一阶差分，该变量是随机变量，在不同的区制 s_t 下，其变化的过程有一定的差异。假设人民币汇率变动具有 M 个不同的区制，若在 t 时刻，人民币汇率变动在第 m 区制下，则有 $s_t = m$，其中 $m = 1, 2, \cdots, M$。

在不同的区制下，人民币汇率变动的影响因素有所不同。令区制 m 下人民币汇率变动的期望值为 $\mu_t(m)$，给定回归元集合 G_t、Z_t，此时的回归方程为：

$$\mu_t(m) = G'_t \boldsymbol{\beta}_m + Z'_t \boldsymbol{\gamma} \quad (5-8)$$

其中，$\boldsymbol{\beta}_m$ 和 $\boldsymbol{\gamma}$ 分别为 k_G 维、k_Z 维系数向量，系数 $\boldsymbol{\beta}_m$ 在不同的区制表现出不同的系数，系数 $\boldsymbol{\gamma}$ 在所有的区制下系数均相同。假设回归残差项是独立分布的，其大小取决于不同的区制，则人民币汇率变动模型为：

$$\Delta P_{it} = \mu_t(m) + \sigma(m)\varepsilon_t \quad (5-9)$$

其中，ε_t 服从独立同正态分布，标准差项 σ 由区制决定，即 $\sigma(m) = \sigma_m$。我们将利率差变量和货币供给差变量放在回归元集合 Z_t 中，将表示人民币汇率变动的微观因素放在回归元集合 G_t 中。

三 变量的统计描述结果

(一) 外汇市场微观变量分布变化的动态趋势

1. 停损指标 (SAR) 分布的动态变化

本书将样本区间按照量化宽松货币政策分化时间点分为两个子区间，并画出 SAR 指标的 boxplot 图（见图 5-5）。

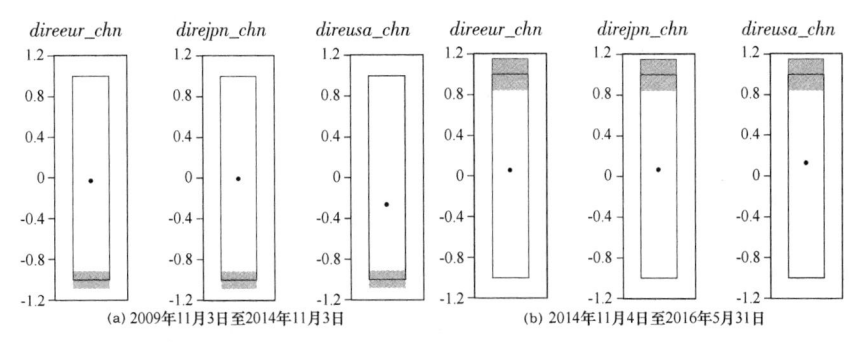

图 5-5 量化宽松货币政策分化前后停损指标 (SAR) 分布动态变化

SAR 指标分布的动态结果显示，量化宽松货币政策分化前后方向呈现了不同变化，具体表现为两点：

第一，美元兑人民币交易方向出现反转，欧元兑人民币与日元兑人民币的交易方向总体保持均衡不变。2014 年 11 月前，美元兑人民币 SAR 指标平均值在 -0.3 附近，欧元兑人民币 SAR 指标与日元兑人民币 SAR 指标平均值均接近于 0；2014 年 11 月后，美元兑人民币 SAR 指标平均值在 0.2 附近，欧元兑人民币 SAR 指标与日元兑人民币 SAR 指标平均值仍接近于 0。

第二，美元兑人民币、欧元兑人民币与日元兑人民币的交易均由量化宽松货币政策分化前的"空头压力"转变为分化后的"多头压力"。从 SAR 指标的中位数来看，三者均呈现出由负转正的现象。可以推断，量化宽松货币政策分化后，随着中国外汇市场建设取得突破性的进展,外汇需求呈现出了增长态势,这也从一个侧面显示出了金融危机后,人民币相对美元、日元、欧元的升值压力并未表现出显著的潜力。

2. 威廉指标(Williams %R)核密度分布的动态变化

类似于SAR指标,本书给出威廉指标核密度分布的动态变化结果,具体如图5-6所示。

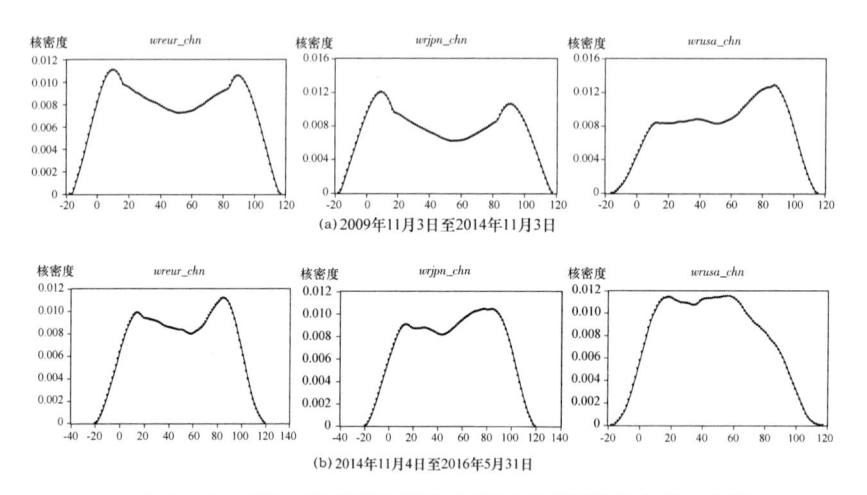

(a) 2009年11月3日至2014年11月3日

(b) 2014年11月4日至2016年5月31日

图5-6 量化宽松货币政策分化前后威廉指标分布动态变化

从图5-6中可以看出,美元兑人民币、欧元兑人民币和日元兑人民币呈现了显著的差异。首先,欧元兑人民币和日元兑人民币的核密度函数在量化宽松货币政策分化前后均呈现出了"M"形特征。其次,量化宽松货币政策分化前后,美元兑人民币威廉指标核密度函数形状变化最为明显。最后,三者的核密度函数集中趋势均有一定的增强。

前文曾指出威廉指标主要研究汇率波动,其可以显示出有效的买卖信号,是用来分析市场短期行情走势的技术指标。当威廉指标高于80,汇率处于超卖状态,外汇行情即将见底;当威廉指标低于20,汇率处于超买状态,外汇行情即将见顶。因此,从图5-6的显示结果中我们可以推断，量化宽松货币政策分化前后人民币外汇市场交易状况呈现出以下三个特征：

第一，美元兑人民币交易相比欧元兑人民币和日元兑人民币交易更为均衡。

核函数呈现"M"形特征表明，威廉指标更易在超卖与超买之间变化，这表明外汇交易更易受到市场变化的影响。我们认为，出现这种现象的主要原因在于，从中国外汇市场现实情况来看，美元兑人民币即期市场建设成熟度最高，而欧元兑人民币和欧元兑人民币即期市场建设相对滞后。

第二，在量化宽松货币政策分化前后，美元兑人民币交易情况变化最大，欧元兑人民币和日元兑人民币交易情况变化相对较小。

样本子区间之间核密度函数的变化反映了量化宽松货币政策分化前后外汇市场交易情况的不同特点。从图5-6中可以发现：美元兑人民币交易在量化宽松货币政策分化前，处于超买状态表现温和，处于超卖状态表现明显；美元兑人民币交易在量化宽松货币政策分化后，处于超买状态表现明显，处于超卖状态表现微弱。相比之下，欧元兑人民币交易和日元兑人民币交易均在量化宽松货币政策分化前后表现出相对较强的超买和超卖状态。

第三，量化宽松货币政策分化阶段，人民币汇率价格有向均衡交易价格靠拢的趋势。

人民币汇率核密度函数分布在量化宽松货币政策分化时期表现出集中趋势，表明外汇交易价格向均衡方向发生了移动，这又从另一个侧面说明，人民币汇率变动在近期受到全球宏观经济政策以及中国外汇市场建设的双重影响。

（二）宏观变量与微观变量相关性的动态变化

发达经济体量化宽松货币政策分化前后宏观变量与微观变量的相关性结果如表5-9所示。

表 5-9　　子样本区间下的宏观变量与微观变量相关性结果

变量		M2	di	SAR	威廉指标	M2	di	SAR	威廉指标
样本区间		2014年11月4日至2016年5月31日				2009年11月3日至2014年11月3日			
美国	M2	1.0000				1.0000			
	di	0.5229	1.0000			-0.8556	1.0000		
	SAR	0.0242	-0.0634	1.0000		-0.0920	0.0533	1.0000	
	威廉指标	-0.0813	-0.0403	-0.2121	1.0000	-0.0087	0.0588	-0.0447	1.0000
欧元区	M2	1.0000				1.0000			
	di	-0.7278	1.0000			0.6650	1.0000		
	SAR	0.2325	-0.1532	1.0000		-0.0105	0.0530	1.0000	
	威廉指标	0.0004	0.0343	-0.0573	1.0000	-0.0003	0.0034	-0.0313	1.0000
日本	M2	1.0000				1.0000			
	di	0.4966	1.0000			-0.7460	1.0000		
	SAR	-0.1245	-0.0371	1.0000		0.2239	-0.0273	1.0000	
	威廉指标	0.0190	-0.0047	-0.0850	1.0000	-0.0670	0.0424	-0.1344	1.0000

注：M2 表示广义货币供给，di 表示基准利率差。

从表 5-9 中我们可以看出，宏观变量与微观变量之间的相关性发生了三点明显变化。

第一，货币供给差与利率差表现出强相关性，方向发生了反转。

从相关系数绝对值来看，基本保持在 0.5 以上。需要注意的是，货币供给差与利率差的相关性较为复杂。一方面，同一个子区间下不同地区的相关性系数表现具有差异；另一方面，美国、欧元区与日本在不同子区间下的相关系数均发生了相关方向的变化。

第二，量化宽松货币政策分化时期，宏观变量与微观变量的相关性明显增强。

比较两个子区间下货币供给差、利率差与 SAR 指标、威廉指标的相关系数可以发现，绝大部分相关系数绝对值均呈现出若干倍的增长现象。由此可见，量化宽松货币政策分化时期宏观经济指标的变化与微观经济指标的变化联动趋势明显增强。

第三，宏观变量与微观变量之间的相关方向最为复杂。

从表 5-9 相关系数大小可以发现，两个子样本下宏观变量与微观变量的相关变量表现并不一致。因为人民币汇率变动行为较难量化，又因为外汇市场微观变量不会受到单一宏观变量的影响，因此，我们可以认为，宏观变量与微观变量之间表现出的复杂相关方向变化是由多种因素综合决定的。

四 模型的估计

（一）回归元组平稳性检验

本书拟对美元、欧元、日元兑人民币汇率三个方程的回归元进行组数据单位根检验，若组数据检验结果拒绝有单位根的原假设，则可以进一步进行区制转换模型的估计。需要说明的是：鉴于拟估计模型因变量回归元所代表的经济含义与计量对象明显不同，因此假设组数据中不同的变量有不同的根，在此假设下，组数据单位根检验主要有 IPSW 检验、ADF 检验、PP 检验三种类型，本书给出三个组数据三种单位根检验结果，以此来判断组数据变量的平稳性，见表 5-10。

表 5-10　　　　　　　　回归元组数据平稳性检验结果

因变量	IPSW 统计量	P 值	ADF 统计量	P 值	PP 统计量	P 值
dusa_cny	-13.3604***	0.0000	220.5360***	0.0000	160.4200***	0.0000
deur_cny	-31.3681***	0.0000	172.2160***	0.0000	194.5490***	0.0000
djpn_cny	-30.6671***	0.0000	168.5540***	0.0000	184.3430***	0.0000

注：*** 表示系数在 1% 的显著性水平下显著。

如表 5-10 所示，平稳性检验显示在 1% 的显著性水平下拒绝有单位根的原假设，因此可以根据所选择的变量进行区制转换模型的估计。

（二）模型估计结果

考虑到马尔可夫转换模型的估计结果对区制个数有较大的限制，个数较多对模型的估计结果造成较大的稳健性损失，且大部分学者在应用该模型时区制个数取值为 2 或 3。因此，本书的模型估计根据 AIC 准则与 SC 准则比较选择区制个数，并假定不同区制下模型具有同方差性。模型的估计结果见表 5-11。

表 5-11 的估计结果表明，人民币汇率变动在发达经济体量化宽松货币政策调整的背景下具有明显变化，具体表现在以下三点：

第一，宏观经济变量对人民币汇率变动具有显著影响。

中国和美国货币供给差与同期利率差变量估计系数分别在 5%、10% 的显著性水平下显著，中国和欧元区货币供给差变量估计系数在 5% 显著性水平下显著，中国和日本同期利率差变量估计系数在 10% 的显著性水平下显著。由此可以推断，美欧日货币政策的调整通过不同渠道作用于人民币汇率变动，具体表现为美国通过货币供给和利率两个渠道、欧元区通过货币供给渠道、日本通过利率差渠道来影响人民币汇率变动。

第二，人民币汇率变动在不同即期汇率之间具有不同的复杂程度。

表 5-11 的估计结果表明，美元兑人民币汇率变动呈现两个不同的区制，而欧元兑人民币汇率变动和日元兑人民币汇率变动呈现三个不同的区制。从影响因素来看，在微观因素上，美元和欧元外汇交易均呈显著影响，日元外汇交易同期威廉指标表现不显著。在宏观因素上，美元货币供给和基准利率均对人民币汇率变动形成了显著影响，而欧元只有货币供给影响了人民币汇率变动，日元只有同期基准利率对人民币汇率变动形成了较为微弱的影响。

第三，马尔可夫转换模型较好地拟合了发达经济体量化宽松货币政

第五章 发达经济体货币政策新变化对中国货币政策和人民币汇率波动影响的实证研究

表5-11 人民币汇率变动区制转换模型估计结果

因变量	自变量	区制1 系数	区制1 P值	区制2 系数	区制2 P值	区制3 系数	区制3 P值
美元兑人民币汇率	c	-0.0039**	0.0222	-0.0042*	0.0750	—	
	direusa_cny(-1)	0.0010***	0.0000	0.0091***	0.0000		
	direusa_cny	-0.0009***	0.0001	-0.0068***	0.0000		
	urusa_cny	1.22E-5***	0.0012	0.0001***	0.0045		
	urusa_cny(-1)	-1.41E-5***	0.0001	-0.0001***	0.0133		
	共同变量						
	dm2cny_usa	0.0019	0.0123				
	diusa_cny	-0.0001*	0.0654				
	diusa_cny(-1)	0.0000	0.3549				
	转换矩阵			$P = \begin{pmatrix} 0.9782 & 0.0218 \\ 0.0788 & 0.9212 \end{pmatrix}$			
	调整后观察变量个数			1550			
欧元兑人民币汇率	c	0.0061	0.2356	0.0134**	0.0202	-0.0161	0.2540
	direur_cny(-1)	0.0182***	0.0000	0.0336***	0.0000	0.1437**	0.0000
	direur_cny(-1)	-0.0147***	0.0126	-0.0272***	0.0000	-0.0335**	0.0112
	ureur_cny	0.0001**	0.0000	0.0002***	0.0007	0.0003*	0.0886
	ureur_cny(-1)	-0.0003***	0.0000	-0.0005***	0.0000	0.0004*	0.0690
	共同变量						
	dm2cny_eur	0.0007**	0.0399				
	dieur_cny	0.0020	0.3307				
	dieur_cny(-1)	-0.0017	0.3938				
	转换矩阵			$P = \begin{pmatrix} 0.9705 & 0.0014 & 0.0281 \\ 0.0056 & 0.9944 & 0.0000 \\ 0.7433 & 0.1691 & 0.0876 \end{pmatrix}$			
	调整后观察变量个数			1547			

续表

因变量	自变量	区制1 系数	区制1 P值	区制2 系数	区制2 P值	区制3 系数	区制3 P值
日元兑人民币汇率	c	0.0088	0.3301	-0.0022	0.7908	0.0365	0.3004
	$direjpn\_cny$	0.0226***	0.0000	0.0086***	0.0000	0.0516	0.1464
	$direjpn\_cny(-1)$	-0.0183***	0.0000	-0.0070***	0.0002	-0.0272	0.3926
	$wrjpn\_cny$	0.0000	0.1802	0.0000	0.2489	0.0000	0.9726
	$wrjpn\_cny(-1)$	-0.0004***	0.0000	-0.0002***	0.0000	-0.0009**	0.0164
共同变量	$dm2cny\_jpn$	-0.0037	0.3055			转换矩阵	
	$dijpn\_cny$	-0.0016*	0.0992			$P = \begin{pmatrix} 0.9550 & 0.0002 & 0.0448 \\ 0.0103 & 0.9790 & 0.0107 \\ 0.4789 & 0.0998 & 0.4213 \end{pmatrix}$	
	$dijpn\_cny(-1)$	0.0014	0.1199				
调整后观察变量个数						1550	

注：***、**、*分别表示系数在1%、5%、10%的显著性水平下显著，c表示常数项。

第五章　发达经济体货币政策新变化对中国货币政策和人民币汇率波动影响的实证研究

策前后人民币汇率变动的动态变化。

从估计结果可以发现，除变量 dijpn_cny 外，其余在10%的显著性水平以上显著的变量估计系数正负与大小关系均与理论预期一致。由此可以推断，发达经济体量化宽松货币政策的调整明显作用于人民币外汇市场微观变量的变化，并对人民币汇率变动形成了非线性的影响。

五　人民币汇率变动区制转换结果

如图5-7所示，本书给出了人民币汇率变动的滤波区制转换概率结果。

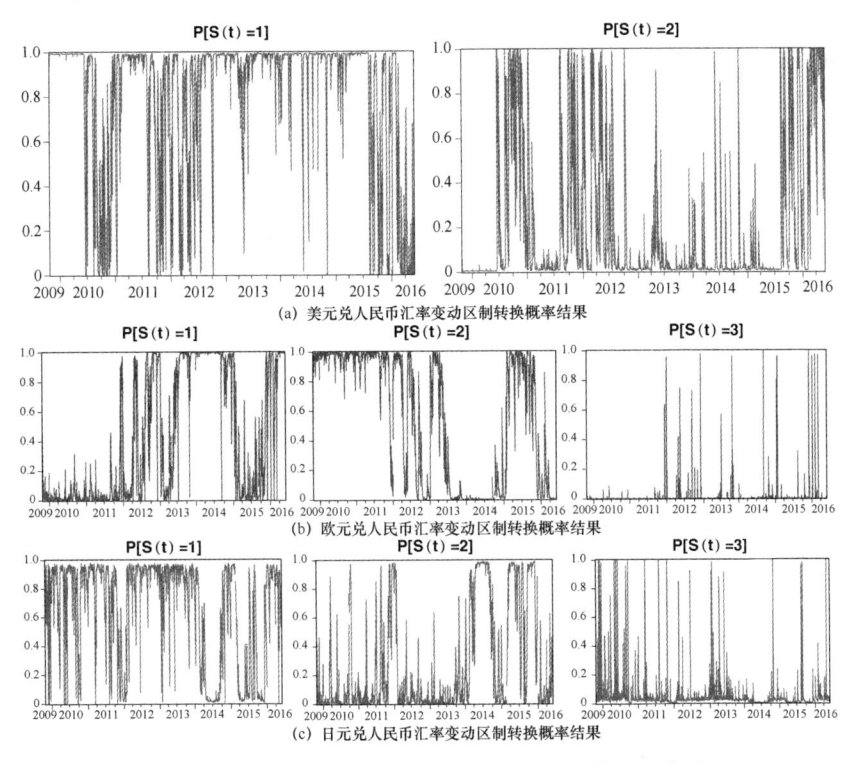

图5-7　2009—2016年人民币汇率变动区制转换概率结果

从图5-7的结果中可以看出，区制转换时点与发达经济体量化宽松货币政策调整的时点较为接近，具体表现为两个方面：

第一，美元兑人民币汇率变动转换概率较为密集的区间分别对应了美国的 QE3 阶段、2014 年年末量化宽松货币政策退出后的阶段。欧元兑人民币汇率变动转换概率较为密集的区间分别对应了 2013 年年初与 2015 年年中欧元区宽松的货币政策。日元兑人民币汇率变动转换概率较为密集的区间在后金融危机时期变动最为剧烈和复杂，且在 2014 年全球量化宽松货币政策分化时期变化的复杂性相比 2012 年至 2013 年有所上升。

第二，结合表 5-11 的估计结果我们可以发现，日元兑人民币汇率变化的非线性特征最为强烈，量化宽松货币政策的分化一方面使得日元兑人民币汇率变动行为在区制 1 与区制 2 之间转化，改变了微观变量对日元兑人民币汇率变动的影响强度，另一方面使得日元兑人民币汇率变动行为在区制 1 和区制 3 之间形成了转化，这又使得微观变量的影响失灵，宏观变量的重要性有所提高，且这种转化在货币政策分化时期具有加强的趋势。

六 小结

（1）宏观因素与微观因素对人民币汇率变动均有显著影响。在宏观因素方面，美元兑人民币汇率变动主要受到中美利差变化、中美货币供给变化的影响，欧元兑人民币汇率变动主要受到中国与欧元区货币供给差影响，日元兑人民币汇率变动主要受到中日同期实际利率差影响。在微观因素方面，美元兑人民币汇率变动和欧元兑人民币汇率变动主要受到外汇交易情况、外汇交易方向的双重影响，日元兑人民币汇率变动同样受到外汇交易方向影响。

（2）量化宽松货币政策调整对人民币汇率变动的影响呈现非线性特征。本书研究发现，计量模型的转换概率较好地识别与拟合了人民币汇率变动行为。量化宽松货币政策调整通过改变中国与发达经济体的货币供给差和利率差间接作用于人民币外汇市场交易机制，进而对人民币汇率变动形成了显著的影响。区制转换结果显示：美国宽松的货币政策增强了外汇市场交易方向对人民币汇率变动的影响，相反，美国紧缩的货币政策在一定程度上减小了该影响；欧元区宽松的货币政策显著地改变人民币外汇市场交易情况，影响了欧元兑人民币汇率的变动行为；日本的企业融资支持计划使得人民币外汇交易方向对日元兑人民币汇率变动的作用效果大幅增强，但是2014年后日本宽松的货币政策并未明显改变日元兑人民币汇率变动行为。

（3）美欧日货币政策调整将对人民币汇率变动的影响具有差异性。从实证研究结果可以看出，美国持续加息对美元兑人民币汇率变动的影响不容忽视，欧元区持续实施宽松的货币政策最有可能改变欧元兑人民币汇率变动行为，日本货币政策的调整对日元兑人民币汇率变动行为的影响具有较高的不确定性。

第三节 美欧日货币政策新变化对人民币汇率波动的影响分析——基于TVP-SV-VAR模型

一 变量的选取与处理

发达国家经济状况的差异导致了货币政策的分化调整。数据显示，2014年美国逐渐退出量化宽松货币政策后，美联储的持债量不再增长，且从2017年开始呈现逐月递减的趋势。与此形成鲜明对比的是，欧洲央行与日本央行的持债量仍在不断飙升。数据显示，从2015年12月至2018年12月，美联储连续9次加息，2022年至2023年12月，美联储持续加息11次，达550基点，为近二十年来最大加息水平。但是欧元区与日本货币政策与美联储不同，欧元区与日本央行甚至分别从2014年4月与2016年3月开始实施负利率，欧元区于2022年7月开启加息进程以抑制高水平通胀。而日本央行仍维持宽松的货币政策，政策利率仍为负利率水平。基于发达经济体不同的货币政策，本小节选取不同经济体的数量型货币政策代理指标、价格型货币政策代理指标和人民币汇率代理指标，研究不同发达经济体货币政策对人民币汇率波动的影响，以及人民币汇率的波动对发达经济体货币政策的影响。具体数据选取如表 5-12 所示，数据来自美联储官网、Wind 数据库、中经网统计数据库、中国人民银行等。

（1）发达经济体数量型货币政策（mus、meu、mjp）。分别选取美国、欧元区、日本广义货币供给量（M2）增长率作为发达经济体国家数量型货币政策的代理指标，数据来源于美联储网站、Wind 数据库。

（2）发达经济体价格型货币政策（$usir$、$euir$、$jpir$）。分别选取美国联邦基金利率、欧元 LIBOR 利率、日元 LIBOR 利率作为发达经济体国家价格型货币政策的代理指标，数据来源于中经网统计数据库、Wind 数据库。

（3）人民币汇率（$reer$）。选取人民币实际有效汇率作为人民币汇率波动的代理指标，当 $reer$ 值增加时代表人民币汇率升值，而当 $reer$ 下降时代表人民币汇率贬值。

具体变量说明见表 5-12。

表 5-12　　　　　　　　　　指标数据的选取

变量	变量说明	数据来源
mus	美国广义货币供给量增长率	美联储网站
meu	欧元区广义货币供给量增长率	Wind 数据库
mjp	日本广义货币供给量增长率	Wind 数据库
$usir$	美国联邦基金利率	中经网统计数据库
$euir$	欧元 LIBOR 利率	Wind 数据库
$jpir$	日本 LIBOR 利率	Wind 数据库
$reer$	人民币实际有效汇率	中国人民银行

其中，广义货币供应量增长率数据均经季节调整处理后使用。此外，本书利用 Z-SCORE 方法对所有选取的数据做标准化处理，即

$I_{it}^n = \dfrac{X_{it} - \bar{X}_i}{S_i}$,其中,$X_{it}$ 表示在 t 时期 i 指标的变量数值,$\bar{X}_i$ 表示 X_{it} 的算术平均值,S_i 表示该组变量的标准差,I_{it}^n 表示经标准差化处理后的指标值。选取 2008 年 1 月至 2022 年 12 月的月度数据作为研究时间范围,样本容量 191 个月份。

二 平稳性检验

使用非平稳的时间序列可能导致伪回归结果发生,而绝大多数的宏观经济数据呈现不平稳的特征,为保证统计性检验的有效性,在构建模型进行实证检验前需要对数据进行平稳性检验。而当时间序列存在单位根的情况下,可以对原序列进行差分,但差分后得到的序列与原序列存在经济含义上的差异,因此需要进行协整关系检验,以解决单位根的问题并继续对原序列进行分析,同时有助于考察变量之间的长期均衡关系。对原时间序列数据进行平稳性检验,结果如表 5-13 所示,其中日本货币供给量(mjp)与人民币实际有效汇率(reer)经一阶差分后平稳,其余数据均为平稳的时间序列数据。

表 5-13　　　　　　　　平稳性检验结果

变量	ADF 统计值	1% 临界值	5% 临界值	P 值	结论
mus	-6.6494	-3.4726	-2.8798	0.0000	平稳***
meu	-8.6226	-3.4692	-2.8785	0.0000	平稳***
mjp	-2.7890	-3.4695	-2.8786	0.0620	不平稳
dmjp	-7.3776	-3.4723	-2.8798	0.0000	平稳****
usir	-4.2997	-3.4695	-2.8786	0.0006	平稳***
euir	-4.2865	-3.4702	-2.8789	0.0007	平稳***
jpir	-3.3059	-3.4707	-2.8792	0.0162	平稳***
reer	-1.7107	-3.4697	-2.8787	0.4240	不平稳
dreer	-8.8629	-3.4697	-2.8787	0.0000	平稳***

注:*** 分别表示 1% 显著性水平下平稳。

三 结构向量自回归模型的构建和实证结果分析

为研究不同发达经济体对人民币汇率波动的影响程度,本节中首先构建 SVAR 模型。

为避免发达经济体之间货币政策的自相关性,分别对美国、欧元区和日本建立不同的模型,以对比分析美欧日货币政策对人民币汇率波动影响的差异性。基于此,分别对美国、欧元区和日本建立三个模型,每个模型中分别包含货币供给量增长率(数量型货币政策工具代理指标)、利率(价格型货币政策工具代理指标)以及人民币汇率(reer)。

(一) AR 单位根检验

由于宏观经济变量大多是非平稳的,在进行计量经济分析之前,需要对由稳定的经济变量组成的 SVAR 模型进行系统稳定性检验,对特征值进行检验并绘制特征值的几何分布图,发现三个模型的 AR 根均在单位圆之内,见图 5-8。如图中所示,除模型本身包含的单位根外,伴随矩阵的其他所有特征值均落在单位圆的内部,说明本小节中构建的 SVAR 模型为稳定的系统。

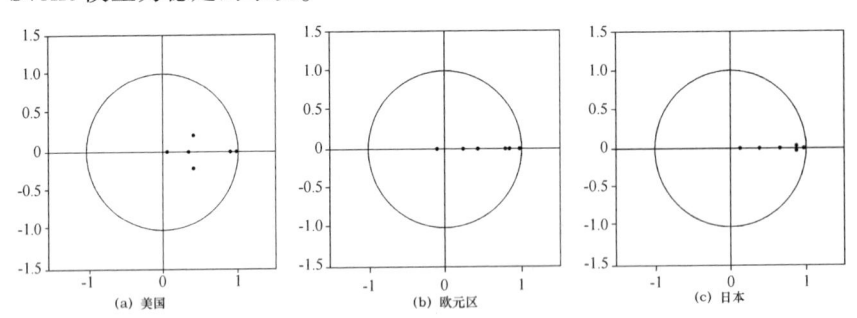

图 5-8 SVAR 模型的系统稳定性检验

(二) 滞后阶数的确定

在构建模型前,需要先确定方程的滞后阶数。本书中根据 LL、AIC、SC、LR、FPE、HQ 六个信息准则综合来确定最优的滞后阶数,

第五章 发达经济体货币政策新变化对中国货币政策和人民币汇率波动影响的实证研究

根据表 5-14 中的结果，AIC、SC、HQ 的结果均支持三个模型滞后 2 期，因此选择滞后 2 期作为最优滞后阶数。

表 5-14　　　　　　　　滞后阶数检验结果

	滞后阶数	LL	LR	FPE	AIC	SC	HQ
美国	0	-622.3159	—	0.4980	7.8165	7.8741	7.8399
	1	-31.5772	1151.941	0.0003	0.5447	0.7754	0.6384
	2	-1.4556	57.6076	0.0003	0.2807	0.6843*	0.4446*
	3	11.7235	24.7107	0.0003	0.2285	0.8051	0.4626
欧元区	0	-532.77387	—	0.1625	6.6967	6.7544	6.7201
	1	72.7876	1180.776	9.39e-05	-0.7598	-0.5292	-0.6662
	2	138.6188	125.9022	4.61e-05	-1.4702	-1.0667*	-1.3063*
	3	146.9621	15.6437	4.65e-05	-1.4620	-0.8854	-1.2279
日本	0	-552.0892	—	0.2070	6.9386	6.9963	6.9620
	1	164.2207	1396.804	2.99e-05	-1.9028	-1.6721	-1.8091
	2	215.8192	98.6821	1.76e-05*	-2.4352*	-2.0316*	-2.2713*
	3	219.0816	6.1171	1.89e-05	-2.3635	-1.7869	-21294

注：*表示最优滞后阶数对应的检验结果。

资料来源：由 Eviews 12 计算得出。

（三）脉冲响应结果分析

1. 美国货币政策对人民币汇率波动的影响

图 5-9 中分别为人民币汇率波动对美国价格型货币政策（利率）与数量型货币政策（广义货币供给量增长率）冲击的响应结果。具体来看，当给定美国利率一个正向的标准差的冲击时，即美国联邦基金利率上升，货币政策相对紧缩，人民币汇率在前 10 期为负响应，最大响应值仅为 -0.02，随后 20 期收敛至均衡水平。表明当美国采取相对紧缩的货币政策情况下，可能造成国际资本流向美国，进而人民币将产生小幅度贬值。而当给定美国广义货币供给量增长率（M2）一个正向标

准差的冲击时，即货币供给量增速加快，货币政策相对宽松，人民币汇率在1—30期始终为负向响应，最大响应值约为-0.025。表明当美国货币供给量增加时，可能造成国内通货膨胀水平的上涨，进而造成人民币货币的贬值。

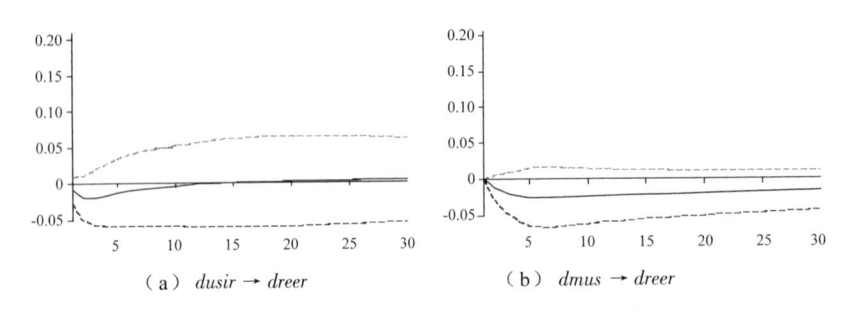

(a) $dusir \rightarrow dreer$

(b) $dmus \rightarrow dreer$

图 5-9 人民币汇率波动对美国货币政策冲击的响应结果

2. 人民币汇率波动对美国货币政策的影响

图 5-10 中分别为美国数量型货币政策（广义货币供给量增长率）与价格型货币政策（利率）对人民币汇率波动冲击的响应结果。当给定人民币汇率（reer）一个正向标准差的冲击时，即人民币升值，分析二者的响应结果。具体来看，人民币的升值对美国货币供给量的影响仅在初始7期产生一定的正向影响，最大响应值约为0.18。表明人民币的升值可能造成美国货币政策转向宽松进而增加货币供给量。而人民币汇率的升值冲击对美国联邦基金利率的影响在初始期与中后期有所区别，利率的响应结果在初始10期为负向响应，最大响应值约为-0.04；而随后转变为正向影响，响应值持续在0.04左右。表明人民币升值的冲击在初始期对美国利率有降低的影响，随后影响转为正向，美国利率将逐渐升高。

3. 欧元区货币政策对人民币汇率波动的影响

图 5-11 中分别为人民币汇率波动对欧元区价格型货币政策（利率）与数量型货币政策（M2增长率）冲击的响应结果。具体来看，当给定欧元区利率一个正向标准差的冲击时，即利率上升，货币政策相

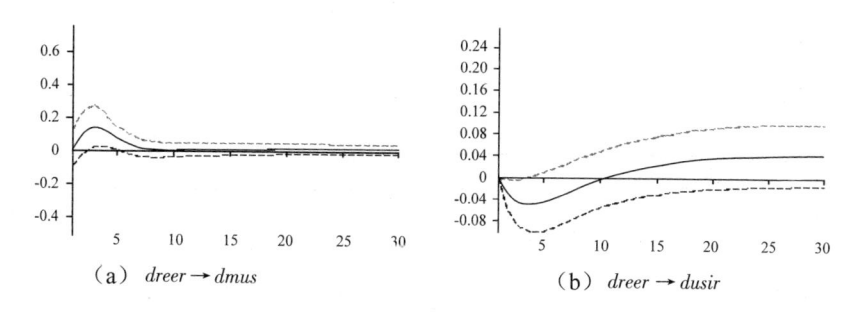

(a) dreer → dmus (b) dreer → dusir

图 5-10　美国货币政策对人民币汇率波动冲击的响应结果

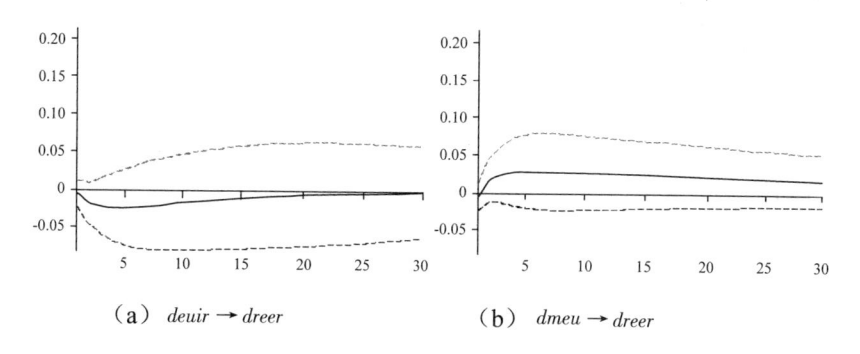

(a) deuir → dreer (b) dmeu → dreer

图 5-11　人民币汇率波动对欧元区货币政策冲击的响应结果

对紧缩，人民币汇率始终为负响应，最大响应值出现在第 5 期，约为 -0.025，随后收敛至均衡水平。表明当欧元区采取相对紧缩的货币政策情况下，利率水平上升，可能造成国际资本流向欧元区国家，进而对人民币造成贬值影响。而当给定欧元区广义货币供给量增长率（M2）一个正向标准差的冲击时，即货币供给量增速加快，货币政策相对宽松，人民币汇率在第 1—30 期始终为正向响应，最大响应值约为 -0.03。表明当欧元区国家货币供给量增加时，可能造成人民币汇率升值的波动。

4. 人民币汇率波动对欧元区货币政策的影响

图 5-12 中分别为欧元区数量型货币政策（广义货币供给量增长

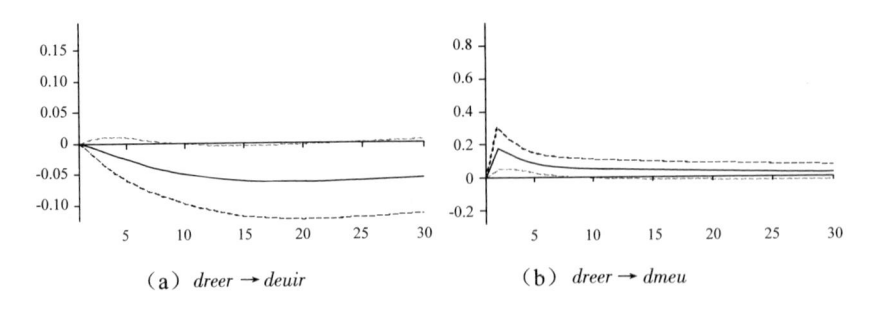

(a) dreer → deuir　　　　　　(b) dreer → dmeu

图 5-12　欧元区货币政策对人民币汇率波动冲击的响应结果

率)与价格型货币政策(利率)对人民币汇率波动冲击的响应结果。当给定人民币汇率(reer)一个正向标准差的冲击时,即人民币升值,分析二者的响应结果。具体来看,人民币的升值冲击对欧元区利率水平的响应始终为负向,最大响应值约为 -0.06。表明人民币的升值冲击将造成欧元区利率水平的显著下降。而人民币汇率的升值冲击对欧元区货币供给量的影响为正向,最大响应值约为0.18,在初始期达到最高响应后收敛至均衡水平,表明人民币汇率的升值冲击将造成欧元区货币供给量增加。总体来看,面对人民币汇率升值的冲击,欧元区的数据型货币政策工具与价格型货币政策工具的响应一致,即选择宽松的货币政策应对,扩大货币供给量与降低利率。

5. 日本货币政策对人民币汇率波动的影响

图 5-13 中分别为人民币汇率波动对日本价格型货币政策(利率)与数量型货币政策(广义货币供给量增长率)冲击的响应结果。具体来看,当给定日本利率一个正向标准差的冲击时,即利率上升,货币政策相对紧缩时,人民币汇率始终为正向响应,且于第5期达到最大,响应值约为0.05,随后收敛至均衡水平。表明当日本采取相对紧缩的货币政策情况下,人民币汇率有升值的影响。而当给定日本广义货币供给量增长率(M2)一个正向标准差的冲击时,即货币供给量增速加快,货币政策相对宽松时,人民币汇率的响应始终为负向,最大响应值约为

-0.08，负向影响持续至 30 期结束。表明当日本货币供给量增加时，可能造成国内通货膨胀水平的上涨，进而造成人民币货币的贬值。

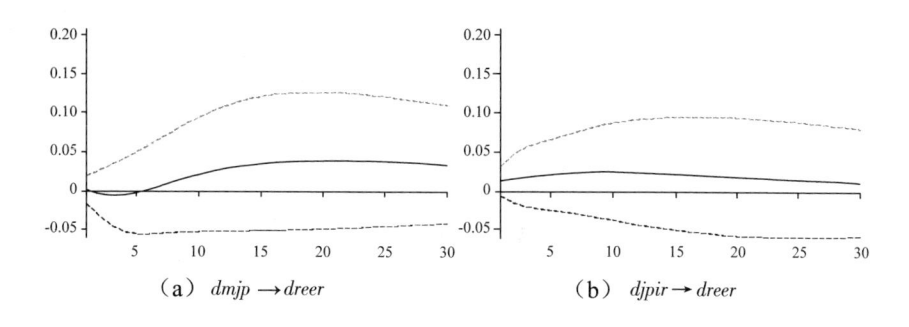

（a） dmjp → dreer   （b） djpir → dreer

图 5-13 人民币汇率波动对日本货币政策冲击的响应结果

6. 人民币汇率波动对日本货币政策的影响

图 5-14 中分别为日本数量型货币政策（广义货币供给量增长率）与价格型货币政策（利率）对人民币汇率波动冲击的响应结果。当给定人民币汇率（reer）一个正向标准差的冲击时，即人民币升值，分析二者的响应结果。具体来看，人民币的升值对日本货币供给量的影响为持续的正向响应，最大响应值约为 0.05。表明人民币的升值可能造成日本货币政策转向宽松进而增加货币供给量。人民币汇率的升值冲击对日本利率的影响始终为负向响应，最大响应值在第 15 期约为 0.075，随后逐渐收敛至均衡水平。表明人民币升值的冲击对日本价格型货币政策的影响为负向，即造成日本利率水平的下降。总体来看，人民币升值将日本、货币政策转向宽松政策。

（四）方差分解结果的分析

为了进一步分析各发达经济体对人民币汇率波动的影响程度，对 reer 变量进行方程分解，结果如表 5-15 所示。表中的方差分解结果表明，在 1—10 期内，对于人民币汇率波动的影响大小排序为：美国价格型货币政策 > 美国数量型货币政策 > 欧元区价格型货币政策 > 欧元区数量型货币政策 > 日本价格型货币政策 > 日本数量型货币政策。总体上，

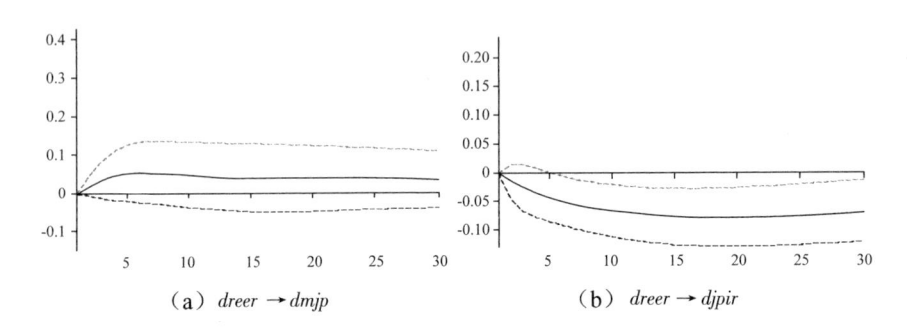

（a）dreer → dmjp　　　　　　（b）dreer → djpir

图 5-14　日本货币政策对人民币汇率波动冲击的响应结果

美国货币政策的变化对人民币汇率的波动影响最大，其次是欧元区的货币政策，而日本无论是数量型货币政策还是价格型货币政策的变化对人民币汇率的波动影响均相对较小。

表 5-15　　　　　　　　　　reer 的方差分解结果

时期	mus	usir	euir	meu	jpir	mjp
1	0.1756	0.0000	1.1838	0.0000	0.0000	0.0000
2	0.8625	1.5240	1.1098	0.2151	0.3076	0.0621
3	1.2128	2.4054	1.1469	0.5609	0.3856	0.1237
4	1.4033	2.9433	1.2294	0.8948	0.3601	0.1412
5	1.4984	3.2832	1.3297	1.1697	0.3132	0.1242
6	1.5345	3.5103	1.4334	1.3843	0.2699	0.1023
7	1.5338	3.6704	1.5321	1.5517	0.2077	0.1037
8	1.5100	3.7889	1.6211	1.6856	0.1867	0.1467
9	1.4723	3.8806	1.6983	1.7961	0.1867	0.2389
10	1.4272	3.9540	1.7628	1.8901	0.1702	0.3796

资料来源：经 Eviews 12 软件得出。

四　TVP-SV-VAR 模型的构建和实证结果分析

本节通过构建 TVP-SV-VAR 模型，研究美欧日货币政策的变化对人民币汇率波动的影响。TVP-SV-VAR 模型，又称时变参数随机波动率向量自回归模型，最早由 Primiceri（2005）提出，随后经 Nakajima（2011）优化了计算方法并被广泛地应用。该模型由结构向量自回归模型（SVAR）演化而来，弥补了一般向量自回归模型的缺陷，允许模型中的系数与协方差矩阵均具有时变特征，使得模型具有在不同时间维度上考察变量对其他变量的响应，且将随机波动纳入模型之中，可以更好地反映变量间的联动关系，因此 TVP-SV-VAR 模型的解释能力优于普通的 VAR 模型。因此，选取该模型作为本章内容的计量经济分析工具。TVP-SV-VAR 模型由 SVAR 扩展而来，SVAR 模型的基本结构如下：

$$Ay_t = F_1 y_{t-1} + \cdots + F_s y_{t-s} + \mu_t, \ t = s+1, \cdots, n \quad (5-10)$$

其中，y_t 为 $k \times 1$ 维观测到的内生向量，F_1，$\cdots$，F_s 和 A 分别为 $k \times k$ 维系数矩阵和联立参数矩阵，μ_t 为 $k \times 1$ 维结构冲击扰动项。假定 $\mu_t \sim N(0, \Sigma \Sigma')$，其中：

$$\Sigma = \begin{bmatrix} \sigma_1 & 0 & \cdots & 0 \\ 0 & \ddots & \ddots & \vdots \\ \vdots & \ddots & \ddots & 0 \\ 0 & \cdots & 0 & \sigma_k \end{bmatrix}$$

同时，假设结构冲击的联立关系服从递归识别，A 为如下三角矩阵：

$$A = \begin{bmatrix} 1 & 0 & \cdots & 0 \\ a_{21} & \ddots & \ddots & \vdots \\ \vdots & \ddots & \ddots & 0 \\ a_{k1} & \cdots & a_{k,k-1} & 1 \end{bmatrix}$$

则上述模型可写为：

$$y_t = B_i y_{t-1} + \cdots + B_k y_{t-s} + A^{-1} \Sigma \varepsilon_t \quad (5-11)$$

其中，$\varepsilon_t \sim N(0, I_k)$，$B_i = A^{-1}F_i$，$i=1, \cdots, s$。进一步将式（5-11）简写为：

$$y_t = X_t\beta + A^{-1}\sum \varepsilon_t \tag{5-12}$$

其中，β 是 $k^2s \times 1$ 维向量，$X_t = I_s \otimes (y'_{t-1}, \cdots, y'_{t-s})$，符号 $\otimes$ 表示克罗内克积。

式（5-11）中所表示的模型并不具备时变特征，根据 Primiceri（2005）的研究，允许式（5-11）中的模型参数随时间维度的变化而变化，进而得到 TVP-SV-VAR 模型的具体形式：

$$y_t = X_t\beta_t + A_t^{-1}\sum{}_t\varepsilon_t, \ t = s+1, \cdots, n \tag{5-13}$$

其中，参数 β_t、A_t^{-1} 与 $\sum_t$ 都具有时变性。而根据 Nakajima（2011），为了减少待估参数的个数，假设参数满足随机游走，因为这样可以允许参数暂时或永久性变动，从而捕捉经济结构的变化，令随机波动矩阵 $h_t = (h_{1t}, \cdots, h_{kt})'$，设 $h_{jt} = \ln\sigma_{jt}^2$，$j=1,\cdots,k$，下三角矩阵 A_t 中的非 0 和非 1 元素拉直为列向量，模型中的所有参数均服从随机游走过程：

$$\begin{aligned}\beta_{t+1} &= \beta_t + \mu_{\beta t} \\ \alpha_{t+1} &= \alpha_t + \mu_{\alpha t}, \\ h_{t+1} &= h_t + \mu_{ht}\end{aligned} \begin{bmatrix}\varepsilon_t \\ \mu_{\beta t} \\ \mu_{\alpha t} \\ \mu_{ht}\end{bmatrix} \sim N\left(0, \begin{bmatrix}1 & 0 & 0 & 0 \\ 0 & \sum_\beta & 0 & 0 \\ 0 & 0 & \sum_\alpha & 0 \\ 0 & 0 & 0 & \sum_h\end{bmatrix}\right)$$

$$\tag{5-14}$$

其中，$\beta_{t+1} \sim N(\mu_{\beta_0}, \sum_{\beta_0})$，$\alpha_{t+1} \sim N(\mu_{\alpha_0}, \sum_{\alpha_0})$，$h_{t+1} \sim N(\mu_{h_0}, \sum_{h_0})$。参数扰动的协方差矩阵 $\sum_\beta$、$\sum_\alpha$ 及 $\sum_h$ 均为对角矩阵。

本部分的实证分析涉及三个变量，因此 $k=3$，三个变量分别为人民币实际有效汇率、发达经济体广义货币供给量增长率以及发达经济体利率水平，即 $y_t = (reer_t, mp_t, ir_t)'$。此外，由于存在随机波动的假设，TVP-SV-VAR 模型中的待估参数较多，若使用 Kalman 滤波来对模型

第五章 发达经济体货币政策新变化对中国货币政策和人民币汇率波动影响的实证研究

进行极大似然估计,将可能由于计算量过大而导致估计失效,因此,本书参照 Nakajima(2011) 的建议使用马尔可夫链蒙特卡洛(MCMC)方法对模型进行估计。

(一) MCMC 估计结果

本书参照 Nakajima(2011) 的建议使用马尔可夫链蒙特卡洛(MCMC)方法对模型进行估计。MCMC 方法是在贝叶斯推断下考虑的,其目标是在研究人员预先设定的特定先验概率密度下评估目标参数的联合后验分布。在进行 MCMC 模拟估计前,需对待估参数选择先验概率,本书借鉴 Primiceri(2005) 中的做法,赋值 $\mu_{\beta_0} = \mu_{\alpha_0} = \mu_{h_0}$,同时令 $\sum_{\beta_0} = \sum_{\alpha_0} = \sum_{h_0} = 10 \times I$,此外,假定协方差矩阵第 i 个对角线元素服从先验分布:

$$\left(\sum\nolimits_\beta\right)_i^{-2} \sim Gamma(40, 0.02), \quad \left(\sum\nolimits_\alpha\right)_i^{-2} \sim Gamma(4, 0.02),$$
$$\left(\sum\nolimits_h\right)_i^{-2} \sim Gamma(4, 0.02)$$

随后使用 MCMC 模拟法进行估计,令 $y = \{y_t\}_{t=1}^n$,$\omega = (\sum_\beta, \sum_\alpha, \sum_h)$,设 $\pi(\omega)$ 为 ω 的先验概率密度,给定数据 y,对后验分布 $\pi(\beta, \alpha, \gamma, \omega | y)$ 进行抽样。在 MCMC 方法的估计下,模型中所有参数和变量被同时抽样,使在参数不确定的情况下,能够对变量做出统计推断,且可以进行脉冲响应函数分析。本小节研究中应用 MCMC 算法连续进行 10000 次抽样,最终得出结果如表 5-16 所示。

表 5-16　　　　　　　　　MCMC 模拟估计结果

参数	后验均值	标准差	95%置信区间(下)	95%置信区间(上)	Geweke 收敛诊断值	无效影响因子
s_{b1}	0.0224	0.0027	0.0181	0.0285	0.272	30.81
s_{b2}	0.0231	0.0027	0.0184	0.0292	0.136	13.68
s_{a1}	0.2801	3.1025	0.0324	0.4992	0.241	42.82

续表

参数	后验均值	标准差	95%置信区间（下）	95%置信区间（上）	Geweke收敛诊断值	无效影响因子
s_{a2}	0.0760	0.0272	0.0409	0.1441	0.000	67.35
s_{h1}	0.3153	0.1190	0.1386	0.6134	0.157	113.96
s_{h2}	1.4169	0.3175	0.9141	2.1321	0.041	152.18

表5-16的估计结果显示了模型估计的后验均值、标准差、95%的置信区间（下、上）、Geweke收敛诊断值以及无效影响因子。其中 s_{b1}、s_{b2}、s_{a1}、s_{a2}、s_{h1}、s_{h2} 分别对应矩阵 $\sum_\beta$、$\sum_\alpha$、$\sum_h$ 的第一、第二个对角元素。参数的后验均值均处于95%置信区间内，且Geweke诊断值表明在5%的显著性水平下不能拒绝原假设，即样本区间马尔可夫链趋于集中。此外，无效影响因子的最大值为152.18，说明在10000次抽样中对于进行后验推断的有效样本数目足够，说明通过TVP-SV-VAR模型能够对模型参数进行有效估计，进一步表明在所构建的模型下考察发达经济体货币政策与人民币汇率的波动之间的动态关联具有可靠性与合理性。

图5-15是模型中参数有效部分的估计结果，通过可视化方式分别显示了模型中参数的自相关函数、动态模拟变动路径以及后验分布的密度函数。可见，时变参数大致符合正态分布，即表明模型中不存在参数自相关问题，且使用MCMC算法估计的模型有效。

（二）变量间关系的时变脉冲响应分析

脉冲响应分析的意义在于，了解当给定模型中某一变量一个标准差的冲击，其他变量的反应状态，在本节的研究中，时变参数向量自回归模型的脉冲响应是通过对样本区间内不同时期或不同提前期下进行MCMC模拟迭代计算得出的。

1. 美国不同时点下的脉冲响应分析

图5-16为模型在不同时点的脉冲响应结果，其中分别选取2008

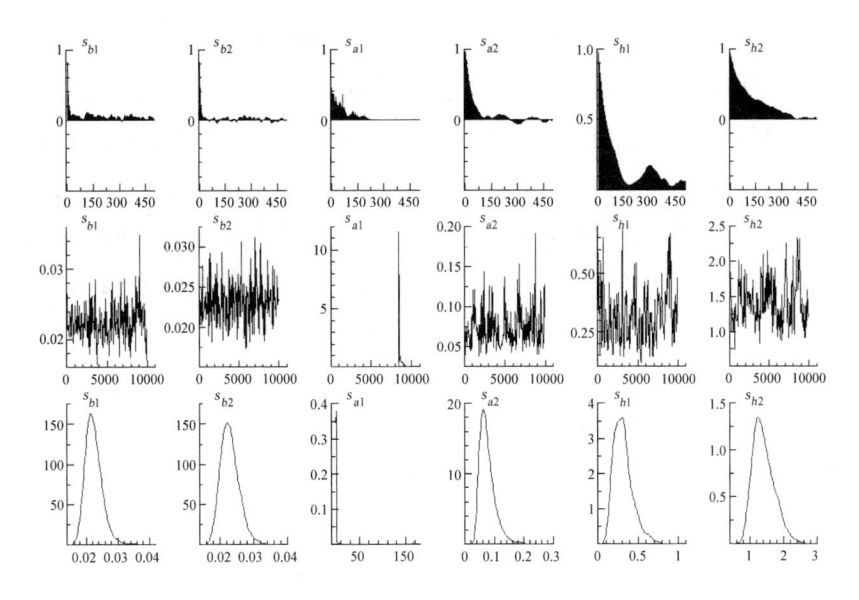

第五章 发达经济体货币政策新变化对中国货币政策和人民币汇率波动影响的实证研究

图 5-15 TVP-SV-VAR 模型的估计结果

(a) 美国→中国

(b) 中国→美国

+—+ 2008-12   ×-× 2015-12   ▼—▼ 2020-05

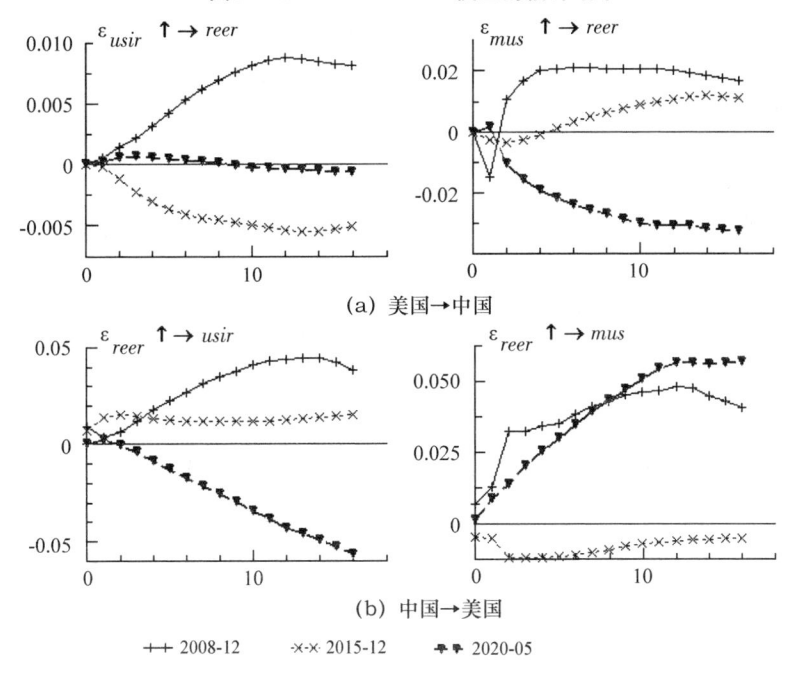

图 5-16 美国不同时点下的脉冲响应分析

年 12 月、2015 年 12 月以及 2020 年 5 月作为冲击时间点，这三个时点分别对应了国际金融危机后美国采取量化宽松的货币政策时点、退出非常规货币政策开始加息时点，以及启动新一轮降息周期的时间点。根据图中的脉冲响应结果，当给定美国价格型货币政策一个正向标准差冲击时，即利率水平提升，货币政策紧缩，在三个时点下人民币汇率的响应不同。具体来看，当美国利率水平上升时，人民币汇率水平在 2008 年 12 月有升值趋势，而在 2015 年 12 月有贬值趋势，在 2020 年 5 月有先升值后贬值趋势且响应幅度微弱；而当给定美国数量型货币政策一个正向标准差冲击时，即货币政策相对宽松，三个时间点下人民币汇率的响应仍有不同方向。当货币供给量增加时，2008 年 12 月与 2015 年 12 月时点下人民币汇率将产生升值趋势，而在 2020 年 5 月人民币汇率的响应为贬值。

而当给定人民币汇率一个正向标准差的冲击时，即人民币升值情况下，美国货币政策的响应方向也存在时变特征。人民币升值的波动对美国利率的影响在 2008 年与 2015 年为正向，而在 2020 年 5 月的影响为负向；人民币升值的波动对美国货币供给量的影响在 2008 年与 2020 年的响应为正向，在 2015 年的响应为负向。

2. 欧元区不同时点下的脉冲响应分析

图 5-17 为模型在不同时点的脉冲响应结果，其中分别选取 2008 年 12 月、2011 年 10 月以及 2014 年 12 月作为冲击时间点。这三个时点分别对应：欧洲央行进入降息周期的时点；欧洲央行开始加息的时点；欧洲再次进入降息周期实行几乎零利率的时点。根据图中的脉冲响应结果，当给定欧元区价格型货币政策一个正向标准差冲击时，即利率水平提升，货币政策紧缩，人民币汇率在三个不同时点均为负向响应，且在 2014 年 12 月的响应程度最大；而当给定数量型货币政策一个正向标准差冲击时，人民币汇率在三个时点下均为正向响应，且 2008 年 12 月时点下的响应程度最大。表明欧元区采取紧缩的货币政策将造成人民币汇率贬值，而宽松的货币政策将造成人民币汇率升值的波动。

而当给定人民币汇率波动一个正向标准差的冲击时，欧元区价格型货币政策的响应在三个时点下不相同，具有时变性特征。具体来看，在受到人民币升值的冲击时，利率水平在 2011 年 10 月时点下有所提升，而在其他两个时点下利率水平均呈现下降趋势；而货币供给量在三个时点下的响应较为相似，均在初始期达到最大正向响应值，随后逐渐收敛至均衡水平，且始终为正向响应。表明人民币升值的冲击可能造成欧元区采取相对宽松的货币政策。

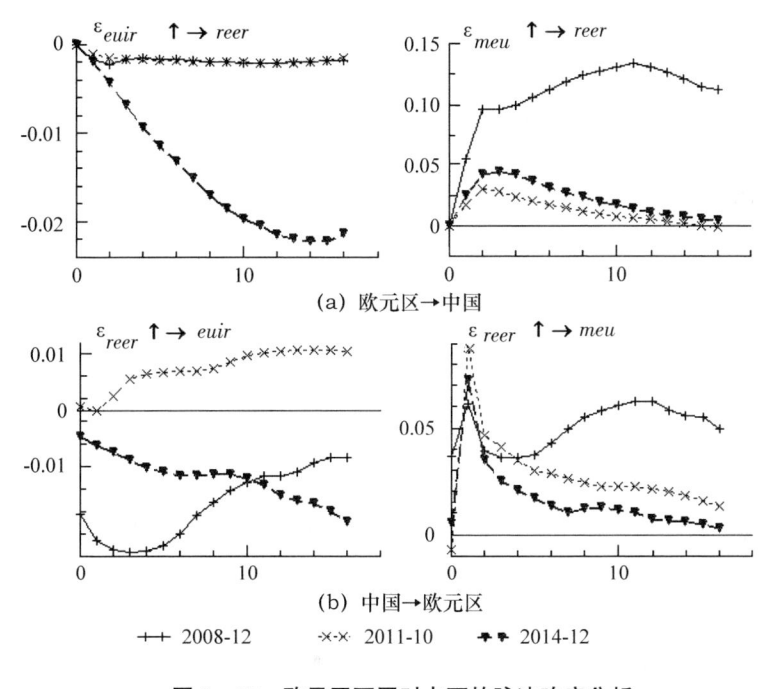

图 5-17 欧元区不同时点下的脉冲响应分析

3. 日本不同时点下的脉冲响应分析

图 5-18 为模型在不同时点的脉冲响应结果，其中分别选取 2009 年 1 月、2013 年 4 月以及 2016 年 9 月作为冲击时间点。这三个时点分别对应：日本首次为应对国际金融危机对货币政策进行调整，隔夜拆借利率降至 0.1% 的时间点；日本央行将货币政策操作目标调整为基础货币，并实施大规模资产购买计划以及负利率政策；以及 2016 年起日本

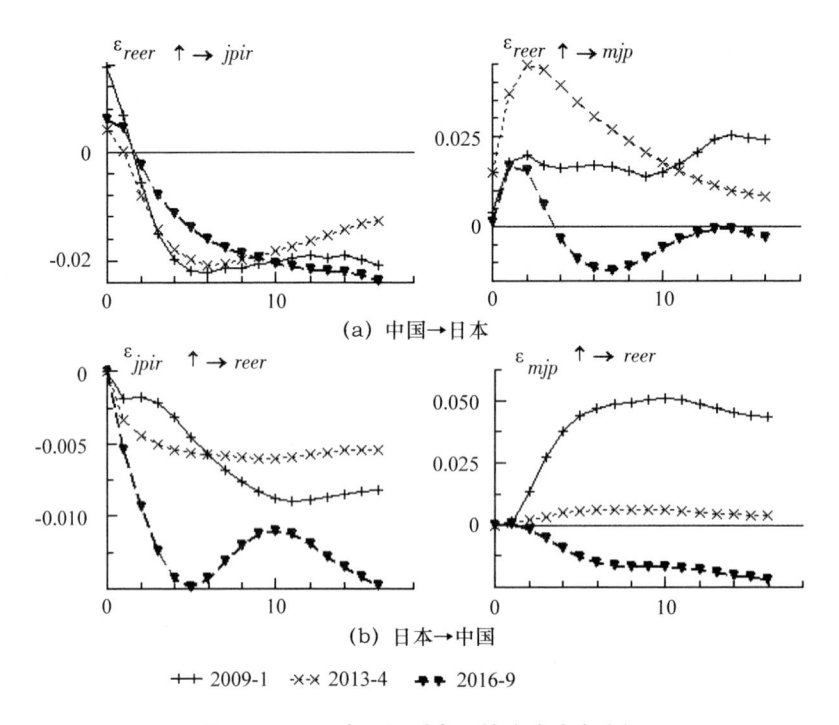

图 5-18 日本不同时点下的脉冲响应分析

央行正式启动负利率货币政策的时点。当给定日本利率一个正向标准差冲击时，即利率水平上升，货币政策相对收紧，人民币汇率在初始期短暂地出现正向响应，随后在三个时点均转为负向响应。表明当日本实行紧缩的货币政策情况下，将造成人民币汇率贬值影响；而当给定日本货币供给量一个正向标准差冲击时，人民币汇率在2009年1月与2013年4月均为正向响应，而在2016年9月时点出现了负向响应，表明日本数量型货币政策对人民币汇率波动的影响存在一定时变性特征。

而当给定人民币汇率一个正向标准差的冲击时，即人民币升值情况下，日本利率水平在三个时点下均为负向响应，在响应程度上略有差别，最大响应值约为-0.0125。表明人民币升值的冲击在一定情况下会影响日本的价格型货币政策，并且日本货币政策趋于宽松。而货币供给量的响应在不同时点下有区别，2009年1月与2013年4月的响应为正

第五章 发达经济体货币政策新变化对中国货币政策和人民币汇率波动影响的实证研究

向,而 2016 年 9 月的响应为负向。表明人民币升值的冲击对于日本数量型货币政策的影响存在时变性特征,但总体上人民币的升值会造成日本货币政策趋于宽松。

4. 美国不同提前期下的脉冲响应分析

图 5-19 为不同提前期下的脉冲响应结果,本实验中选取的提前期分别为 6 期、8 期以及 10 期。当美国货币供给量(mus)受到正向冲击时,即货币供给增加,美国实行相对宽松的货币政策情况下,人民币汇率将先升值后贬值;而当美国联邦基金利率($usir$)受到正向冲击时,即利率水平提升实行相对紧缩的货币政策,人民币汇率的波动情况下,为先升值后贬值再升值。而当人民币汇率($reer$)受到正向冲击时,即人民币汇率升值情况下,美国货币供给量的响应为先增加后减少再增加,利率的响应情况为先提升后下降。

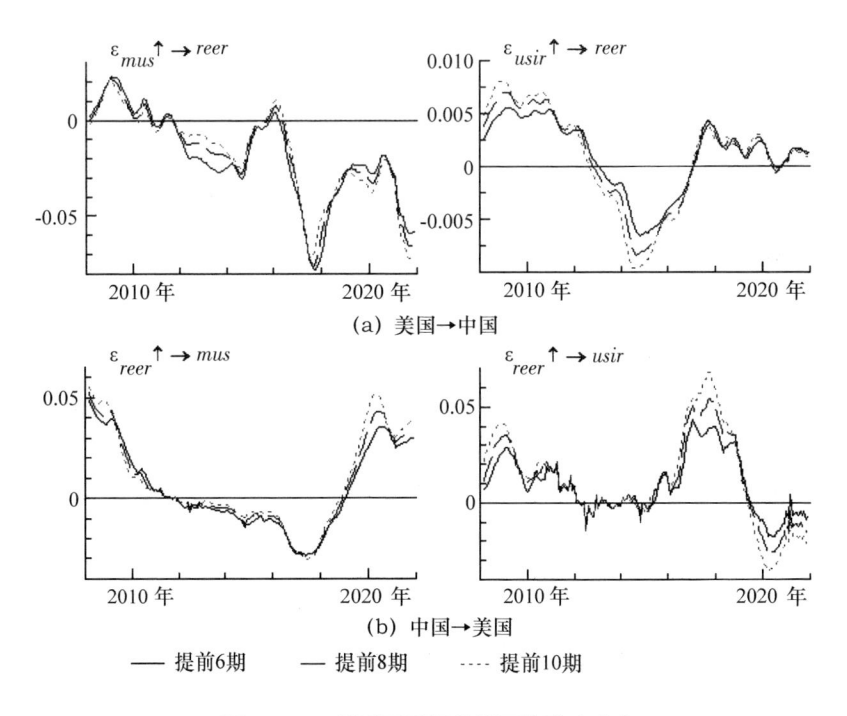

图 5-19 美国不同提前期下的脉冲响应

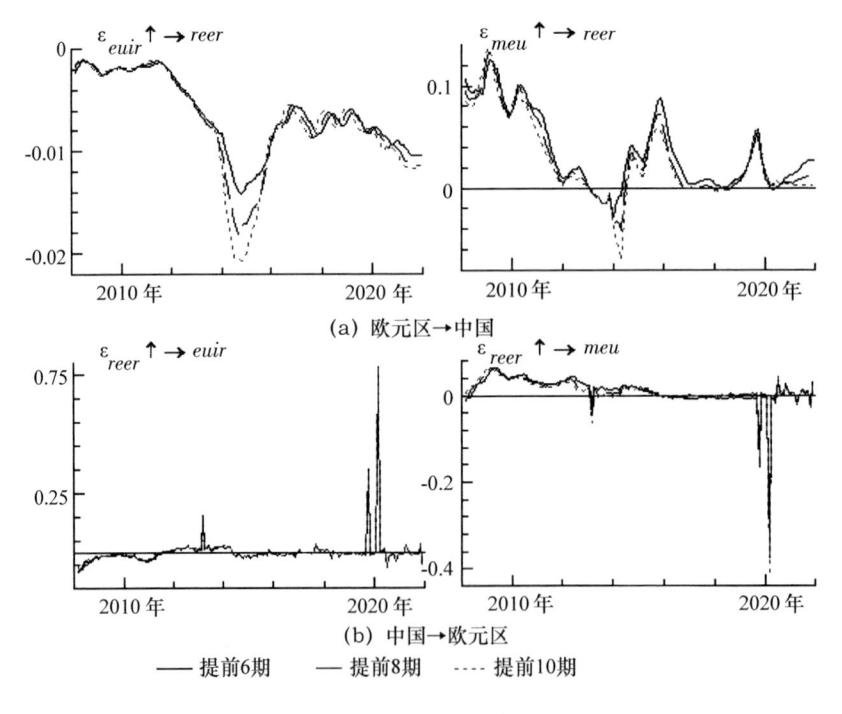

5. 欧元区不同提前期下的脉冲响应分析

图 5-20 为欧元区不同提前期下的脉冲响应结果，本实验中选取的提前期分别为 6 期、8 期以及 10 期。当欧元区国家利率水平受到正向冲击时，即利率水平提升，货币政策相对紧缩，人民币汇率的响应在三期下均为负向，最大响应值约为 -0.02。表明当欧洲央行采取紧缩的货币政策时，将造成人民币汇率贬值的影响；而当给定货币政策正向冲击时，即货币供给量增加，货币政策相对宽松，人民币汇率总体上为正向响应，且在初始期达到最大响应值约为 0.12。表明当欧洲央行执行相对宽松的货币政策情况下，人民币汇率将产生升值趋势。而当人民币汇率（reer）受到正向冲击时，即人民币汇率升值情况下，对欧元区的货币政策影响相对较为微弱，仅在几个时点下有较大的响应值，总体上其影响较小。

(a) 欧元区→中国

(b) 中国→欧元区

—— 提前6期　　—— 提前8期　　---- 提前10期

图 5-20　欧元区不同提前期下的脉冲响应

6. 日本不同提前期下的脉冲响应分析

图 5-21 为不同提前期下日本货币政策与人民币汇率冲击下的脉冲响应结果，本实验中选取的提前期分别为 6 期、8 期以及 10 期。当给定日本利率一个正向标准差冲击时，即利率水平上升，货币政策相对紧缩，人民币汇率在不同提前期下均为负向响应，最大响应值约为 -0.025。表明当日本货币政策紧缩对人民币将造成贬值影响；而当给定日本货币供给量一个正向标准差冲击时，即货币供给量增加，货币政策相对宽松，人民币汇率在不同提前期下为先升值后贬值再升值的趋势，总体上将造成人民币升值的影响，但存在明显时变性特征。总体来看，日本货币政策紧缩时，人民币汇率将贬值，而当货币政策趋于宽松的情况下，人民币汇率有升值的趋势。

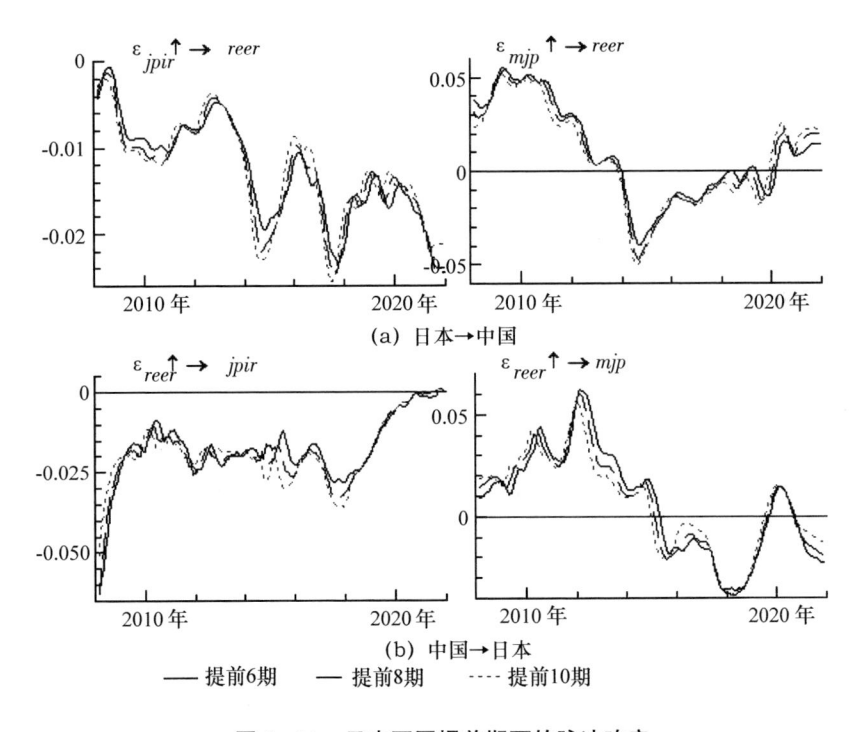

图 5-21 日本不同提前期下的脉冲响应

而当给定人民币汇率一个正向标准差的冲击时，即人民币升值，日本利率水平在不同提前期下均为明显的负向响应，表明人民币的升值将使得日本货币政策趋于宽松。而日本的货币供给量的响应存在变化，在初期增长，中期下降，后期回归增长的趋势，存在时变性特征。

第四节　小结

本章分别通过 SVAR 模型与 TVP-SV-VAR 模型检验了美欧日发达经济体货币政策新变化对人民币汇率波动的影响。研究结果表明：

（1）美欧日发达经济体货币政策对人民币汇率的波动影响存在差异性。美国货币政策的变化对人民币汇率的波动影响最大，其次是欧元区的货币政策，而日本无论是数量型货币政策还是价格型货币政策的变化对人民币汇率的波动影响均相对较小。

（2）美欧日发达经济体货币政策对人民币汇率的波动影响存在时变特征。TVP-SV-VAR 模型的脉冲响应结果表明：美国货币政策对人民币汇率的影响存在明显的时变性特征，在不同时点下美国货币政策的冲击对人民币汇率波动的影响方向均不相同；而欧元区货币政策的变化对人民币汇率波动的影响在不同时点下呈现一致性，采取紧缩的货币政策将造成人民币汇率贬值，而宽松的货币政策将造成人民币汇率升值；日本实行紧缩的货币政策，将造成人民币汇率贬值影响，而日本数量型货币政策对人民币汇率波动的影响存在一定时变性特征，在不同时点下人民币汇率的波动响应呈现不同方向。

（3）人民币汇率的波动会对发达经济体的货币政策产生一定影响且存在时变特征，其影响在美欧日发达经济体间存在异质性。SVAR 模型脉冲响应的结果：人民币汇率的升值可能造成美国货币政策转向宽松进而增加货币供给量，但对利率水平存在先降后升的影响；面对人民币汇率升值的冲击，欧元区将选择宽松的货币政策应对，扩大货币供给量与降低利率；人民币汇率升值的冲击对日本不同类型的货币政策影响不同，人民币汇率的升值波动造成日本数量型货币政策宽松，而对价格型货币政策的影响转为紧缩。而 TVP-SV-VAR 模型的脉冲响应表明：人民币汇率的波动对美国货币政策存在明显的时变性特征；而人民币汇率升值的冲击可能造成欧元区采取相对宽松的货币政策；同样，人民币汇率的升值会造成日本货币政策趋于宽松，但影响程度微弱。

第六章

中国货币政策对人民币汇率波动的溢出效应与传导机制的实证分析

本章应用马尔可夫区制转换向量自回归模型（Markov-Swithching VAR，MS-VAR）进一步分析中国货币政策与人民币汇率波动的动态关系，并检验传导渠道。由于现实中经济环境的状况较为复杂，货币政策与人民币汇率的变动都可能呈现非线性的状态，例如，货币政策的变化存在宽松与紧缩两种变化，汇率存在升值与贬值趋势，而简单的线性模型可能无法精准地识别出货币政策的变化与人民币汇率的波动以及间接传导变量之间的关系。针对线性模型可能存在的缺点，本章在线性模型的基础上使用马尔可夫区制转换向量自回归模型来分析不同区制下变量之间的动态关系，有助于在研究中更加客观地反映事实。

第一节 MS – VAR 模型的构建

MS – VAR 模型的回归参数依赖于一个不可观测的区制变量而时变，且此不可观测的区制变量遵循马尔可夫区制转换过程。滞后阶数为 P 阶的 MS – VAR（P）表达式如下：

$$y_t = v(S_t) + A_1(S_t)y_{t-1} + \cdots + A_p(S_t)y_{t-p} + \mu_t \quad (6-1)$$
$$\mu_t \sim NID\left[0, \Sigma(S_t)\right]$$

其中，S_t 是不可观测的区制变量，由马尔可夫随机过程中的离散时间和离散状态决定，区制发生转换的概率如下：

$$P_{ij} = \Pr(S_{t+1} = j \mid S_t = i), \sum_{j=1}^{M} p_{ij} = 1, \forall_{i,j} \in \{1,\cdots,M\} \qquad (6-2)$$

其中，M 表示区制的个数，在 M 个区制下，相对应的转换概率矩阵为：

$$\boldsymbol{P} = \begin{bmatrix} P_{11} & P_{12} & \cdots & P_{1M} \\ P_{21} & P_{22} & \cdots & P_{2M} \\ \vdots & \vdots & \ddots & \vdots \\ P_{M1} & P_{M2} & \cdots & P_{MM} \end{bmatrix} \qquad (6-3)$$

第二节　数据的选取与处理

（1）中国货币政策（MP）。从货币政策工具的角度来考虑，本书中选取货币供给量（M2）增速作为反映中国货币政策的宏观经济指标。

（2）人民币汇率（REER）。汇率指标主要有美元兑人民币名义汇率和实际有效汇率两种选择。本书选取人民币实际有效汇率进行实证研究，不同于名义汇率，实际有效汇率剔除了国内外价格水平的变化对购买力的影响，能够真实地反映中国货币相对于其他国家货币的升值或贬值。相关数据来自 Wind 数据库。

（3）利率（IR）。利率是度量金融市场中货币成本的主要指标。由于上海银行间同业拆借利率可以及时并准确地反映国内货币市场上短期资金的供求情况，因此本书选取上海银行间同业拆借隔夜利率（SHIBOR 隔夜利率）作为利率的代理指标，这个指标也为大多数研究采用。

（4）资本流动（SCF）。根据投资期限的长短，国际资本可以分为长期国际资本与短期国际资本，长期国际资本较为稳定，相较之下，短期国际资本的流动会对汇率等宏观经济指标造成显著影响，因此本章中选择短期国际资本流动的数据作为资本流动的代理指标。采用间接法对资本流动进行计算，公式为：$SCF = \Delta r - FDI - \Delta CA$。其中，$\Delta r$ 为当月外汇储备增加量，ΔCA 为经常项目顺差，FDI 为当期外商直接投资实际使用量。

（5）通货膨胀率（CPI）。消费者价格指数（CPI）和商品零售价格指数（RPI）是国内对通胀衡量的两种普遍方法。本书中选取居民月度消费价格指数的环比对数差分来反映通货膨胀的变化水平。

（6）国际收支（IBP）。国际收支数据使用收支平衡表中的经常账户余额除以 GDP 来度量。因国际收支与 GDP 数据原本为季度数据，而其他变量均为月度数据，本书将季度数据通过二次匹配平均（Quadratic-Match Average）进行由低频向高频数据转换处理，将季度数据转换为月度数据，数据来自中国人民银行和国家统计局。

具体的数据来源与计算公式见表 6-1。

表 6-1　　　　　　　　变量的选取与数据来源

变量	符号	定义	数据来源
货币政策	MP	广义货币供给量 M2 的环比增长率	Wind 数据库
人民币汇率	REER	人民币实际有效汇率	中国人民银行
资本流动	SCF	由公式 $SCF = \Delta r - FDI - \Delta CA$ 计算得出	国家外汇管理局；Wind 数据库
利率	IR	上海银行间同业拆借隔夜利率	Wind 数据库
通货膨胀率	CPI	中国 CPI 月环比数据	国家统计局
国际收支	IBP	经常账户余额÷GDP	国家外汇管理局；国家统计局

本书对所有选取的数据通过 Z-SCORE 方法对数据做标准化处理，计算公式为 $I_{it}^n = \dfrac{X_{it} - \bar{X}_i}{S_i}$。其中，$X_{it}$ 表示在 t 时期 i 指标的数值，$\bar{X}_i$ 表示

X_{it} 的算术平均值，S_i 表示该组变量的标准差，I_{it}^n 表示经标准差化处理后的指标值。此外，对货币政策数据（MP）与通货膨胀数据（CPI）进行 Census X12 季节处理。本书所有数据的样本空间时间从 2008 年 1 月至 2022 年 12 月，样本容量为 191 个。

第三节　基于 MS – VAR 模型的实证分析

一　平稳性检验

对原时间序列数据进行 PP 检验与 DF – GLS 统计量检验，结果见表 6 – 2，其中货币政策（MP）与人民币实际有效汇率（REER）经一阶差分后平稳，其余数据均为平稳的时间序列数据。

表 6 – 2　平稳性检验结果——PP 检验与 DF – GLS 统计量检验

变量	原序列		一阶差分序列	
	PP	DF – GLS	PP	DF – GLS
MP	– 2.3381	– 2.9275 *	– 13.1764 ***	– 3.8234 ***
REER	– 2.1741	– 1.7066	– 9.4851 ***	– 8.9042 ***
SCF	– 9.6055 ***	– 5.8033 ***	– 57.8545 ***	– 14.9458 ***
IR	– 4.8885 ***	– 4.8616 ***	– 29.9027 ***	– 12.4011 ***
IBP	– 3.2133 *	– 4.1094 ***	– 13.5998 ***	– 4.4909 ***
CPI	– 10.7456 ***	– 10.0681 ***	– 53.5037 ***	– 12.0782 ***

注：*、**、*** 分别表示在 10%、5% 和 1% 的显著性水平下平稳。

二　模型的具体选择

使用 Eviews 软件确定模型的最优滞后阶数，结果如表 6 – 3 所示。根据少数服从多数的原则，将模型滞后期设置为 1。

表6-3　　　　　　　　　　滞后阶数选取准则

滞后期数	LL	LR	FPE	AIC	SC	HQ
0	-1317.933	—	0.1150	15.1307	15.2392	15.1747
1	-552.1422	50.1331*	3.48e-05	6.7902	7.5497*	7.0983
2	-480.8151	1470.319	2.40e-05	6.3865	7.7970	6.9586*
3	-452.6956	132.0571	2.63e-05	6.4765	8.5382	7.3128
4	-387.9943	110.9165	1.91e-05	6.1485	8.5382	7.3128

马尔可夫区制转换向量自回归模型具有将数据划分为区制的特征，因此在确定了模型的滞后期后，需要对模型的区制数进行确定。区制数的选择可以根据实际经济状况而定，由于汇率存在升值和贬值两种状态，中国的货币政策也存在紧缩和宽松两种相对的状况，鉴于此，本书将区制数确定为2，研究两区制下的MS-VAR模型。

确定了区制的个数为2后，构建含有货币政策、人民币汇率、短期国际资本流动、利率、通货膨胀以及国际收支的MS-VAR模型，根据模型截距、方差、均值等是否随区制的变化而变化，构建各个参数随区制变化的MS-VAR模型。如表6-4所示，分别建立线性VAR模型、MSM（2）-VAR（1）、MSI（2）-VAR（1）、MSH（2）-VAR（1）、MSIH（2）-VAR（1）、MSIAH（2）-VAR（1）模型，从AIC、HQ、SC规则和对数似然值LL规则来确定最优模型，确定最优模型为MSH（2）-VAR（1）。

表6-4　　　　　　　　　　具体模型的选择准则

	线性	非线性				
	VAR（1）	MSM（2）-VAR（1）	MSI（2）-VAR（1）	MSIH（2）-VAR（1）	MSIAH（2）-VAR（1）	MSH（2）-VAR（1）
LL	-480.8151	-518.5333*	-495.1441	-416.4049	-352.5083	-160.0802
AIC	6.3865	6.9120	6.6535	6.0155	6.1051	3.1169*
SC	7.7970	8.8028	8.5443	8.2774	9.6393	5.2728*

三 区制的划分与特征

图 6-1 为 OxMetrics 软件输出的两区制的估计概率，较多样本处于区制 2 中，较少样本处于区制 1 中。根据两区制的特征划分，区制 1 中大多数时间中国实行较为紧缩的货币政策，且其间伴随着人民币汇率的升值；而区制 2 中的特点为实行较宽松的货币政策，且伴随着人民币汇率的贬值。

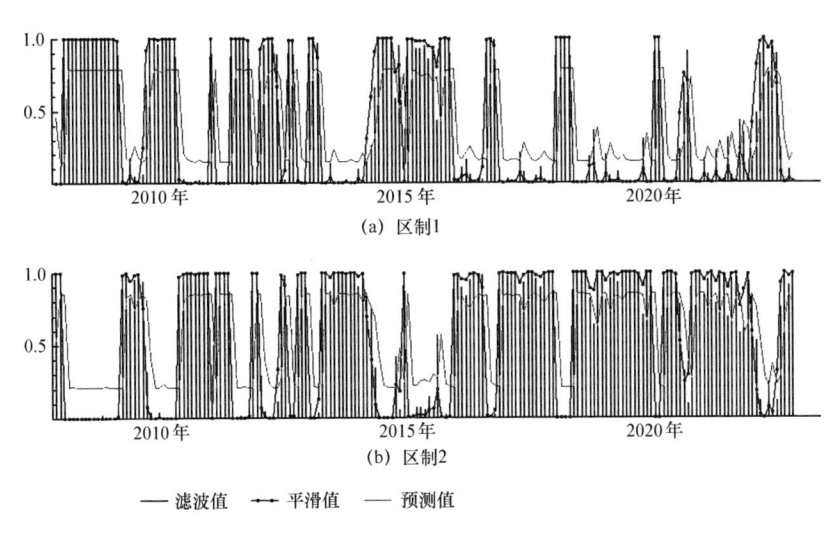

—— 滤波值　—●— 平滑值　—— 预测值

图 6-1　OxMetrics 软件下 MS-VAR 模型区制概率

从表 6-5 中可知，所选数据中维持在区制 1 经济系统的概率为 0.7880，从区制 1 转换到区制 2 的概率为 0.2120。而经济系统维持在区制 2 的概率为 0.1460，从区制 2 转换到区制 1 的概率为 0.8540。

表 6-5　　　　　　　　　　区制转换概率

	区制 1	区制 2
区制 1	0.7880	0.2120
区制 2	0.1460	0.8540

四 MS-VAR 模型的估计结果

本书使用 Krolzig 的 OX – MSVAR Pack 在 Givewin 软件对模型进行估计。表 6-6 中详细展示了模型 MSH（2） – VAR（1） 的参数估计结果。

表 6-6   MS – VAR 模型的估计结果

	CPI 方程	IBP 方程	MP 方程	REER 方程	SCF 方程	IR 方程
截距（区制1）	-0.2116**	0.1665***	-0.0434**	0.0228	-0.2101***	-0.1002*
	(-2.31)	(2.99)	(-2.51)	(0.19)	(-3.20)	(-1.67)
截距（区制2）	0.5827***	-0.4576***	0.1055***	0.0517**	0.5634***	0.2785**
	(3.23)	(-4.30)	(3.16)	(2.11)	(4.50)	(2.22)
cpi_1	1.3334*	0.1452***	-0.1057	0.6053	0.2404	-0.2631
	(1.80)	(3.07)	(-1.12)	(0.69)	(0.43)	(-0.53)
ibp_1	0.1233*	1.6986***	0.2088	0.0283	0.1120**	-0.0718
	(1.66)	(14.93)	(0.21)	(0.29)	(2.04)	(-0.15)
mp_1	-0.3108**	0.2791***	0.8973***	-0.4838***	-0.8072	-0.2382***
	(-2.34)	(3.31)	(35.43)	(-2.79)	(-0.88)	(-2.66)
$reer\_1$	-0.3909***	0.1386*	-0.5674**	0.9178***	-0.4333***	-0.2362***
	(-2.97)	(1.64)	(-2.25)	(54.20)	(-4.40)	(-2.64)
scf_1	-0.2688***	0.0462	-0.1285	-0.5014***	0.1885***	-0.7568
	(-2.79)	(0.75)	(-0.69)	(-4.05)	(2.66)	(-1.16)
ir_1	-0.0620	0.5815**	-0.6593***	0.1223	0.0799	0.6972***
	(-0.77)	(2.49)	(-4.25)	(1.17)	(1.32)	(12.69)
SE(区制1)	0.0917	0.0558	0.0173	0.0121	0.0656	0.0597
SE(区制2)	0.1806	0.1064	0.0333	0.0245	0.1251	0.1141

注：*、**、*** 分别表示在 10%、5%、1% 的显著性水平下显著。
cpi_1 表示 cpi 滞后 1 期值，余同。

中国货币政策方程（MP 方程）表明，滞后 1 期的货币政策对当期的货币政策在1%的显著性水平下有显著的正向影响,说明中国的货币政策的施行通常存在一定的连续性。而在方程中滞后1期的人民币汇率(REER)在5%的显著性水平下对中国货币政策产生负向作用,说明当人民币汇率升值时,货币政策会相应地紧缩;而当人民币汇率贬值时,可能造成中国货币政策相对宽松的结果。

人民币汇率方程(REER 方程)表明,滞后1期的人民币汇率的波动在1%的显著性水平下对当期汇率的波动有显著的正向作用,说明人民币汇率的波动存在一定的惯性。此外,滞后1期的中国货币政策(MP)在1%的显著性水平下对人民币汇率有着显著的负向影响,表明当国内实行相对紧缩的货币政策时,会造成人民币汇率升值;而当国内货币政策转为宽松时,人民币汇率将贬值。这与前文中的理论分析结果相符合,下文中将进一步通过 MS-VAR 模式的两区制脉冲响应函数进一步分析二者间的直接影响关系与四个间接影响机制的作用。

五 MS-VAR 模型的脉冲响应分析

通过脉冲响应函数可以比较不同区制下变量受到冲击的动态关系,进一步检验中国货币政策与人民币汇率波动的关系。脉冲响应函数主要是通过给定货币政策、通货膨胀、利率、国际收支、短期国际资本流动以及人民币汇率一个正向标准差的冲击,来观察两种区制下其他变量的反应。

(一)人民币汇率对货币政策冲击的响应分析

给定货币政策一个正向标准差冲击,即国内货币政策转变为相对宽松时,两区制下人民币汇率的响应如图 6-2 所示。在区制 1 和区制 2 下,当货币政策转为宽松时,两区制下人民币汇率的响应均为负向,仅响应程度不同。区制 2 下响应程度较大,最大值约为 -10,区制 1 下响应程度最大值约为 -5。与前文中的分析相符,即当货币政策宽松时,人民币汇率将产生贬值趋势。

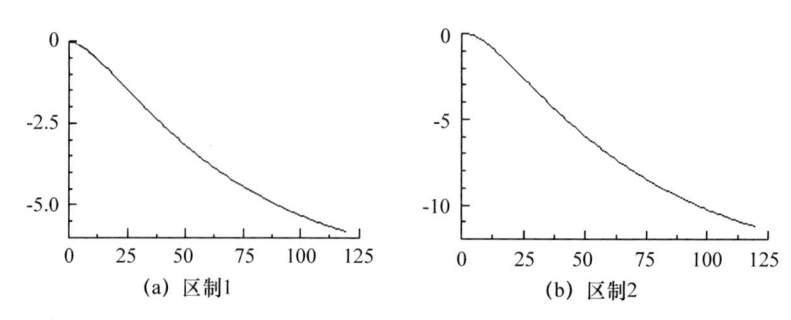

图 6-2 两区制下人民币汇率对国内货币政策冲击的响应

(二) 货币政策对人民币汇率波动冲击的响应分析

选取人民币实际有效汇率 (reer) 作为人民币汇率的指标,而实际有效汇率的上升表明汇率升值,相反则表明汇率贬值。因此,当给定人民币汇率一个正向标准差冲击时,说明货币政策受到人民币汇率升值的冲击,具体的响应结果见图 6-3。当给定人民币汇率一个正向标准差冲击时,两区制下货币政策的响应有所不同,区制 1 下当受到人民币汇率升值的冲击时,货币政策趋向于紧缩,响应程度最大值约为 -2.5;而区制 2 下,当人民币汇率升值时,货币政策趋向于宽松,响应程度最大值约为 1.5。而根据前文中两区制的特征分析可知,区制 2 下的大部分时间点国内实行宽松的货币政策,因此在区制 2 中的货币政策存在一定惯性,造成了图中的响应结果。

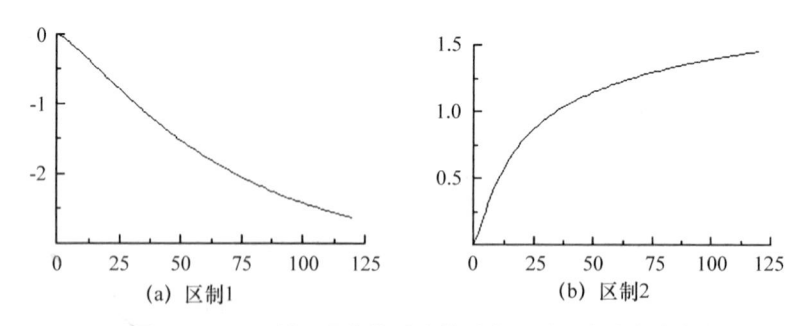

图 6-3 两区制下国内货币政策对人民币汇率冲击的响应

(三) 间接传导机制的脉冲响应分析

采取 MS-VAR 模型的脉冲响应分析检验货币政策对人民币汇率波动影响的四个间接传导机制（短期国际资本流动、利率、通货膨胀、国际收支）的作用情况。

1. 短期国际资本流动传导机制

图 6-4 展示了短期国际资本流动作为中国货币政策对人民币汇率影响的间接影响机制的脉冲响应。当给定货币政策一个正向标准差的冲击时，两区制下短期国际资本流动的响应方式有所不同。区制 1 下，当受到宽松货币政策的冲击时，短期国际资本流动在前期呈现负向响应，最低响应值约为 -0.075，随后收敛至均衡水平。而区制 2 下，短期国际资本流动在初始期呈现正向响应，随后转为负向响应，最终收敛于正向的均衡水平。而根据前文中的理论分析，宽松的货币政策将造成国内利率下降，基于国际投资者追逐利润最大化的原则，短期国际资本将大量流出。基于两区制下短期国际资本流动的不同响应，货币政策对短期国际资本的流动方向的影响在不同的市场状态下可能呈现不同的流动方式。

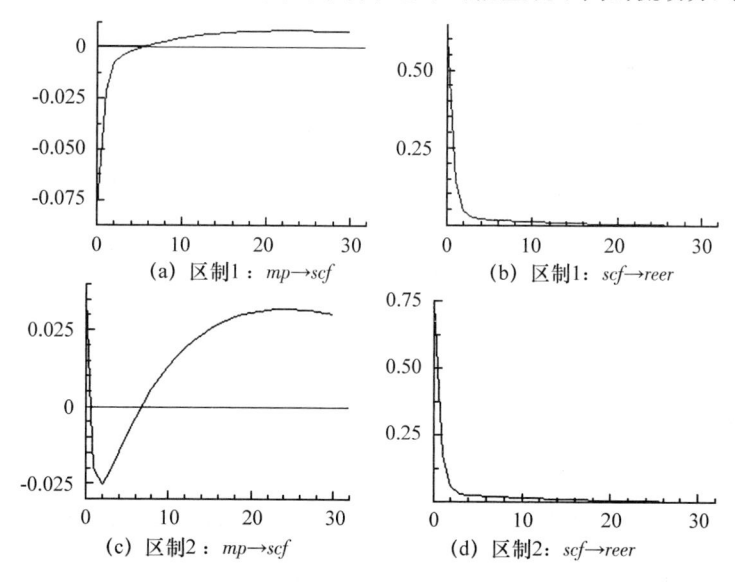

图 6-4　两区制下货币政策对人民币汇率影响的短期国际资本流动传导机制响应

而当给定短期国际资本一个正向的冲击时，人民币汇率的响应方向在两区制下均呈正向响应，且响应程度不同。区制1下人民币汇率的最大响应值约为0.6，而区制2下人民币汇率的最大响应值约为0.75。表明短期国际资本的流入在两种经济状态下均能够造成人民币汇率的升值。基于以上分析，短期国际资本流动作为中国货币政策对人民币汇率影响的间接机制，其作用方式为：宽松的货币政策造成短期国际资本流向其他国家，进而造成人民币汇率的贬值；而当货币政策紧缩时，短期国际资本将流入国内进而推动人民币汇率的升值。

2. 利率传导机制

图6-5展示了利率作为中国货币政策对人民币汇率影响的间接影响机制作用的脉冲响应。当给定货币政策一个正向的标准差冲击时，即货币政策相对宽松情况下，两区制下的利率的响应均在初始期为负向最低值，随后逐渐收敛至均衡水平。具体地，区制1下的利率水平当受到宽松的货币政策影响时，利率水平在初期下降的响应程度最大，为-0.03，而区制2下的利率水平下降程度较大，为-0.75。说明当货币政策宽松时，两个不同经济状况下均造成利率水平的下降，进而造成汇率的贬值，与前文的研究相符。

而当货币政策紧缩时，给定利率一个正向标准差的冲击，两区制下人民币汇率的响应曲线几乎相同，均在第30期左右达到最高响应值。具体来看，当利率受到正向冲击时，即利率水平上升，汇率水平先上升至最大响应值，随后收敛至均衡水平。其中，区制1下汇率的最大响应程度为0.075，区制2下汇率的最大响应程度为0.4。总体来看，利率作为货币政策对人民币汇率的间接影响机制在两个不同的经济状况下的作用较为相似，其作用如下：当货币政策相对宽松时，利率水平下降，造成人民币汇率贬值；而当货币政策相对紧缩时，利率水平上升，人民币汇率升值。基于此，脉冲响应函数的结果与理论分析中的结论一致。

第六章 中国货币政策对人民币汇率波动的溢出效应与传导机制的实证分析

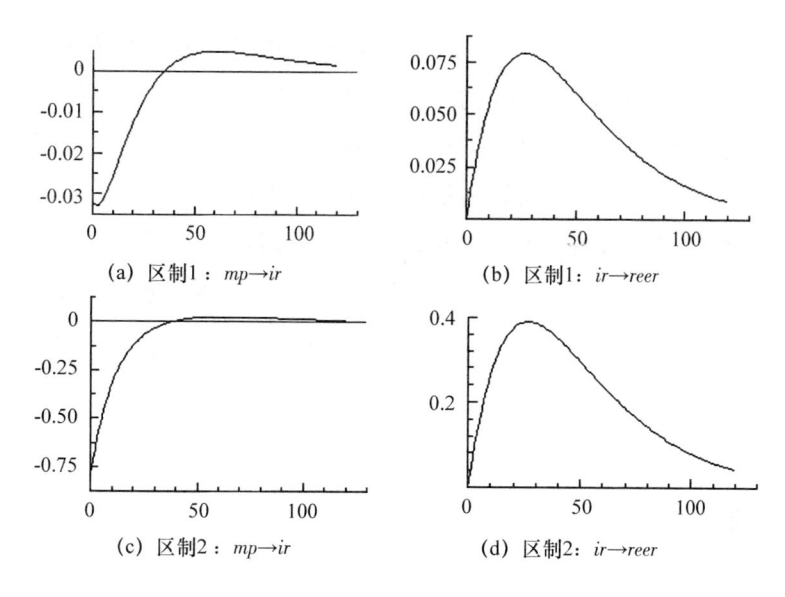

(a) 区制1：$mp \rightarrow ir$

(b) 区制1：$ir \rightarrow reer$

(c) 区制2：$mp \rightarrow ir$

(d) 区制2：$ir \rightarrow reer$

图 6-5 两区制下货币政策对人民币汇率影响的利率传导机制响应

3. 通货膨胀传导机制

图 6-6 为通货膨胀作为中国货币政策对人民币汇率影响的间接影响机制的脉冲响应。当给定货币政策一个正向标准差的冲击时，即货币政策相对宽松，两区制下通货膨胀水平的响应不一致，但最终均收敛于正向水平的响应，即宽松的货币政策最终造成通货膨胀水平的上升。具体来看，当受到宽松的货币政策影响冲击时，区制 1 下的通货膨胀水平在初始期响应为负向，负向响应仅持续了 10 期左右后快速转变为正向响应，长期的响应方向始终为正向；而区制 2 的响应方式与区制 1 不同，在冲击的初始期响应方向为正向，随后快速转变为负向，并达到最低响应值 -0.018，在 20 期左右快速回归正向响应，并在第 50 期左右达到最大响应值 0.1，随后收敛至均衡水平。两区制下通货膨胀水平的变化表明，当货币政策宽松时，通货膨胀水平在初期可能有所下降，但长期来看，宽松的货币政策将造成通货膨胀水平的上升。

而当给定通货膨胀一个正向标准差冲击时,即通货膨胀水平上升,两区制下人民币汇率的波动响应方式较为相似。具体来看,当通货膨胀水平上升时,两区制下人民币汇率的变化均在前 25 期左右呈现正向响应,在 25 期后转为负向响应并最终收敛至均衡水平。由此,通过脉冲响应函数的分析,通货膨胀作为间接影响机制其作用方式为:当国内采取宽松的货币政策时,将造成通货膨胀水平的上涨,进一步造成人民币汇率的贬值;基于此,脉冲响应函数的结果与理论分析中的结论一致。

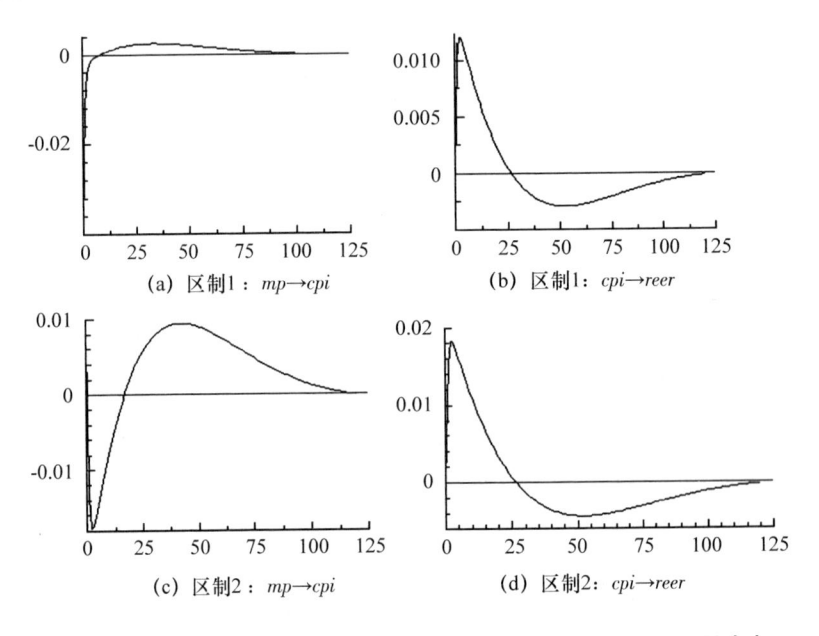

(a) 区制1:$mp \rightarrow cpi$

(b) 区制1:$cpi \rightarrow reer$

(c) 区制2:$mp \rightarrow cpi$

(d) 区制2:$cpi \rightarrow reer$

图 6-6 两区制下货币政策对人民币汇率影响的通货膨胀传导机制响应

4. 国际收支传导机制

图 6-7 为国际收支作为中国货币政策对人民币汇率影响的间接影响机制的脉冲响应。当给定货币政策一个正向标准差的冲击时,两区制下国际收支的响应基本相同,均在初始期维持了 10 期左右的负向响应,随后转为正向响应后收敛与均衡水平。其中,区制 1 下的响应程度较

第六章 中国货币政策对人民币汇率波动的溢出效应与传导机制的实证分析

大,在第 40 期左右达到最大响应值 0.02,而区制 2 下的响应水平较小,最大响应值仅为 0.0005,随后下降至均衡水平。由此可见,当货币政策相对宽松时,将造成中国国际收支顺差的扩大;相反,当货币政策收紧,则导致国际收支顺差缩减或逆差的扩大。

当给定国际收支一个正向标准差冲击时,人民币汇率在两区制下除响应程度外几乎一致。两区制下,当国际收支顺差扩张或逆差缩减时,人民币汇率的响应一直为负向,并均在第 25 期左右达到最低响应值,分别为 -0.065 和 -0.09 左右,随后均收敛至均衡水平。基于以上脉冲响应函数的结果,可以总结国际收支作为间接传导机制,其作用为:当货币政策转向宽松时,造成中国国际收支顺差扩大,进一步造成人民币汇率的贬值;而当货币政策紧缩时,国际收支顺差缩减或逆差扩大,进而造成人民币汇率的升值。

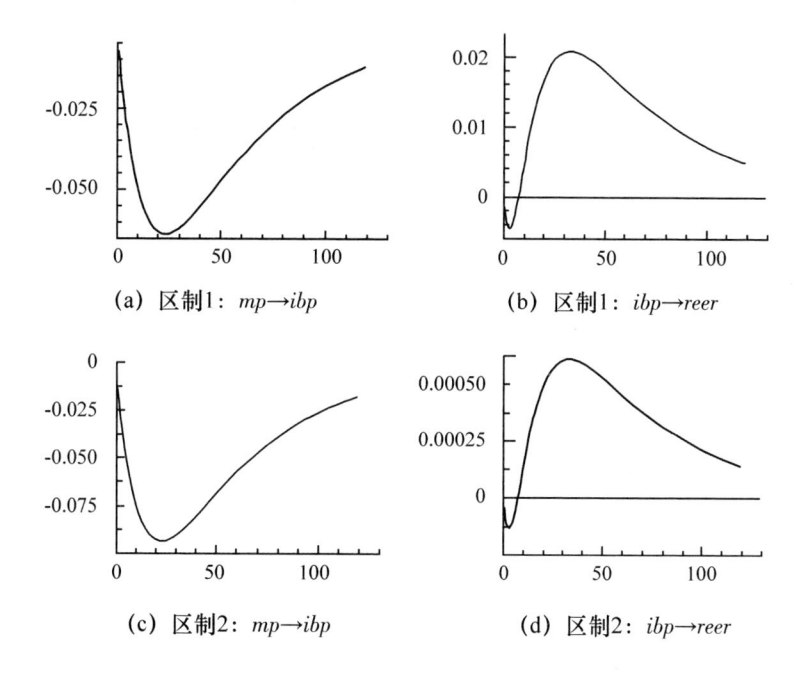

(a) 区制1: $mp \rightarrow ibp$

(b) 区制1: $ibp \rightarrow reer$

(c) 区制2: $mp \rightarrow ibp$

(d) 区制2: $ibp \rightarrow reer$

图 6-7 两区制下货币政策对人民币汇率影响的国际收支传导机制响应

第四节 小结

本章通过使用 MS-VAR 模型研究了两种不同经济状态下中国货币政策对人民币汇率的影响，以及检验二者间通过利率、通货膨胀、短期国际资本流动以及国际收支四个间接影响机制的作用。具体的研究结论如下。

（1）MS-VAR 模型将时间序列的数据划分为两种不同经济状况的区制。马尔可夫区制转换向量自回归（MS-VAR）模型具有将数据划分区制的特征，根据实际经济状况，模型将所有数据划分为两个区制进行研究，其中区制 1 中所涵盖的数据特征为国内实行较为紧缩的货币政策，且伴随着人民币汇率的升值；而区制 2 中的特点为实行较宽松的货币政策，且伴随着人民币汇率的贬值。

（2）中国货币政策与人民币汇率的波动间存在双向影响。MSH(2)-VAR(1) 模型的估计结果表明，中国货币政策的施行通常存在一定的连续性，且国内货币政策对人民币汇率具有负向影响，即当国内实行相对紧缩的货币政策时，会造成人民币汇率的升值；而当国内货币政策转为宽松时，人民币汇率将贬值。而人民币汇率方程的估计结果表明，人民币汇率的波动同样存在惯性。此外，人民币汇率波动对中国货币政策产生负向作用，说明当人民币汇率升值时，货币政策会相应地紧缩；而当人民币汇率贬值时，可能造成中国货币政策相对宽松的结果，这与前文中的理论分析结果相符合。

（3）国内货币政策的冲击对人民币汇率产生负向影响。MS-VAR模型的脉冲响应分析进一步验证了中国货币政策对人民币汇率的波动影响，同时分析了货币政策通过四个间接传导机制（利率、通货膨胀、短期国际资本流动与国际收支）对人民币汇率波动影响的作用。其中，货币政策冲击对人民币汇率的影响与前文研究结论相符，即国内货币政策的冲击对人民币汇率产生负向影响。而当人民币汇率受到冲击影响时，货币政策的响应在两区制下有所不同，区制1中的响应结果与前文理论分析中一致，即人民币汇率的波动对货币政策造成负向影响；而区制2中的响应结果与区制1中不一致，当受到人民币汇率升值的冲击时，货币政策趋向于宽松，该响应结果与区制划分的特征相关，区制2下的大部分时间点国内实行宽松的货币政策，造成了不同经济状况下不同的响应结果。

（4）四个间接传导机制的作用基本与理论分析中结论相符合。其中，短期国际资本流动的间接传导机制在两区制下的响应结果不同，总体上短期国际资本流动的作用机制为：宽松的货币政策造成短期国际资本流向其他国家，进而造成人民币汇率的贬值；而当货币政策紧缩时，短期国际资本将流入国内进而推动人民币汇率的升值；利率作为中国货币政策对人民币汇率影响的间接影响机制作用在两区制下的响应较为相似，其作用方式为：当货币政策相对宽松时，利率水平下降，造成人民币汇率贬值；而当货币政策相对紧缩时，利率水平上升，人民币汇率升值；通货膨胀作为中国货币政策对人民币汇率影响的间接影响机制，其响应过程在两区制下略有不同，但最终收敛至均衡水平的方向一致，即短期内两区制下通货膨胀的传导作用有区别，而长期下，当国内采取宽松的货币政策时，将造成通货膨胀水平的上涨，进一步造成人民币汇率的贬值；国际收支作为中国货币政策对人民币汇率影响的间接影响机制，其响应过程在两区制不同经济状况下基本相同，即当货币政策转向宽松时，造成中国国际收支顺差扩大，进一步造成人民币汇率的贬值；而当货币政策紧缩时，国际收支顺差缩减或逆差扩大，进而造成人民币汇率的升值。

第七章

发达经济体货币政策对中国货币政策和人民币汇率波动影响的总体实证分析

第五章分别进行发达经济体货币政策对中国货币政策影响和发达经济体货币政策对人民币汇率波动影响实证研究，第六章运用 MS-VAR 模型实证检验中国货币政策对人民币汇率波动的溢出效应与传导机制的影响，在此基础上，本章进一步综合运用 TVP-SV-VAR 模型实证检验发达经济体货币政策对中国货币政策和人民币汇率波动影响的总体分析，在第五章和第六章基础上加入时变参数假设，考察美欧日发达经济体货币政策对中国货币政策和人民币汇率波动总体的时变影响。本章的研究内容有利于反映主要发达经济体货币政策溢出效应在长期的动态变化过程，并能够有助于宏观调控部门针对不同效果制定应对外部货币政策冲击的有效措施，为政府决策提供参考依据。

第一节 时变参数随机波动率向量自回归模型

选取的 TVP-SV-VAR 模型建立在辛姆斯（Sims，1980）提出的向量自回归模型（VAR 模型）基础上，并经过普里米切里（Primiceri，2005）进一步发展，通过加入时变参数的假设，并引入随机波动率，能够动态地研究模型内变量之间的相互影响，目前广泛应用于宏观经济分析。

第七章 发达经济体货币政策对中国货币政策和人民币汇率波动影响的总体实证分析

首先，构建出一个基本的 SVAR 模型，其形式为：

$$Ay_t = F_1 y_{t-1} + F_2 y_{t-2} + \cdots + F_s y_{t-s} + \mu_t, \quad t = s+1, s+2, \cdots, n \tag{7-1}$$

其中，y_t 表示由 k 个内生变量构成的 $k \times 1$ 维列向量，s 表示滞后阶数，t 表示期数；A 表示 $k \times k$ 维下三角矩阵，F 表示 $k \times k$ 维滞后系数矩阵，μ_t 表示 $k \times 1$ 维结构性冲击项，并且满足：

$$A = \begin{bmatrix} 1 & 0 & \cdots & 0 \\ a_{21} & 1 & \ddots & 0 \\ \vdots & \ddots & \ddots & \vdots \\ a_{k1} & \cdots & a_{k,k-1} & 1 \end{bmatrix} \tag{7-2}$$

$$\mu_t \sim N(0, \Sigma^2), \quad \Sigma = \begin{bmatrix} \sigma_1 & 0 & \cdots & 0 \\ 0 & \ddots & \ddots & \vdots \\ \vdots & \ddots & \ddots & \vdots \\ 0 & \cdots & 0 & \sigma_k \end{bmatrix} \tag{7-3}$$

假设 $B_i = A^{-1} F_i$（$i = 1, \cdots, s$），则式 (7-1) 变为如下形式：

$$y_t = B_1 y_{t-1} + B_2 y_{t-2} + \cdots + B_s y_{t-s} + A^{-1} \Sigma \varepsilon_t, \quad \varepsilon_t \sim N(0, I_k) \tag{7-4}$$

之后，定义 $X_t = I_k \otimes (y'_{t-1}, \cdots, y'_{t-s})$，并将 B_i 中元素堆积成 $k^2 s \times 1$ 维列向量 β，则式 (7-4) 变为：

$$y_t = X_t \beta + A^{-1} \Sigma \varepsilon_t \tag{7-5}$$

此外，定义 $a_t = (a_{21}, a_{31}, a_{32}, a_{41}, \cdots, a_{k,k-1})'$ 为 A_t 元素的堆栈，$h_t = (h_{1t}, \cdots, h_{k,t})'$ 为随机波动率矩阵，满足 $h_{jt} = \text{lon} \sigma_{jt}^2, j = 1, \cdots, k$。

根据普里米切里(Primiceri,2005)的假设，假定根据式 (7-5) 建立 TVP-SV-VAR 模型的时变参数服从以下随机游走过程：

$$\beta_{t+1} = \beta_t + \mu_{\beta t}, \quad a_{t+1} = a_t + \mu_{\alpha t}, \quad h_{t+1} = h_t + \mu_{ht} \tag{7-6}$$

$$\begin{bmatrix} \varepsilon_t \\ \mu_{\beta t} \\ \mu_{at} \\ \mu_{ht} \end{bmatrix} \sim N \left(0, \begin{bmatrix} I & 0 & 0 & 0 \\ 0 & \Sigma_\beta & 0 & 0 \\ 0 & 0 & \Sigma_a & 0 \\ 0 & 0 & 0 & \Sigma_h \end{bmatrix} \right) \quad (7-7)$$

$$\beta_{t+1} \sim N(\mu_{\beta_0}, \Sigma_{\beta_0}), \ a_{t+1} \sim N(\mu_{a_0}, \Sigma_{a_0}), \ h_{t+1} \sim N(\mu_{h_0}, \Sigma_{h_0}) \quad (7-8)$$

由于待估参数较多，传统SVAR模型中所采用的MLE似然函数估计方法会增加估计困难，因此，本书借鉴Nakajima（2011）的研究成果，采用贝叶斯框架下的马尔可夫链蒙特卡洛（MCMC）方法，能够有效解决参数估计的过度识别问题。

第二节 变量选取及数据处理

本章选取2008年1月至2022年12月的月度数据作为研究样本，选取的变量包括美欧日货币政策利率与中国SHIBOR的加权利差、上海银行间同业拆借利率、中国货币供应量增长率、人民币实际有效汇率、进出口贸易比率、短期资本流动等，这些变量的含义、参考依据、选取来源及处理方法如下所述。

一 变量选取

（1）美欧日货币政策利率与中国SHIBOR的加权利差（r）。该变量用于衡量主要发达经济体的货币政策变化情况，分别选取以美元、欧元和日元计价的LIBOR利率，并减去中国SHIBOR得到相应利差，采用中国与美国、欧元区和日本双边贸易额的比例得到加权利差。该指标借鉴何国华和彭意（2014）的研究，并对指标进行取对数处理，数据来源于美国FRED官网和中经网统计数据库。

第七章　发达经济体货币政策对中国货币政策和人民币汇率波动影响的总体实证分析

（2）上海银行间同业拆借利率（pr）。该变量表示银行间利率报价的均值，用来衡量国内货币政策的基本变化情况。在数据的频率选取方面，选择短期相比于长期更能反映货币政策的变化特征。该变量的选取参考何国华和彭意（2014）的研究，数据来源为中经网统计数据库。

（3）中国货币供应量增长率（pm）。该变量由中国货币供应量 M2 的增长率表示，用于从数量型货币政策工具角度衡量中国货币政策的变化情况。该变量的选取参考邵磊等（2018）的研究，数据来源为中经网统计数据库。

（4）人民币实际有效汇率（ex）。该变量用于衡量人民币汇率的实际波动水平，能够代表发达经济体货币政策溢出效应的汇率传导渠道。该变量的选取参考何国华和彭意（2014）的研究，数据来源为 IMF 的 IFS 数据库。

（5）进出口贸易比率（tra）。该变量用于衡量我国进出口贸易情况，根据进出口贸易总额与 GDP 的比率计算得到，能够代表发达经济体货币政策溢出效应的贸易传导渠道。该变量的选取参考邵磊等（2018）的研究，数据来源为中经网统计数据库。

（6）短期国际资本流动（cap）。该变量用于衡量短期国际资本净流入量，由公式：资本流动规模 =（外汇储备增量 - FDI - 贸易顺差）/GDP，计算得出，能够代表发达经济体货币政策溢出效应的资本流动传导渠道。该变量的选取参考肖卫国和兰晓梅（2017）的研究，数据来源为中经网统计数据库。

二　平稳性检验

在构建模型前，对模型中的变量进行单位根检验，将不平稳的数据差分处理转化为平稳数据。通过 ADF 检验、PP 检验和 KPSS 检验，可知在 1% 的显著性水平下，差分后的变量均为平稳变量（见表 7-1）。

表 7-1　　　　　　　　　变量平稳性检验结果

变量	ADF 检验	PP 检验	KPSS 检验	是否平稳 (1%显著性水平)
Δr	-7.870	-8.120	0.355	显著
Δpr	-2.575	-16.971	0.418	显著
Δpm	-11.831	-12.099	0.766	显著
Δex	-9.344	-9.322	0.724	显著
Δtra	-22.843	-39.398	0.408	显著
Δcap	-19.970	-23.408	0.408	显著

资料来源：Stata 估计结果。

第三节　实证检验

一　滞后阶数及参数估计

在进行参数估计之前，先根据 AIC 和 BIC 信息准则，确定模型的滞后阶数。根据测算，本章模型的最优滞后阶数为 1。本章选用马尔可夫链蒙特卡洛模拟（MCMC）进行参数估计，并选择 M = 10000 的模拟样本长度。参数初始值的赋值，本书借鉴 Nakajima（2001）的设定，假设：

$$\mu_{\beta_0} = \mu_{a_0} = \mu_{h_0} = 0 \tag{7-9}$$

$$\sum\nolimits_{\beta_0} = \sum\nolimits_{a_0} = \sum\nolimits_{h_0} = 10 \times \boldsymbol{I} \tag{7-10}$$

$$(\sum\nolimits_{\beta})_i^{-2} \sim Gamma(40, 0.02),\ (\sum\nolimits_{a})_i^{-2} \sim Gamma(4, 0.02),$$

$$(\sum\nolimits_{h})_i^{-2} \sim Gamma(4, 0.02) \tag{7-11}$$

式（7-11）表示参数的先验分布，而为了计算参数后验分布，本书采用 Gibbs 抽样方法，该方法建立在贝叶斯框架之下，能够根据新数据进行实时更新。

表 7-2 显示了参数后验分布估计的均值、标准差、95% 置信区间、Geweke 收敛诊断值和无效影响因子。结果表明除 $(\sum\nolimits_{\beta})_2$ 外，其他参数的 Geweke 收敛诊断值均不能拒绝收敛于平稳分布的零假设。在所有

第七章　发达经济体货币政策对中国货币政策和人民币汇率波动影响的总体实证分析

无效因子中，最大值为 205.13，接近 200，因此可以得到 10000/200 = 50 个不相关样本，足够进行后验分布的推断。

表 7-2　　　　　　　　　　MCMC 参数估计结果

参数	均值	标准差	95% 置信区间	Geweke	无效因子
$(\sum_\beta)_1$	0.0232	0.0028	(0.0186, 0.0294)	0.805	11.04
$(\sum_\beta)_2$	0.0218	0.0023	(0.0178, 0.0268)	0.066	10.27
$(\sum_a)_1$	0.0811	0.0317	(0.0411, 0.1605)	0.409	56.23
$(\sum_a)_2$	0.1118	0.1147	(0.0443, 0.369)	0.156	205.13
$(\sum_h)_1$	0.3221	0.0521	(0.2333, 0.4359)	0.531	33.95
$(\sum_h)_2$	0.6905	0.1343	(0.4404, 0.9677)	0.315	41.37

资料来源：OxMetrics 估计结果。

图 7-1 中可以看出各参数的自相关系数（第一行）、模拟变动路径（第二行）和后验分布（第三行）。从参数自相关系数的收敛速度来

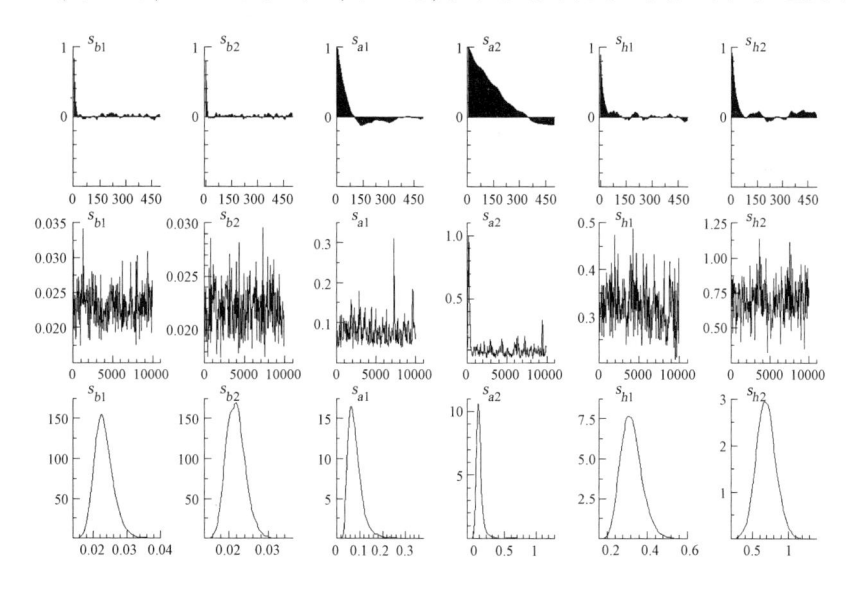

图 7-1　MCMC 模拟参数分布结果

资料来源：OxMetrics 估计结果。

看，$(\sum_a)_2$ 和 $(\sum_h)_2$ 收敛速度较慢，但各参数自相关系数均呈现衰减，表明本书选取的迭代次数有效消减了自相关性。从各参数的模拟变动路径来看，参数呈现白噪声分布，因此参数之间相互独立。从各参数的后验分布来看，参数分布得到有效估计，与先验分布基本相符。

二 波动方差及变量间同期关系分析

(一) 波动方差分析

图7-2显示了美欧日货币政策利率与中国SHIBOR的加权利差(r)、上海银行间同业拆借利率(pr)、中国货币供应量增长率(pm)、人民币实际有效汇率(ex)、短期国际资本流动(cap)、进出口贸易比率(tra) 6个变量随机波动率的时变特征，可以看出各变量的波动率在不同时点呈现异质性变化。

美欧日与中国加权利差在2010—2020年，波动性较为稳定，而在2008—2009年和2020年后波动较为剧烈，这两个时期分别对应了2008

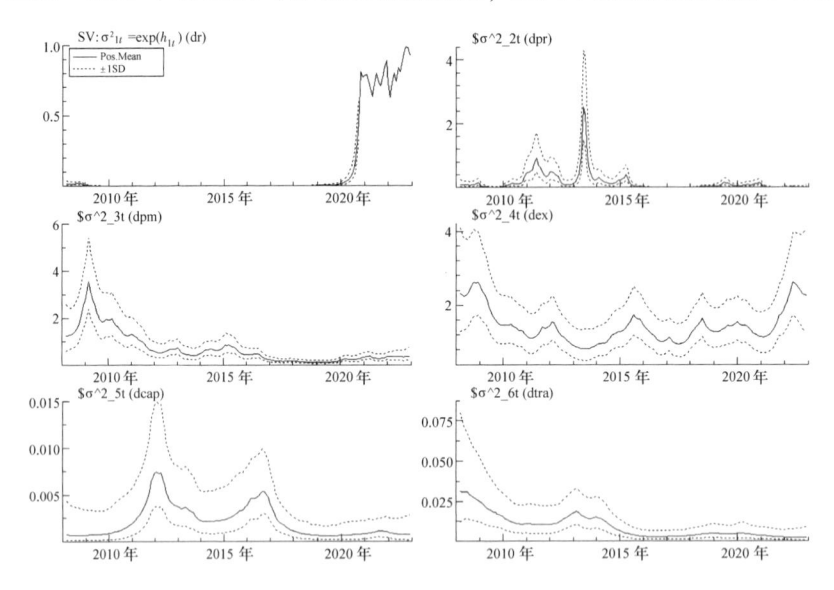

图7-2 随机波动率估计结果

资料来源：OxMetrics估计结果。

第七章 发达经济体货币政策对中国货币政策和人民币汇率波动影响的总体实证分析

年国际金融危机爆发时期和2020年全球新冠疫情蔓延时期。上海银行间同业拆借利率在2010—2016年波动程度较高，并于2013年年中达到峰值，这与2020年年末起中国央行为抑制通货膨胀持续提高存贷款利息有关。中国货币供应量增长率的波动方差在2009年上升至峰值，这是由于2009年政府推出的"四万亿"救市计划，使市场流通的货币短期急剧增加。人民币实际有效汇率的波动方差变化较为频繁，且波动峰值在2009年和2022年的表现最为强烈，分别对应了国际金融危机爆发后美国降息和新冠疫情后期美国加息的时期。短期国际资本流动的随机波动率在2012年和2016年达到峰值，这与中国经济结构调整等因素导致的资本大量外逃有关。进出口贸易比率在2008年和2013年较高，这与中国对外出口贸易需求大幅增加有关。

（二）变量间同期关系分析

美欧日加权利差与上海银行间同业拆借利率（$dr \rightarrow dpr$）的月度同期相关系数始终维持正值，值的大小在长期逐渐降低，但不够显著。这表明中国国内的利率政策在当期与美欧日的货币政策存在一定的一致性，但该一致性并不能说明中国的货币政策在不同时期受到美欧日货币政策的显著影响，因此需要通过实证进一步证明。

美欧日加权利差与中国货币供应量增长率（$dr \rightarrow dpm$）的月度同期相关系数始终维持负值，值的大小在2020年之前长期保持稳定，但在2020年之后逐渐下降。这表明中国国内的供应量货币政策在当期与美欧日的货币政策存在较强的相关性，即美欧日降息能够导致同期货币供应量的增加。这可能是由于中国的资本市场能够敏锐地受到国际货币政策的影响，并使实际货币政策与外部货币政策产生较为一致的效果。

美欧日加权利差与人民币实际有效汇率指数（$dr \rightarrow dex$）的月度同期相关系数始终维持负值，值的大小在2020年之前长期保持稳定，并略有下降趋势。即美欧日加息会导致同期人民币汇率的贬值，这可能是由于美欧日加息会加速资本外流，从而导致人民币需求降低，从而引起汇率的贬值。

美欧日加权利差与短期国际资本流动（$dr \rightarrow dcap$）的月度同期相关系数在2008—2011年显著维持正值，但在2022年显著为负值。这表明美欧日货币政策变动对于短期国际资本流动的同期影响存在显著的时变特征，在美欧日实施量化宽松政策时期，当期国际资本流动由于资本管制能够较少受到外部因素影响，但在2022年美国频繁加息时期，国际资本净流出增加。

美欧日加权利差与进出口贸易比率（$dr \rightarrow dtra$）的月度同期相关系数在2008—2011年显著维持负值，但在2022年显著为正值。这表明美欧日货币政策变动对于进出口贸易的同期影响存在显著的时变特征，在美欧日实施量化宽松政策时期，进出口贸易额在当期上升，而在2022年美国频繁加息时期，进出口贸易规模在当期仍维持上涨趋势，尚未受到负面影响。见图7-3。

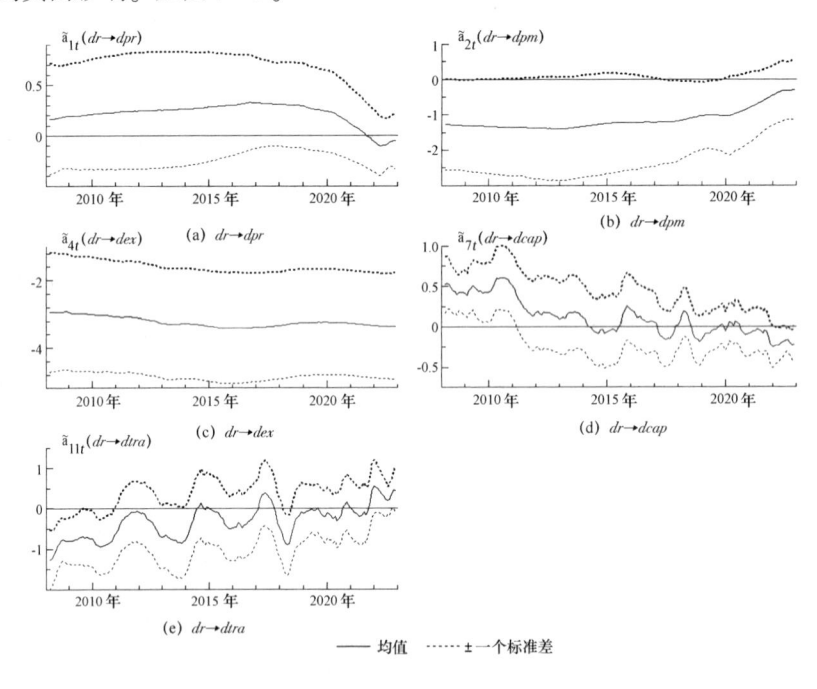

图7-3 变量间同期系数估计结果

资料来源：OxMetrics估计结果。

三 脉冲响应分析

(一) 等时间间隔脉冲响应分析

经过对未知参数进行有效抽样,能够得到变量之间的时变脉冲响应,如图7-4所示,直线、长虚线、短虚线分别表示滞后1个月、3个月和6个月的脉冲响应曲线。滞后1个月的脉冲响应时变特征较为明显,而3个月和6个月的脉冲响应基本已经衰减至与零轴接近。从图中滞后1个月的脉冲响应曲线可以看出:

美欧日加权利差对上海银行间同业拆借利率($dr \rightarrow dpr$)的短期影响具有显著时变特征,在2008—2010年和2014—2022年,美欧日货币政策利率对中国货币政策利率有显著正向影响。这表明中国货币政策利率水平在该时期的1个月滞后期会受到美欧日货币政策的影响,美欧日实施量化宽松货币政策的时期,中国货币政策也趋于宽松,而美欧日退出量化宽松货币政策的时期,中国货币政策也有逐渐紧缩的趋势。其原因是国际资本的流动,使各国货币政策利率的水平逐渐趋同,而美欧日货币政策能够对中国货币政策产生一定的溢出效应。而2010—2014年,中国货币政策与美欧日货币政策方向存在背离,这可能是由于在该时期中国的资本管制措施较为严格,限制了资本的自由流动。

美欧日加权利差与中国货币供应量增长率($dr \rightarrow dpm$)的短期影响具有显著时变特征,在2008—2009年和2019—2021年,美欧日货币政策利率对中国货币供应量有显著负向影响。这表明中国货币供应量水平在该时期的1个月滞后期会显著受到美欧日货币政策的影响,即美欧日实施量化宽松货币政策的时期,中国货币供应量增加。而在2009—2019年,中国货币供应量的增长方向与美欧日货币政策方向存在背离,这可能是由于中国长期实施稳健偏中性的货币政策,具备一定的货币政策独立性,因此能够在实际货币供应量上维持均衡的水平。以上分析表明,美欧日价格型货币政策对中国货币政策的影响仅在特定时期存在一致性,但在其他时期中国货币政策能够保持一定的独立性。

美欧日加权利差对人民币实际汇率指数($dr \rightarrow dex$)的短期影响具有显著时变特征。在2008—2022年,美欧日加权利差对实际汇率指数始终维持负向影响,且影响程度在长期波动中不断下降。这表明美欧日实施宽松的货币政策通常会导致人民币汇率上升,而实施紧缩的货币政策通常会导致人民币汇率下降,且这种外部货币政策对汇率的溢出效应在当前的影响已降低至历史低位。其原因一方面与抛补利率平价理论有关,另一方面可能是由于人民币汇率制度不断改革,且人民币的汇率形成机制逐渐市场化,并不断削弱外部货币政策的影响程度。以上分析表明,美欧日价格型货币政策对人民币汇率的影响较为显著,且货币政策利率变动的方向与汇率相反。

美欧日加权利差与短期国际资本流动($dr \rightarrow dcap$)的短期影响具有显著时变特征。在2008—2013年,美欧日加权利差对短期国际资本流动的影响为负,且不断减弱,而2013—2022年,美欧日加权利差对短期国际资本流动的影响为正,影响程度不断波动变化。这表明在2008—2013年,美欧日加息会显著引起资本外流,而2013年后外部货币政策调整对资本外流的影响不再明显,甚至出现反常变动。这可能是由于2013年后随着"一带一路"倡议的提出,中国对国际资本的吸引力不断增强,净流入中国的资本规模逐渐增加,从而对冲甚至超越了加息引起的资本外流。

美欧日加权利差对进出口贸易比率($dr \rightarrow dtra$)的短期影响具有显著时变特征。2008—2011年和2013—2014年,美欧日加权利差对进出口贸易比率的影响为正,而2017—2022年美欧日加权利差对进出口贸易比率的影响为负,影响程度不断波动。这表明在美欧日实施量化宽松货币政策时期,由于全球需求萎靡,进出口贸易规模有所下降;而在美欧逐步退出量化宽松货币政策时期,由于全球经济不断复苏,进出口贸易规模逐渐上升。

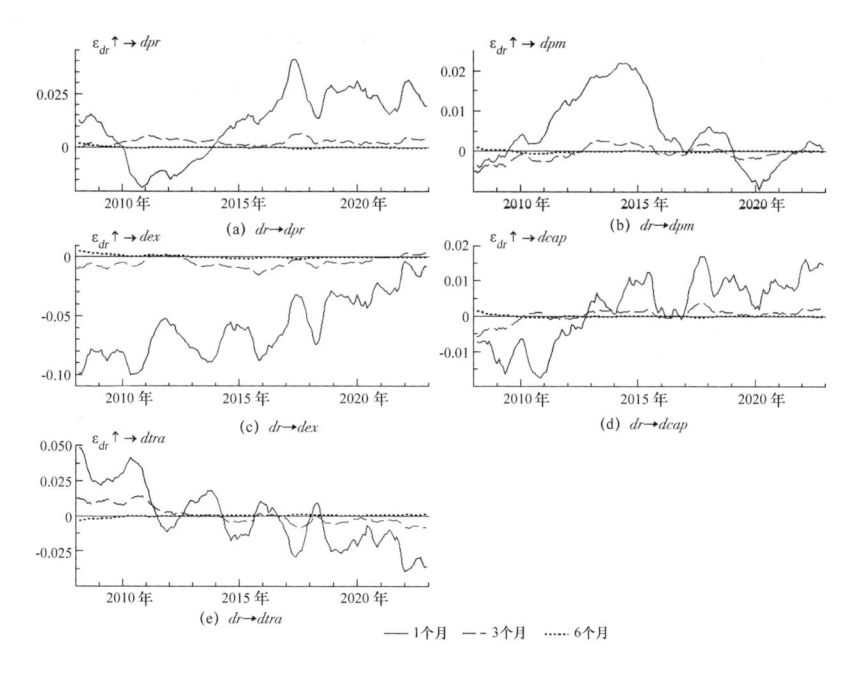

图 7 - 4　等时间间隔脉冲响应

资料来源：OxMetrics 估计结果。

(二) 不同时点脉冲响应分析

为进一步比较在不同时点，美欧日货币政策对中国货币政策的影响，选取 2008 年 12 月、2010 年 11 月和 2015 年 12 月三个时点，分别对变量之间的脉冲响应进行识别，如图 7 - 5 所示。其中，2008 年 12 月对应美国实施第一轮量化宽松货币政策的时点，2010 年 11 月对应美国推行第二轮量化宽松货币政策的时点，而 2015 年 12 月对应美国结束非常规货币政策，并首次实施加息政策的时点。可以看出，在第 5 期之后各脉冲响应曲线已衰减至和 x 轴重合。

从美欧日加权利差对上海银行间同业拆借利率（$dr \rightarrow dpr$）的冲击看，三个时点的冲击在即期和第 2—4 期的反应方向较为一致，即美欧日降息导致中国国内利率水平下降，加息导致中国国内利率水平上升；但在第 1 期时，2010 年 11 月的降息导致国内利率水平短暂上升，这可能是由于 2010 年中国政府为控制通胀和抑制价格上涨采取了加息政策，因此对冲甚至削弱了外部货币政策的影响。但从第 2 期的反应程度看，国内利率水平对于 2008 年 12 月、2010 年 11 月的降息时点调整幅度较大，而对于 2015 年 12 月的加息时点调整幅度较小。

从美欧日加权利差对中国货币供应量增长率（$dr \rightarrow dpm$）的冲击看，三个时点的冲击在即期和第 1 期的反应程度和方向基本一致，即美欧日降息导致中国国内货币供应量规模增加，加息导致货币供应量降低；但在第 2 期时，2008 年 12 月和 2010 年 11 月的降息导致货币供应量下降，这可能是由于此时国内的资本需求较高，从而导致流入的资本被市场迅速吸收，而市场流动性仍然表现为不足。从冲击程度上看，在第 2 期 2010 年 11 月的降息冲击相比于 2008 年 12 月的降息冲击对中国货币供应量的影响更强，2015 年 12 月的加息冲击对中国货币供应量的影响相对最小。

从美欧日加权利差对人民币实际汇率指数（$dr \rightarrow dex$）的冲击看，三个时点的冲击在即期和第 1 期的反应程度和方向基本一致，即美欧日降息导致人民币汇率升值，美欧日升息导致人民币汇率贬值，这与理论基本一致。但在第 2 期 2008 年 12 月和 2010 年 11 月的降息会引起微弱的人民币汇率升值，这可能与人民币汇率的政策调整有关，由于实施有管理的浮动汇率制度，人民币存在反弹和恢复均衡价格的趋势。在第 3 期，美欧日货币政策冲击对人民币汇率的影响已减弱至零，表明主要发达经济体货币政策对人民币汇率的影响主要表现为短期，在中长期逐渐衰减。

从美欧日加权利差对短期国际资本流动（$dr \rightarrow dcap$）的冲击看，三个时点的冲击在即期和第 1 期的反应方向基本一致，但反应程度存在差异，其中 2010 年 11 月的降息冲击对短期国际资本流动的影响最强，其次为 2008 年 12 月的降息冲击，而 2015 年 12 月的加息冲击对短期国际资本流动的影响最弱。在第 2 期，2010 年 11 月和 2008 年 12 月的降息冲击对短期国际资本流动均变为负向影响，即降息会导致国际资本的净流入，这与理论较为相符。其原因可能是，在即期由于存在一定的资本流入管制，美欧日货币政策的调整无法迅速将国际资本吸引至中国，而当市场完全吸收降息预期后，国际资本通过多种途径绕过资本管制流入国内。三个时点的降息冲击对短期国际资本流动的影响存在不确定性，表明资本流动的传导渠道存在一定复杂性和不可预期性。

从美欧日加权利差对进出口贸易比率（$dr \rightarrow dtra$）的冲击看，三个时点的冲击在不同时期的反应方向基本一致，但反应程度存在较为明显的差异。在即期和第2期，即美欧日降息导致进出口贸易比率上升，美欧日升息导致进出口贸易比率下降；在第1期和第3期，美欧日加权利差对进出口贸易比率的影响为正向。从反应程度上看，2个降息时点的利差冲击对进出口贸易比率的影响程度更强，这可能与美欧日加息的幅度较为缓慢且中国国内货币政策能够维持一定的独立性有关。

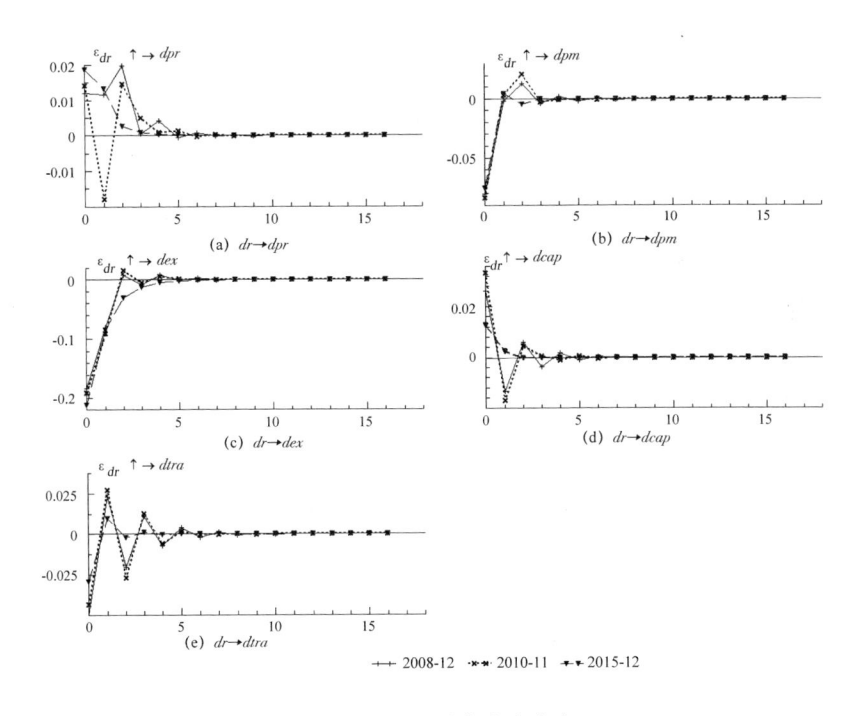

图7-5 不同时点脉冲响应

资料来源：OxMetrics 估计结果。

第四节 稳健性检验

为确保模型回归结果的稳健性及可靠性,并在时变假设条件下考察美欧日数量型货币政策的效果,本章将解释变量货币政策加权利差,用加权货币供应量增长率进行替代,计算的方法为对美国、欧元区和日本货币供应量增速的月度数据进行加权,权重采用中国与美国、欧元区和日本双边贸易额的比例。数据来源于 FRED 数据库、EIU 国家数据库和国际货币基金组织 DOTS 数据库。替换变量后,重新对模型进行回归,得到等时间间隔脉冲响应和不同时点脉冲响应(见图 7-6 和图 7-7)。

根据等时间间隔脉冲响应图 7-6,可以看出:

美欧日加权货币供应量增速对上海银行间同业拆借利率($dm \rightarrow dpr$)的短期影响为负向,且影响程度不断波动但变化幅度有限。美欧日加权货币供应量增速与中国货币供应量增长率($dm \rightarrow dpm$)的短期影响为正向且影响程度不断波动但变化幅度有限。即美欧日实施降息政策的时期,中国货币政策趋于宽松,而美欧日实施加息政策的时期,中国货币政策也有逐渐紧缩的趋势。这表明美欧日数量型货币政策对中国货币政策的影响较为显著且存在时变性,但时变性相对于价格型货币政策较弱。

美欧日加权货币供应量增速对人民币实际汇率指数($dm \rightarrow dex$)的短期影响具有显著时变特征。在 2008—2022 年,美欧日货币供应量增速对实际有效汇率始终维持负向影响,这可能是由于美欧日货币供应量增速对于人民币汇率的影响相对较弱,即美欧日数量型货币政策工具对人民币汇率的影响偏弱。美欧日加权货币供应量增速对短期国际资本流动($dm \rightarrow dcap$)的短期影响始终为正且时变特征不显著。这表明美欧日实施宽松货币政策会促进资本流入中国,即美欧日数量型货币政策对国际资本流动的溢出效应较为显著。美欧日加权货币供应量增速对进出口贸易比率($dm \rightarrow dtra$)的短期影响具有非常显著的时变特征,且波

第七章 发达经济体货币政策对中国货币政策和人民币汇率波动影响的总体实证分析

动方向及波动程度不断变化。这表明美欧日的数量型货币政策对进出口贸易比率的影响具有一定复杂性。

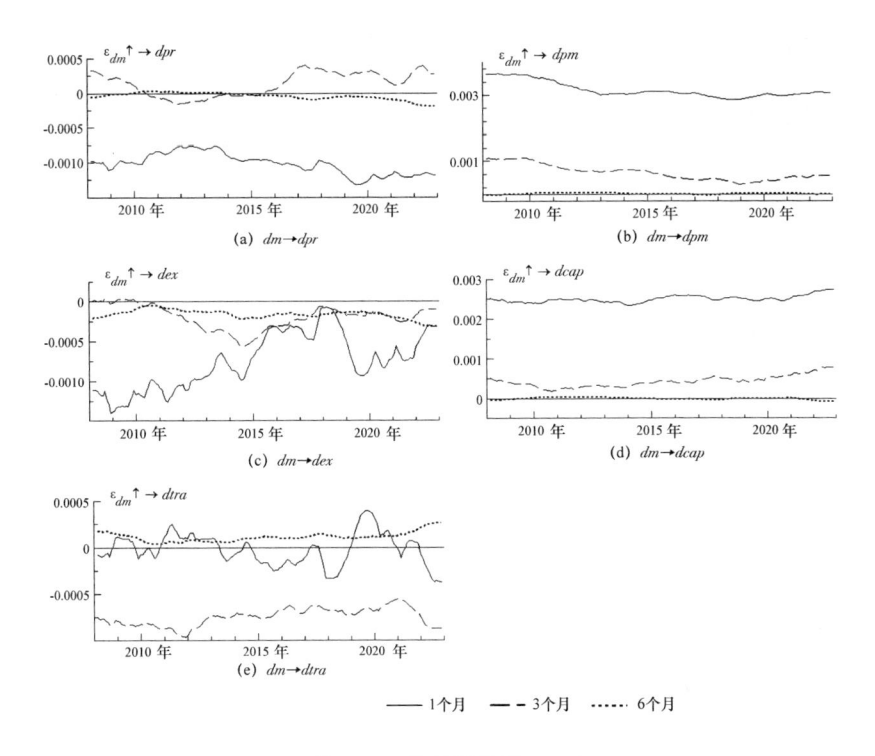

图 7-6 稳健性检验（一）

资料来源：OxMetrics 估计结果。

根据不同时点脉冲响应图 7-7 中可以看出：

从美欧日加权货币供应量增速对上海银行间同业拆借利率（$dm \rightarrow dpr$）的冲击看，三个时点的冲击在即期方向和反应程度较为一致，即美欧日货币供应量增速增加导致中国国内利率水平下降。但在第 1 期反应程度有所回落，且 2010 年 11 月的降息时点相对于其他两个时点的冲击效果更显著。从美欧日加权货币供应量增速对中国货币供应量增长率（$dm \rightarrow dpm$）的冲击看，三个时点的冲击在即期、第 1 期和第 3 期的反应程度和方向基本一致，即美欧日货币供应量增长率增加导致中国国内货币供应量规模增加。

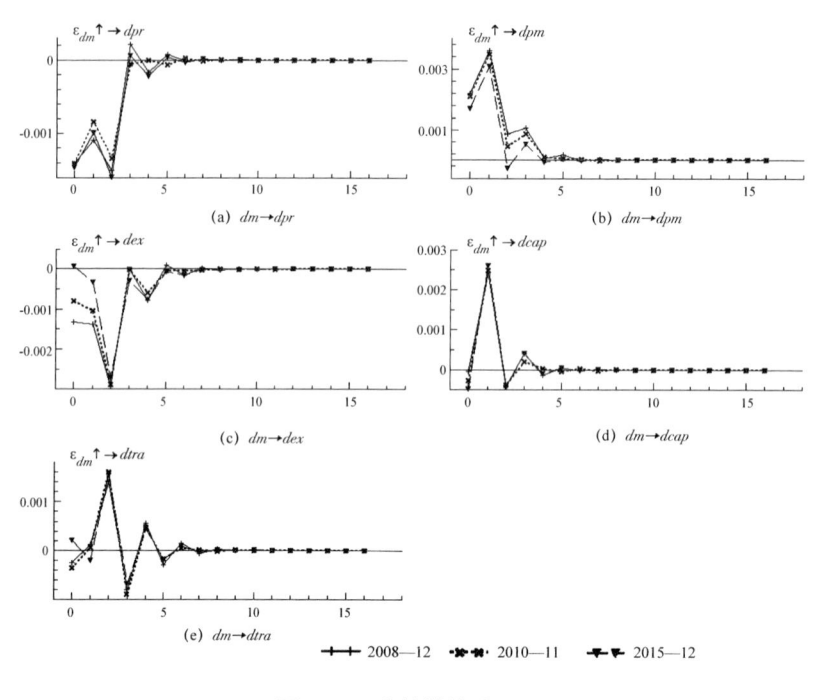

(a) $dm \to dpr$
(b) $dm \to dpm$
(c) $dm \to dex$
(d) $dm \to dcap$
(e) $dm \to dtra$

—— 2008—12　·■· 2010—11　—▼— 2015—12

图 7-7　稳健性检验（二）

资料来源：OxMetrics 估计结果。

从美欧日加权货币供应量增速对人民币实际有效汇率指数（$dm \to dex$）的冲击看，三个时点的冲击在第 2 期和第 3 期的反应方向为负向。这可能是由于人民币汇率的政策为有管理的浮动汇率制度，美欧日数量型货币政策对人民币汇率的溢出效应不显著。从美欧日加权货币供应量增速对短期国际资本流动（$dm \to dcap$）的冲击看，三个时点的冲击在第 1 期的反应方向和反应程度基本一致。即降息会导致国际资本的净流入，这与理论较为相符。从美欧日加权货币供应量增速对进出口贸易比率（$dm \to dtra$）的冲击看，三个时点的冲击在第 2 期和第 4 期的反应方向和反应程度基本一致，即美欧日货币供应量增速增加导致进出口贸易比率上升。在第 3 期，美欧日加权货币供应量增速对进出口贸易比率的影响为负向，反映了美欧日货币政策对贸易比率影响的复杂性。

综上所述，稳健性检验中的检验结果与实证结果较为一致，即在等时间间隔和不同时点美欧日货币政策对中国货币政策和汇率均有较为显著的时变影响。因此本章的实证结果是稳健的。

第五节　小结

本章采用时变参数随机波动率向量自回归模型，实证检验美欧日货币政策对中国货币政策和汇率在不同时段和时点的影响，并检验该影响的时变特征。本章的研究结论为：

第一，美欧日价格型货币政策对中国货币政策的影响仅在特定时期存在一致性，但在其他时期中国货币政策能够保持一定的独立性；美欧日数量型货币政策对中国货币政策的影响较为显著且存在时变性，但时变性相对于价格型货币政策较弱。美欧日实施量化宽松货币政策的时期，中国货币政策也趋于宽松，而美欧日退出量化宽松货币政策的时期，中国货币政策也有逐渐紧缩的趋势。

第二，美欧日价格型货币政策对人民币汇率的影响较为显著，且货币政策利率变动的方向与汇率相反，美欧日降息导致人民币汇率升值，美欧日升息导致人民币汇率贬值；而美欧日数量型货币政策工具对人民币汇率的影响偏弱。从不同时点看，主要发达经济体货币政策对人民币汇率的影响主要表现为短期，在中长期的影响逐渐减弱。

第八章

发达经济体货币政策对中国货币政策和人民币汇率波动的影响实证研究

——基于宏观审慎监管视角

第五章至第七章主要探究了美欧日货币政策对中国货币政策和人民币汇率波动的影响，本章在此基础上进一步探究面对美欧日货币政策的冲击，中国实行的宏观金融稳定政策如何调控其对中国货币政策以及人民币汇率波动的影响。对于宏观金融稳定框架指标的选择，本章主要选择中国实施的外汇宏观审慎政策和外汇干预政策进行研究。首先，利用SVAR模型的脉冲响应函数分析外汇宏观审慎政策和外汇干预对于中国货币政策和人民币汇率的影响。然后，利用TVP-SV-VAR模型的等间隔脉冲响应分析以及时点的脉冲响应分析，进一步探究外汇宏观审慎政策以及外汇干预政策对中国货币政策和人民币汇率波动的时变影响，同时探究了不同阶段外汇宏观审慎政策以及外汇干预政策冲击的差异。

第一节 变量选取

一 变量选取与数据说明

（1）美欧日货币政策变量。参考谭小芬和李兴申（2021）的研究，本书使用克里普纳（Krippner, 2012）计算的美国短期影子利率（ssr_us）、欧元区短期影子利率（ssr_eu）以及日本短期影子利率（ssr_jp）

第八章 发达经济体货币政策对中国货币政策和人民币汇率波动的影响实证研究

用来衡量各经济体价格型货币政策的变动情况，该值增大说明一国货币政策立场紧缩。国际金融危机以后，发达经济体尤其是美国、欧元区以及日本实施了非常规货币政策，其政策利率不能捕捉非常规货币政策的影响，而短期影子利率不受零利率下限约束，能够捕捉到其非常规货币政策时期的货币政策立场，同时当政策利率大于零时，影子利率与政策利率近似相等。

（2）银行间同业拆借加权平均利率（$rate$）。参考彭红枫和祝小全（2019）的研究，使用中国银行间同业拆借加权平均利率（7 天）从价格角度衡量国内货币政策的基本变化情况，在数据的频率选取方面，选择短期相比于长期更能反映货币政策的变化特征。数据来源为中经网统计数据库。

（3）中国货币供应量增长率（$m2$）。参考路妍、刘亚群（2014）的研究，本书使用中国货币供应量 M2 的增长率表示，用于从数量型货币政策工具角度，衡量中国货币政策的变化情况。数据来源为 Wind 数据库。

（4）人民币实际有效汇率（$reer$）。参考何国华和彭意（2014）的研究，使用人民币实际有效汇率衡量人民币汇率的实际波动水平。人民币实际有效汇率是经中国与所选择国家间的相对价格水平或成本指标调整的汇率，该指数上升说明人民币升值，该指数下降表示人民币贬值，这不仅考虑了一国的主要贸易伙伴国货币的变动，而且剔除了通货膨胀因素，能够更加真实地反映一国货币的对外价值。数据来源为 Wind 数据库。

（5）进出口贸易（$trade$）。参考梅冬州和张咪（2023）的研究，使用进出口贸易总额同比增速衡量我国进出口贸易情况。数据来源为中经网统计数据库。

（6）短期国际资本流动（$capital$）。参考彭红枫和祝小全（2019）的研究，采用中国短期国际资本净流入量，计算公式为：短期国际资本流入 = 外汇储备月度增加额 − 进出口差额 − 净 FDI 资本流入，当该值为正时说明中国短期资本发生了净流入,当该值为负时说明中国短期资本发生了净流出。数据来源为中经网统计数据库。

(7) 实际产出增长率(*growth*)。参考肖卫国和兰晓梅(2017)的研究,选择中国工业增加值月同比增长率衡量中国的实际产出增长率,在衡量实际产出增长率时,以往学者大多采用实际 GDP 增长率进行衡量,但是由于实际 GDP 增长率的数据为季度数据,相较于实际 GDP 增长率,工业增加值作为月度数据能够更为及时地反映中国的实际产出增长。

(8) 通货膨胀率(*inflation*)。参考肖卫国和兰晓梅(2017)的研究,选择消费者价格指数(CPI)月同比增长率作为通货膨胀率的代理变量。

(9) 外汇宏观审慎政策(*mapp*)。本书主要考察外汇宏观审慎政策,这类宏观审慎政策主要用以调整外部冲击对汇率以及资本流动的影响。关于宏观审慎政策的衡量,学者通常使用阿拉姆等(Alam et al.,2019)汇总的宏观审慎数据库(iMaPP)衡量各国宏观审慎政策立场(王有鑫等,2021;王金明和王心培,2021)。iMaPP 数据库中对外汇宏观审慎政策存在四种分类,分别是银行外汇资本金管理、外汇头寸限制、外币贷款限制以及外币的准备金管理(Forbes,2021)。但是该数据库对中国外汇宏观审慎政策进行统计时存在一定的问题。首先,数据库中显示中国没有采取银行外汇资本金管理,但是实际上,中国通过对银行结售汇的管理与此类似,且中国目前银行结售汇管理体系日益完善,起到了十分重要的作用。其次,外汇头寸限制、外币贷款限制数据均使用中国全口径跨境融资管理政策的变化来进行衡量,进行了重复计算。再次,外币的准备金管理政策主要包含了无息外汇风险准备金调整,忽略了其他相关政策,对于政策梳理得不够全面。最后,中国实行了许多有特色的外汇宏观审慎政策,比如:用以调节人民币汇率的逆周期调节因子,外汇存款准备金的调整等。这些是中国应对外部冲击的重要宏观审慎政策,且取得了不错的

第八章　发达经济体货币政策对中国货币政策和人民币汇率波动的影响实证研究

效果，需要进行较为全面的梳理。

参考王有鑫等（2022）以及谷宇和王宇凡（2023）的研究，选取了全口径跨境融资宏观审慎管理、无息外汇风险准备金、境外金融机构境内存放的准备金率、银行结售汇综合头寸管理、逆周期因子、外汇存款准备金率、境内企业人民币境外放款业务、银行业金融机构境外贷款业务八类政策作为应对发达经济体货币政策冲击的外汇宏观审慎政策工具。其中，部分宏观审慎政策虽然不是直接调整人民币汇率对中国的跨境资本流动进行管理，主要目的是在有效防范外部风险冲击的前提下，积极利用国际市场的资金。本书主要选取了这八类宏观审慎政策，衡量外汇宏观审慎政策的立场，这类宏观审慎政策主要用于稳定人民币汇率以及调控中国的跨境资本流动。由于这八类宏观审慎政策在实施时，部分政策有准确的参数进行调整，部分宏观审慎政策仅有收紧或者放松的立场，为了更好地衡量中国外汇宏观审慎政策的变化，本书对各类宏观审慎政策，参考阿拉姆等（Alam et al.，2019）的研究，进行统一的取值处理，其取值规则为：每一项宏观审慎工具收紧时取值为1，放松时取值为－1，没有变化取值为0，中国外汇宏观审慎政策总指数（$mapp$）由八类宏观审慎政策工具取值加和得到。

（10）外汇干预（fxi）。参考易祯等（2023）的研究，使用阿德勒等（Adler et al.，2019）构建的外汇干预指数度量全球各国央行的外汇干预力度。这一指标具体计算步骤为：第一步，计算央行开展的外汇市场现货交易与衍生品交易之和占GDP的百分比；第二步，对上述指标取三年移动平均，剔除短期波动。对于中国而言，中国主要在外汇市场现货交易进行外汇干预。

2008年国际金融危机以后，发达经济体开始实行量化宽松货币政策，这对全球的经济金融产生了重要影响，本书将样本选择在2008—2022年，数据的频率选择月度数据。

二 中国外汇宏观审慎政策及外汇管制统计

本章对2008—2022年中国实行的外汇宏观审慎政策以及外汇干预进行了整理。对于外汇宏观审慎政策数据，梳理了中国人民银行发布的相关政策，总共包括六大类，如表8-1所示。

表8-1 2008—2022年中国外汇宏观审慎政策梳理

外汇宏观审慎政策	政策内容及执行时间	政策作用机制
金融机构外汇存款准备金率	2021年6月，由5%上调至7%； 2021年12月，上调至9%； 2022年5月，下调至8%； 2022年9月，下调至6%	下调金融机构外汇存款准备金率，可以增加市场上的外汇供给，对冲人民币汇率的贬值压力
银行结售汇综合头寸管理	2010年11月，调下限，控流入； 2011年3月，压缩银行结售汇收付实现制负头寸下限； 2013年5月，与银行外汇贷存比挂钩； 2015年1月，与银行外汇贷存比脱钩	银行结售汇综合头寸进行限额管理，缓解资本流入压力
境外金融机构境内存放的准备金率	2014年12月29日，暂定为0； 2016年1月，执行正常存款准备金率政策； 2017年9月，取消对境外人民币业务参加行在境内代理行存放交存准备金的穿透式管理方式	提高存款准备金率时，锁定部分境外人民币流动性，境外做空人民币成本提升
无息外汇风险准备金	2015年8月31日，对远期售汇征收20%的无息外汇风险准备金； 2015年9月2日，范围扩展至期权、货币掉期等衍生品； 2016年7月6日，范围扩展至国内境外金融机构； 2017年9月，由20%调整为0； 2018年8月，调整为20%； 2020年10月，从20%下调为0； 2022年9月，调整为20%	外汇风险准备金率上升，银行远期售汇价格上升，外汇需求下降

第八章　发达经济体货币政策对中国货币政策和人民币汇率波动的影响实证研究

续表

外汇宏观审慎政策	政策内容及执行时间	政策作用机制
全口径跨境融资宏观审慎管理	2015年2月，上海自贸区开始试点； 2016年1月，面向27家金融机构和注册在上海、广东、天津、福建四个自贸区的企业扩大本外币一体化的试点； 2016年5月，在全国范围内实施，企业跨境融资杠杆率设定为1； 2017年1月，宏观审慎调节参数设定为1，企业跨境融资杠杆率设定为2； 2020年3月，宏观审慎调节参数上调至1.25； 2020年12月，金融机构的跨境融资宏观审慎调节参数下调至1； 2021年1月，企业的跨境融资宏观审慎调节参数下调至1； 2022年10月，企业和金融机构的跨境融资宏观审慎调节参数上调至1.25	宏观审慎调节参数与跨境融资杠杆率提高，跨境融资风险加权余额上限提高，跨境资本流入额度增加
逆周期因子	2017年5月，逆周期因子纳入人民币汇率形成机制； 2018年1月，将逆周期因子影响调为中性； 2018年8月，逆周期因子重启； 2020年10月，逆周期因子淡出使用	人民币汇率大幅贬值时，将逆周期因子引入中间价，人民币升值
境内企业人民币境外放款业务	2016年11月，设定币种转换因子为0，设定宏观审慎调节参数为0.3； 2021年1月，宏观审慎调节参数由0.3上调至0.5； 2021年2月，币种转换因子上调至0.5	币种转换因子以及宏观审慎调节参数提高，境内企业进行人民币境外放款业务的额度上升
银行业金融机构境外贷款业务	2022年3月，境外贷款杠杆率中国家开发银行1.5，进出口银行3，其他银行0.5，宏观审慎调节参数1，汇率风险折算因子0.5	境外贷款杠杆率以及宏观审慎调节参数提高，银行业金融机构境外放款业务的额度上升

资料来源：中国人民银行。

从图 8-1 可以看出，中国外汇宏观审慎政策在 2015 年之前使用并不频繁，在 2015 年以后，中国开始加强了外汇宏观审慎政策的使用，这与中国对外开放程度逐步提升有关。2015 年以后，中国对外开放步伐不断加快，尤其是资本账户对外开放程度不断增大，沪港通、深港通、沪伦通相继启动，合格境内机构投资者（QDII）和人民币合格境外投资者（RQFII）投资总额度经多次放松，最终取消限制，这也说明了中国对外开放的步伐加快。与此同时，中国对外开放程度不断扩大也使中国更容易受到外部经济金融条件的冲击，为了抵御外部冲击，稳定人民币汇率与国际资本流动，中国不断健全宏观审慎政策框架，尤其是外汇宏观审慎政策，取得成效。

从图 8-2 看出，2016 年之前，中国人民银行外汇干预程度较高，且变动较大，但是在 2016 年以后，中国外汇干预程度逐渐减弱，且变动也较为稳定，这与人民币国际化程度不断加快，人民币汇率市场化程度不断提升，更多地依靠市场的供求决定有关。2015 年 8 月 11 日，中国人民银行宣布调整人民币对美元汇率的中间价报价机制，形成了"收盘汇率＋一篮子货币汇率变化"机制，人民币汇率市场化程度提升，浮动弹性上升，这次汇率制度的改革对于人民币汇率产生了非常重要的影响，人民币摆脱了单一美元的限制，锚定了一篮子货币，人民币兑美元不再单边升值，而是双向浮动，充分体现了中国有管理的浮动汇率制度。随着人民币汇率浮动性的增强，中国人民银行进行外汇干预的程度也在逐渐下降。

三 变量平稳性检验

对于时间序列数据而言，在构建模型前，对模型中的变量进行单位根检验，将不平稳的数据差分处理转化为平稳数据，否则容易出现伪回归。平稳性检验主要进行 ADF 检验、PP 检验和 KPSS 检验，若变量在 5% 的显著性水平下，通过三种检验，则说明该变量为平稳时间序列。由表 8-2 可以看出，美国短期影子利率（ssr_us）、欧元区短期影子利

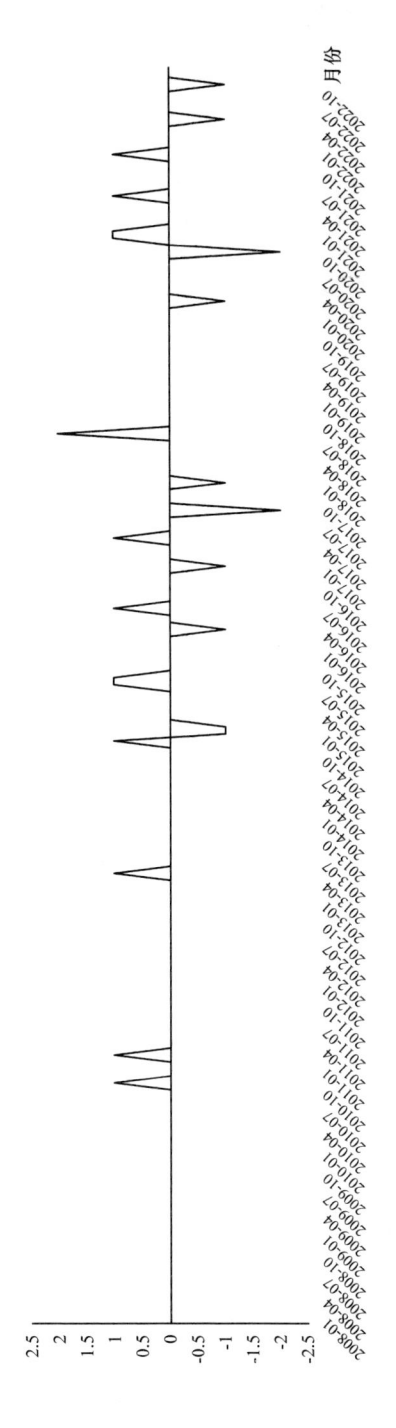

第八章　发达经济体货币政策对中国货币政策和人民币汇率波动的影响实证研究

图8-1　2008—2022年中国外汇宏观审慎政策走势

资料来源：中国人民银行。

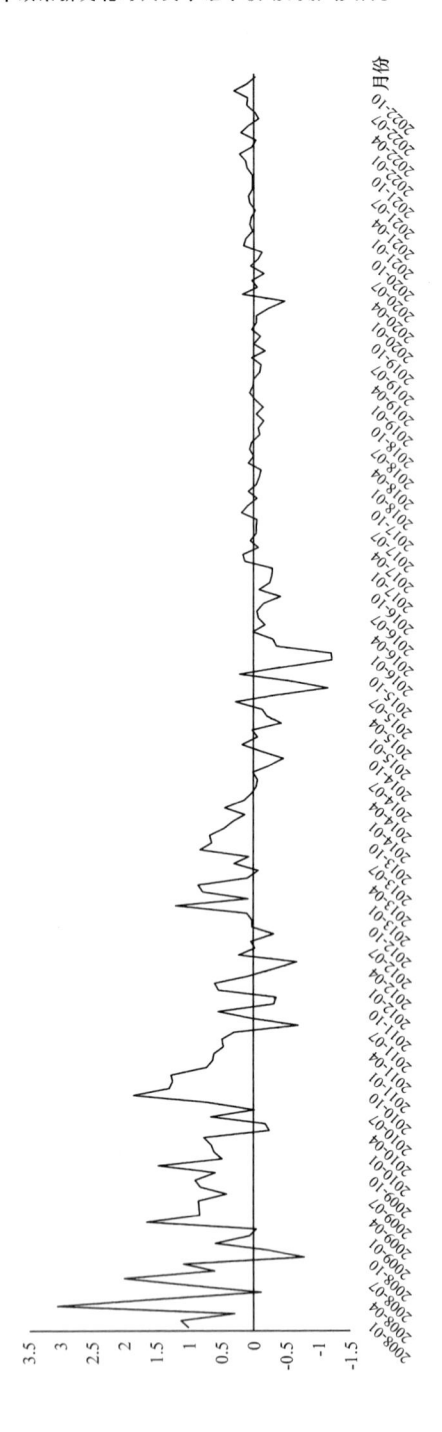

图 8-2 2008—2022年中国外汇干预走势

资料来源：Adler et al. (2021)。

率(ssr_eu)、日本短期影子利率(ssr_jp)、中国 M2 增长率($m2$)、人民币实际有效汇率($reer$)以及中国通货膨胀率($inflation$)为非平稳时间序列,其他变量均为平稳时间序列,进一步对非平稳时间序列进行一阶差分处理,发现其一阶差分序列均为平稳时间序列。

表 8-2　　　　　　　　变量平稳性检验结果

变量	ADF 检验	PP 检验	KPSS 检验	是否平稳 (5%显著性水平)
ssr_us	-1.997	-1.883	0.265	不平稳
ssr_eu	-2.689	-2.172	0.174*	不平稳
ssr_jp	-2.530	-2.412	0.159*	不平稳
$m2$	-3.174*	-2.239	0.135**	不平稳
$reer$	-2.547	-2.185	0.120**	不平稳
$inflation$	-2.459	-3.361**	0.259	不平稳
$growth$	-7.009***	-7.240***	0.942***	平稳
cap	-16.243***	-16.243***	0.046***	平稳
$trade$	-3.643**	-5.913***	0.087***	平稳
$rate$	-5.341***	-4.951***	0.117***	平稳
$mapp$	-14.090***	-14.090***	0.136**	平稳
fxi	-3.694***	-7.919***	0.027***	平稳
$dssr\_us$	-9.242***	-9.242***	0.075***	平稳
$dssr\_eu$	-9.488***	-9.665***	0.069***	平稳
$dssr\_jp$	-9.755***	-9.755***	0.050***	平稳
$dm2$	-7.079***	-16.001***	0.050***	平稳
$dreer$	-11.712***	-11.770***	0.065***	平稳
$dinflation$	-7.606***	-12.636***	0.062***	平稳

注:*、**、***分别表示在10%、5%、1%的显著性水平下显著。

四　变量描述性统计

对选取的变量进行了描述性统计,如表 8-3 所示。

表 8-3　　　　　　　　变量描述性统计结果

变量	样本量	平均值	标准差	最大值	最小值	中位数
ssr_us	180	-0.281	1.931	4.690	-4.000	-0.155
ssr_eu	180	-0.887	1.768	4.340	-4.340	-1.300
ssr_jp	180	-2.447	1.395	0.450	-5.980	-2.515
$m2$	180	13.374	5.024	29.740	8.000	12.550
$reer$	180	93.191	9.144	106.390	73.700	96.605
$growth$	180	8.654	6.390	52.339	-25.867	7.300
$inflation$	180	2.442	1.854	8.700	-1.800	2.100
$capital$	180	-3.553	5.423	8.603	-17.978	-3.909
$trade$	180	8.622	16.553	67.794	-29.035	8.149
$rate$	180	2.954	0.932	6.980	0.990	3.030
$mapp$	180	0	0.436	2	-2	0
fxi	180	0.171	0.544	3.060	-1.210	0.030

注：所有变量均为原数据，未进行一阶差分处理。

第二节　模型设定

为探究中国宏观金融稳定框架如何用宏观审慎监管调控美欧日货币政策对中国货币政策的影响，本节构建了 SVAR 模型与 TVP-VAR-SV 模型进行研究。在变量选择方面，分别选择了美国短期影子利率、欧元区短期影子利率、日本短期影子利率、中国 M2 增长率、人民币实际有效汇率以及中国进出口贸易增长率、中国短期资本流动、中国通货膨胀率、中国工业值同比增长率、外汇宏观审慎政策指数、中国外汇干预，并对非平稳时间序列进行一阶差分处理。在本部分，主要进行模型设定以及初步的检验，对于 SVAR 模型而言，先构建了向量自回归（VAR）模型对模型的最优滞后阶数进行选择，同时检验了 VAR 模型的稳定性；对于 TVP-SV-VAR 模型而言，确定了其最优滞后阶数，同时采用马尔可夫链蒙特卡洛方法进行了参数估计。

第八章 发达经济体货币政策对中国货币政策和人民币汇率波动的影响实证研究

一 结构向量自回归（SVAR）模型设定

（一）SVAR 模型原理

结构向量自回归（SVAR）模型是在向量自回归（VAR）模型基础上发展起来的，它包含了 VAR 模型所没有的变量之间的当期关系，同时也克服了 VAR 模型参数过多的问题，能较好地利用历史数据描述变量之间的动态特征和因果关系。

假设存在 k 个内生变量，可以建立 s 阶结构向量自回归模型，即 SVAR（s）：

$$Ay_t = F_1 y_{t-1} + F_2 y_{t-2} + \cdots + F_s y_{t-s} + \mu_t, \ t = (s+1), (s+2), \cdots, n \quad (8-1)$$

其中，y_t 表示由 k 个内生变量构成的 $k \times 1$ 维列向量，A 为其对应的系数矩阵，s 表示滞后阶数，t 表示期数，F 表示滞后内变量的 $k \times k$ 维系数矩阵，μ_t 表示随机扰动向量，$k \times 1$ 维结构性冲击项，并且满足，$\mu_t \sim IID(0, \Omega)$，$\Omega$ 为方差－协方差矩阵，通常假设其为单位矩阵。如果 SVAR 模型可识别，则矩阵 A 可逆，假设 $B_i = A^{-1} F_i$（$i=1, \cdots, s$），则式（8-1）变为如下形式：

$$y_t = B_1 y_{t-1} + B_2 y_{t-2} + \cdots + B_s y_{t-s} + \lambda_t, \ \text{其中} \ \lambda_t = A^{-1} \mu_t \quad (8-2)$$

可以运用普通最小二乘法对式（8-2）进行估计，得到参数 B_1，$B_2, \cdots, B_s$ 和扰动项 λ_t 及其方差协方差矩阵 $\sum$ 的估计值，λ_t 是结构扰动项的线性组合，因此代表一种复合冲击。在此基础上计算变量 y_t 对冲击 λ_t 的动态响应，如果已知矩阵 A，则对 λ_t 的一单位的冲击，可以计算得到 y_t 的动态响应，即脉冲响应函数分析。

（二）滞后阶数选择以及滞后结构的检验

在进行 SVAR 模型实证之前，需要对模型的最优滞后阶数进行选择，同时要确定本书构建的 VAR 模型是稳定的，本部分首先构建了 VAR 模型，对模型的滞后阶数进行了选择，同时检验了 VAR 模型是否稳定。

为了选择 SVAR 合适的滞后阶数，首先选择滞后阶数为 8 阶，从表

8-4可以看出，FPE、AIC、SC、HQ 信息准则均认为模型最优滞后阶数为1阶，故本节选择SVAR模型最优滞后阶数为1阶。

表8-4　　　　　　　　　VAR 模型滞后阶数

滞后阶数	LL	LR	FPE	AIC	SC	HQ
0	-2764.161	NA	0.169725	32.28094	32.50054	32.37004
1	-2271.619	910.6296	0.002959*	28.22813*	31.08284*	29.38636*
2	-2129.021	243.7446	0.003073	28.24443	33.73424	30.47179
3	-2009.786	187.1700	0.004339	28.53240	36.65733	31.82889
4	-1850.152	228.3139*	0.004049	28.35061	39.11065	32.71624
5	-1730.371	154.6014	0.006501	28.63222	42.02737	34.06698
6	-1598.148	152.2100	0.010075	28.76916	44.79943	35.27306
7	-1442.258	157.7025	0.013759	28.63091	47.29628	36.20394
8	-1276.654	144.4222	0.020588	28.37970	49.68019	37.02186

注：*表示在该信息准则下，选择的最优滞后阶数。

本书使用 AR 特征多项式根的倒数值进行 VAR 模型的稳定性检验。由图8-3可以看出，VAR 的 AR 特征根的模均落在单位圆内，说明本书构建的 VAR 模型较为稳定。

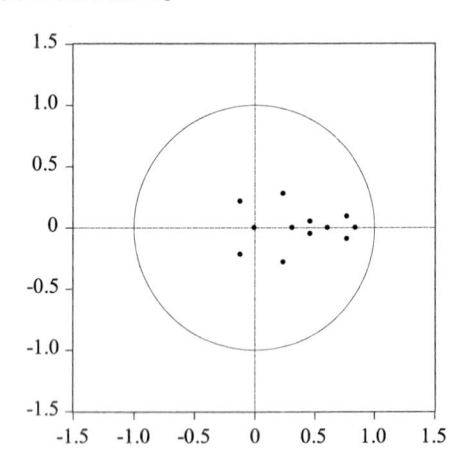

图8-3　AR 特征多项式根的倒数值单位圆分布

二 时变参数随机波动率向量自回归（TVP-SV-VAR）模型设定

（一）TVP-SV-VAR 模型原理

SVAR 不能有效反映变量冲击的动态变化，以及在不同阶段的影响，为了解决这一问题，本书构建了时变参数随机波动率向量自回归（TVP-SV-VAR）模型进行了进一步的研究。

TVP-SV-VAR 模型建立在结构向量自回归模型基础上，并经过 Primiceri（2005）进一步发展，通过加入时变参数的假设，并引入随机波动率，能够动态地研究模型内变量之间的相互影响，目前广泛应用于宏观经济分析。

定义 $X_t = I_k \otimes (y'_{t-1}, \cdots, y'_{t-s})$，其中，$\otimes$ 表示克罗内克积，并将式（8-2）中的 B_i 元素堆积成 $k^2 s \times 1$ 维列向量 β，则式（8-2）可进一步改写为：

$$y_t = X_t \beta + \lambda_t \tag{8-3}$$

将向量 A 中的下三角元素进行堆叠，得到：

$$a_t = (a_{21}, a_{31}, a_{32}, a_{41}, \cdots, a_{k,k-1})' \tag{8-4}$$

假设 $h_{jt} = \text{lon}\sigma^2_{jt}, j = 1, \cdots, k$，得到随机波动率矩阵：

$$h_t = (h_{1t}, \cdots, h_{k,t})' \tag{8-5}$$

根据 Primiceri（2005），假定式（8-3）式中的参数服从以下随机游走过程：

$$\beta_{t+1} = \beta_t + \mu_{\beta t}, \; a_{t+1} = a_t + \mu_{\alpha t}, \; h_{t+1} = h_t + \mu_{ht} \tag{8-6}$$

$$\begin{bmatrix} \mu_t \\ \mu_{\beta t} \\ \mu_{at} \\ \mu_{ht} \end{bmatrix} \sim N \left(0, \begin{pmatrix} I & 0 & 0 & 0 \\ 0 & \sum_\beta & 0 & 0 \\ 0 & 0 & \sum_a & 0 \\ 0 & 0 & 0 & \sum_h \end{pmatrix} \right) \tag{8-7}$$

$$\beta_{t+1} \sim N(\mu_{\beta_0}, \Sigma_{\beta_0}), a_{t+1} \sim N(\mu_{a_0}, \Sigma_{a_0}), h_{t+1} \sim N(\mu_{h_0}, \Sigma_{h_0})$$
(8-8)

由于待估参数较多，采用传统 SVAR 模型中所采用的 MLE 似然函数估计方法会增加估计困难，因此，本书参考 Nakajima（2011）的研究成果，采用贝叶斯框架下的马尔可夫链蒙特卡洛方法，能够有效解决参数估计的过度识别问题。

(二) 参数估计结果

进一步，采用马尔可夫链蒙特卡洛方法中 GIBBS 抽样方法对参数进行估计。具体假设如下：

$$\mu_{\beta_0} = \mu_{a_0} = \mu_{h_0} \tag{8-9}$$

$$\Sigma_{\beta_0} = \Sigma_{a_0} = \Sigma_{h_0} = 10I \tag{8-10}$$

$$(\Sigma_\beta)_i^{-2} \sim Gamma(40, 0.02), (\Sigma_a)_i^{-2} \sim Gamma(4, 0.02),$$

$$(\Sigma_h)_i^{-2} \sim Gamma(4, 0.02) \tag{8-11}$$

本节使用马尔可夫链蒙特卡洛方法计算 TVP-SV-VAR 的参数，其中使用 MCMC 模拟 10000 次，估计结果如表 8-4 所示，列出了两个代表参数后验分布的均值、标准差、95%置信区间的下限和上限、Geweke 收敛诊断值以及无效因子（见表 8-5）。其中，前 1000 次模拟作为预烧样本被舍弃，后 9000 次模拟结果用于计算均值和标准差。通过 Geweke 收敛诊断值来看，Geweke 值均小于 5%显著性水平下的临界值 1.96，表示参数均不能拒绝参数收敛于后验分布的零假设。从无效影响因子值来看，可以得到 208 个不相关样本，后验结果推断充足。可见，模型估计效果较为良好。

表 8-5　　　　　　　　TVP-SV-VAR 模型参数估计

参数	均值	标准差	95%置信区间下限	95%置信区间上限	Geweke	无效因子
$(\Sigma_\beta)_1$	0.0023	0.0003	0.0018	0.0028	0.814	6.66

第八章 发达经济体货币政策对中国货币政策和人民币汇率波动的影响实证研究

续表

参数	均值	标准差	95%置信区间下限	95%置信区间上限	Geweke	无效因子
$(\sum_\beta)_2$	0.0022	0.0003	0.0018	0.0028	0.003	1.24
$(\sum_a)_1$	0.2731	0.2595	0.0121	0.9251	0	75.81
$(\sum_a)_2$	0.1367	0.123	0.005	0.4306	0	39.77
$(\sum_h)_1$	0.3178	0.116	0.0954	0.5391	0	48.21
$(\sum_h)_2$	0.2533	0.0882	0.0374	0.4322	0	36.87

资料来源：Matlab 估计结果。

图 8-4 中，第一、第二、第三行分别描绘了参数的自相关系数、模拟变动路径和模拟分布密度，可以看出，模型参数自相关系数平稳下降，模拟变动路径平稳，且样本收敛于后验分布，表明基于马尔可夫链蒙特卡洛方法的抽样样本估计有效。

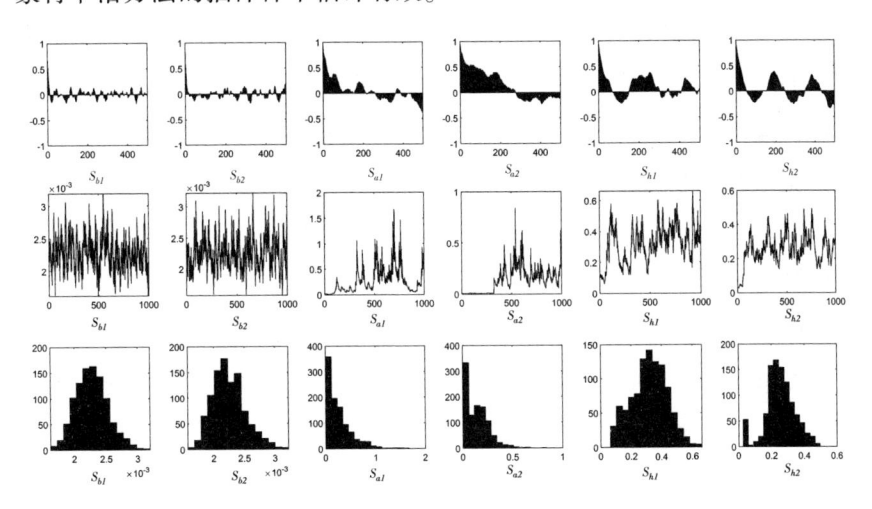

图 8-4 TVP-SV-VAR 参数估计结果

（三）等间隔脉冲响应函数分析与时点脉冲响应函数分析设定

等间隔脉冲响应函数可以用于观测任一时点对自变量进行一个正向

冲击后，在相等时长下因变量的变化，同时分别考察了滞后1期、滞后3期以及滞后6期的时变参数脉冲响应情况，对应月度数据的时间间隔长度分别为1个月、3个月和6个月。

时点脉冲响应函数用于观测特定时点对自变量进行一个正向冲击后，因变量随时间不断衰减的变化大小，与传统的脉冲响应函数相类似，但是其优点是可以考察多个不同时点脉冲响应函数的变化情况，同时进行对比分析。本书选择了四个时点，四个时点的选取依据是将美联储货币政策的变化作为分界点，这是由于在国际金融危机以后，美国的货币政策经历了几次比较大的变动，但是到2021年为止，欧元区与日本的货币政策一直处于宽松状态，采用零利率甚至是负利率，且美国货币政策对于全球经济的影响较大，故选择美国货币政策的变化作为时点的确定依据。这四个时点分别是：

一是2008年11月。在2008年国际金融危机以后，最初美国不断降低联邦基金利率，但是不能有效恢复经济，随后美国多次采取了量化宽松的货币政策，实行零利率政策，同时美联储在金融市场上购买美国国债，对于全球经济产生了重要影响，而此时各国为了复苏经济，均采取了宽松的货币政策。

二是2015年12月。2015年12月，美国开始加息，这是美联储货币政策回归正常化的重要时点，但是在此阶段，欧元区实行了量化宽松的货币政策，而日本也一直维持着负利率政策，全球主要发达经济体出现了货币政策立场的分化。与此同时，2015年8月11日，中国人民银行宣布调整人民币对美元汇率的中间价报价机制，形成了"收盘汇率＋一篮子货币汇率变化"机制，人民币汇率市场化程度提升，浮动弹性上升。

三是2019年7月。美国采取了无限制量化宽松货币政策，此后全球的很多经济体也相继采用宽松的货币政策，欧元区启动了疫情紧急购债计划（PEEP），同时日本继续维持超宽松货币政策，实行定量和定性货币宽松政策（QQE），发达经济体普遍开始使用非常规货币政策应对经济衰退。

四是2022年3月。为了应对量化宽松叠加乌克兰危机引发的高通胀，美国开始进行加息，此次加息力度非常大，美联储在2022年进行了7次加息，累计加息425个基点，而欧元区也进行了多次加息，结束了国际金融危机以来的零利率政策，日本的货币政策也开始呈现紧缩态势。此次美联储加息导致了全球流动性趋紧，对全球经济产生了重要影响。同时，主要发达经济体也均相继采取了紧缩的货币政策，其货币政策较为协同，但是中国仍然采取稳健中性的货币政策，整体货币政策立场偏向于宽松。

第三节 实证分析——基于外汇宏观审慎政策和外汇干预视角

一 SVAR模型脉冲响应函数分析

本节利用SVAR模型的脉冲响应函数分析外汇宏观审慎政策和外汇干预对于中国货币政策以及人民币汇率波动的影响，同时探究了外汇宏观审慎政策和外汇干预对于人民币汇率各种渠道的影响。

（一）外汇宏观审慎、外汇干预对中国货币政策及人民币汇率波动的影响

根据图8-5结果，对于中国利率水平而言，外汇宏观审慎政策收紧会导致中国利率水平上升，在第2个月达到最大值，长期来看，其对中国利率水平的提升作用逐渐减弱；外汇干预的加强会导致中国利率水平上升，同时也在第2个月达到最大值，长期来看，其对中国货币供应量的降低作用也会逐渐减弱，但是外汇干预引起汇率上升的程度小于外汇宏观审慎政策。对于中国货币供给量而言，外汇宏观审慎政策收紧会导致中国货币供给量下降，在第2个月达到最小值，长期来看，其对中

国利率水平的降低作用也会逐渐减弱，外汇干预的加强在前两个月会导致中国货币供给量下降，在第 3、4 个月会导致中国货币供给量上升，长期来看，其会引起中国货币供给量的下降，且降低作用会逐渐减弱。对于人民币汇率而言，外汇宏观审慎政策的收紧与中国外汇干预的加强均会导致人民币汇率升值，且均在第 2 个月达到峰值，外汇干预引起人民币汇率升值的作用更强，长期来看，外汇宏观审慎政策的收紧与中国外汇干预的加强引起人民币汇率升值的作用在逐渐减弱，外汇干预政策在第 4、5 个月会引起人民币汇率的贬值。整体而言，外汇宏观审慎政策的收紧会引起中国利率的上升与货币供应量的下降，引起了中国流动性的收紧，且该作用强于外汇干预的加强，这是由于外汇宏观审慎政策主要调控中国的国际资本流动，防止国际资本大量流入引起的风险。外汇干预对人民币升值的提升作用强于宏观审慎政策，但是外汇干预会引起相应的负面作用，在长期会引起人民币汇率的贬值，虽然贬值幅度不大，但仍可能对经济产生负面影响，而外汇宏观审慎政策则不会引起汇率的贬值。

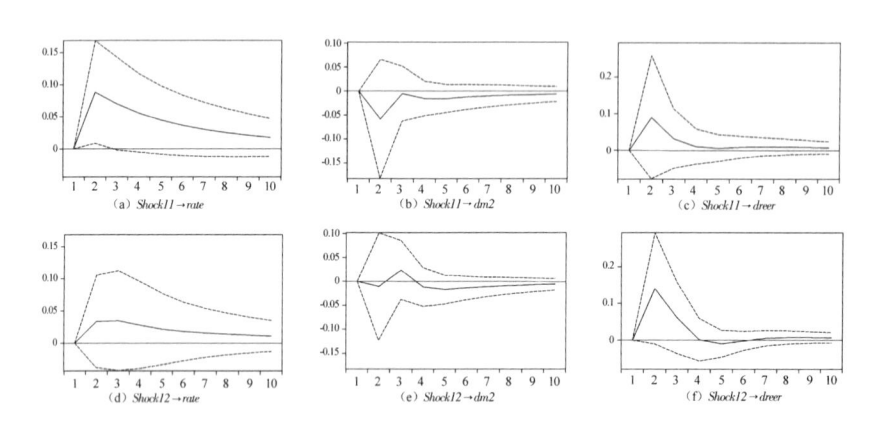

图 8-5　外汇宏观审慎政策、外汇干预对中国货币政策及人民币汇率波动的脉冲响应函数分析

注：shock11、shock12 分别代表外汇宏观审慎政策与外汇干预政策，dm2、dreer 分别表示 m2 与 reer 的一阶差分项，下同。

(二) 外汇宏观审慎和外汇干预影响机制

根据图 8-6 结果可以看出，对于中国进出口贸易而言，外汇宏观审慎政策的收紧在前两个月会导致中国进出口贸易的下降，在第 3 个月以后会引起中国进出口贸易的上升，但是其对进出口贸易的提升作用较小，外汇干预的加强会引起进出口贸易的上升，且在第 2 个月到达峰值，长期来看，外汇干预的加强引起中国进出口贸易增加的作用在逐渐减弱。对于中国短期国际资本流动而言，外汇宏观审慎政策的收紧在前期不会引起短期国际资本流动的变化，在第 2 个月开始引起短期国际资本流入的增加，但是其对于短期国际资本流入的增加作用较小，外汇干预的加强会引起短期国际资本流入的增加，在第 2 个月达到峰值，长期来看，外汇干预对短期国际资本流入的提升作用逐渐减弱。对于中国通货膨胀率而言，外汇干预的加强与外汇宏观审慎政策的收紧在前两个月会引起中国通货膨胀率下降，之后会引起中国通货膨胀率的上升，长期来看，外汇宏观审慎政策与外汇干预对中国通货膨胀率的提升作用逐渐减弱，外汇干预的加强对中国通货膨胀率的影响强于外汇宏观审慎政策。对于中国实际产出而言，外汇干预的加强与外汇宏观审慎政策的收紧均会引起中国实际产出的上升，且均在第 2 个月到达峰值，但外汇干预对于中国实际产出的提升作用更大，长期来看，外汇宏观审慎政策与

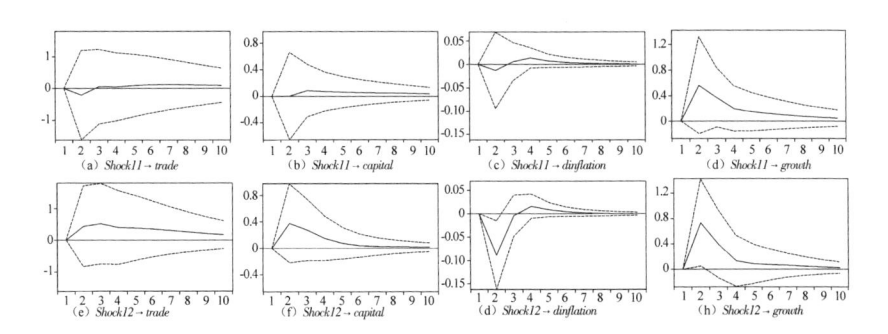

图 8-6 外汇宏观审慎政策、外汇干预影响机制脉冲响应函数分析

注：*dinflation* 为 *inflation* 的一阶差分项。下同。

外汇干预对中国实际产出的提升作用逐渐减弱。从影响人民币汇率的各个渠道来看,外汇干预对各个渠道的影响程度大于外汇宏观审慎政策,这是由于中国外汇宏观审慎政策框架建立较晚,存在着很多不完善的地方,且外汇宏观审慎政策发挥作用存在时滞效应。同时,外汇宏观审慎政策收紧引起国内流动性收紧,短期会引起中国进出口贸易的减少,且短期不会引起短期国际资本流入的增加。

二 TVP-SV-VAR 等间隔脉冲响应函数分析

为了进一步考察外汇宏观审慎政策与外汇干预对中国货币政策以及人民币汇率的时变影响,本节考察了 TVP-SV-VAR 不同滞后阶数脉冲响应函数,分别考察了滞后 1 期、滞后 3 期以及滞后 6 期的时变参数脉冲响应情况,对应月度数据的时间间隔长度分别为 1 个月、3 个月和 6 个月。

根据图 8-7 结果,从中国利率水平角度而言,外汇宏观审慎政策的收紧会导致中国利率水平上升,且 2017 年以后对利率提升作用更强,

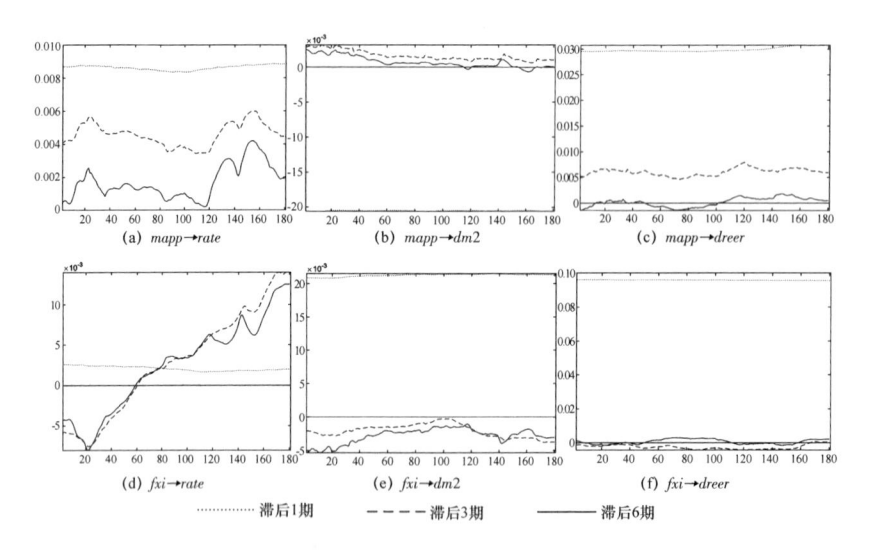

图 8-7 外汇宏观审慎政策、外汇干预对中国货币政策及人民币汇率等间隔脉冲响应函数分析

第八章 发达经济体货币政策对中国货币政策和人民币汇率波动的影响实证研究

这是由于 2017 年以后外汇宏观审慎政策不断健全，对中国利率水平产生了重要影响，外汇干预的加强在 2012 年以前会引起中国利率水平的下降，但是在 2012 年以后会引起中国利率水平的上升，这是由于中国利率市场化不断提升。从中国货币供给角度而言，外汇宏观审慎政策的收紧短期会引起中国货币供给的增加，但是长期影响较小，且外汇宏观审慎政策的收紧近年来对中国货币供给增加的作用逐渐减弱。这是由于近年来中国"双支柱"政策的不断完善，货币政策与宏观审慎政策搭配更加协调，外汇干预的加强短期会引起中国货币供给的减少。近年来，外汇干预加强对货币供给的减少作用逐渐减弱，这是由于外汇干预的实施力度不断减弱。从人民币汇率角度而言，外汇宏观审慎政策的收紧会引起人民币汇率升值，但是 2016 年以前，外汇宏观审慎政策的收紧不能稳定促进人民币升值，甚至会引起人民币贬值，2016 年以后，外汇宏观审慎政策收紧引起人民币升值的作用不断提升，这是因为 2016 年以后外汇宏观审慎政策不断健全，外汇干预能够保持人民币汇率的稳定。但是近年来，外汇干预对人民币汇率的影响逐渐减弱，这是由于外汇干预的实施力度不断减弱。整体而言，外汇宏观审慎政策对于中国货币政策以及人民币汇率波动的影响逐渐增强，外汇干预对中国货币政策以及人民币汇率波动的影响逐渐减弱。

根据图 8-8 结果，对于中国进出口贸易而言，外汇宏观审慎政策的收紧会导致中国进出口贸易减少，但是随着时间的推进，外汇宏观审慎政策收紧对于进出口贸易的减少作用在逐渐下降，外汇干预的加强会引起中国进出口贸易的增加，但是随着时间的推进，尤其是在 2020 年以后，外汇干预对中国进出口贸易的增加作用在逐渐减弱。从短期国际资本流动角度来看，外汇宏观审慎政策的收紧短期会导致中国短期国际资本流入减少，但是长期会导致中国短期国际资本流入增加，而外汇干预会引起中国短期国际资本流入增加。从中国通货膨胀率的角度而言，外汇宏观审慎政策的收紧在短期会引起中国通胀率的下降，在长期对中国通货膨胀率的影响较小，外汇干预的加强对于通货膨胀的影响程度较

(a) mapp→trade (b) mapp→capital (c) mapp→dinflation (d) mapp→growth
(e) fxi→trade   (f) fxi→capital   (g) fxi→dinflation   (h) fxi→growth

.... 滞后1期   − − − − 滞后3期   ───── 滞后6期

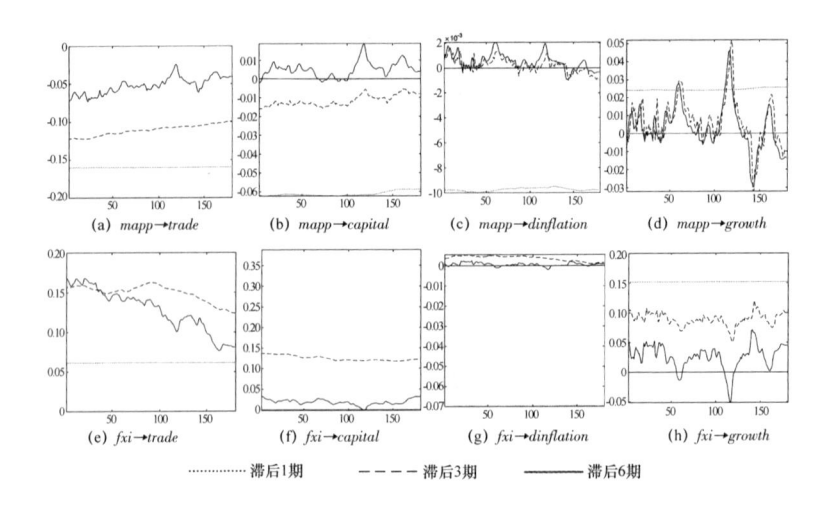

图 8-8 外汇宏观审慎政策、外汇干预影响机制等间隔脉冲响应函数分析

小。对于中国实际产出而言,外汇宏观审慎政策的收紧会引起中国实际产出的下降,而外汇干预的加强会引起中国实际产出的提升。

三 TVP-SV-VAR 时点脉冲响应函数分析

为了进一步考察外汇宏观审慎政策与外汇干预对中国货币政策以及人民币汇率在不同时点的影响,本节使用 TVP-SV-VAR 分时点脉冲响应函数分析,分别考察了 2008 年 11 月、2015 年 12 月、2019 年 7 月与 2022 年 3 月四个时点的冲击。

根据图 8-9 结果,对于中国利率水平而言,从各个时点来看,外汇宏观审慎政策的收紧均会导致中国利率水平的上升,且在第 2 个月达到峰值,此后其对利率水平的提升作用逐渐减弱,从各个时点对比来看,2019 年 7 月以及 2022 年 12 月,外汇宏观审慎政策收紧带来的冲击更大,持续时间更长。这是由于中国外汇宏观审慎框架逐渐健全,作用效果逐渐增强,外汇干预政策的加强在各个时点的冲击存在差异。2008 年 11 月外汇干预的加强会导致中国利率水平先小幅上升,然后大幅下降,在第 4 个月,下降程度最大,随后其对中国利率水平的降低作用

第八章 发达经济体货币政策对中国货币政策和人民币汇率波动的影响实证研究

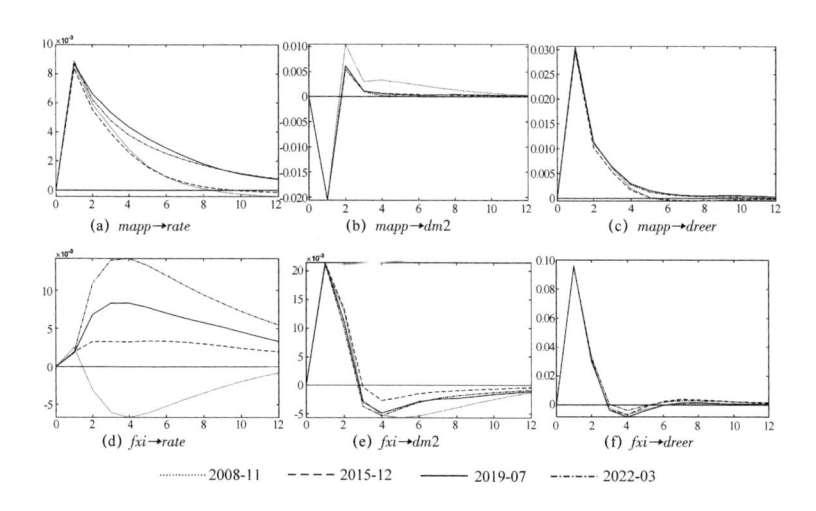

图8-9 外汇宏观审慎政策、外汇干预对中国货币政策及人民币汇率时点脉冲响应函数分析

逐渐减弱,2015年12月、2019年7月、2022年3月外汇干预的强化会导致中国利率水平上升,其对于中国利率水平的促进作用不断增强,这是由于中国利率市场化不断推进,外汇干预对中国利率水平的影响逐渐增强。对于中国货币供给而言,外汇宏观审慎政策的收紧首先会引起中国货币供给量的下降,在第1个月达到峰值,在第2个月以后,外汇宏观审慎政策收紧会导致中国货币供给量上升,但上升作用较小,但是外汇干预的加强首先会导致中国货币供给量上升,在第1个月达到峰值,在第3个月以后,外汇干预的加强会导致中国货币供给量下降,但下降作用较小。对于人民币汇率而言,外汇宏观审慎政策的收紧会导致人民币汇率升值,在第1个月达到峰值,外汇干预的加强也会导致人民币汇率升值,在第1个月达到峰值,但是外汇干预在第3个月以后会导致人民币汇率贬值,在第4个月贬值幅度最大。

根据图8-10结果,对于中国进出口贸易而言,外汇宏观审慎政策的收紧会导致中国进出口贸易减少,分时点来看这种减弱作用在短期影响比较一致,均会在第3个月达到最低点,但是从长期来看外汇宏观审

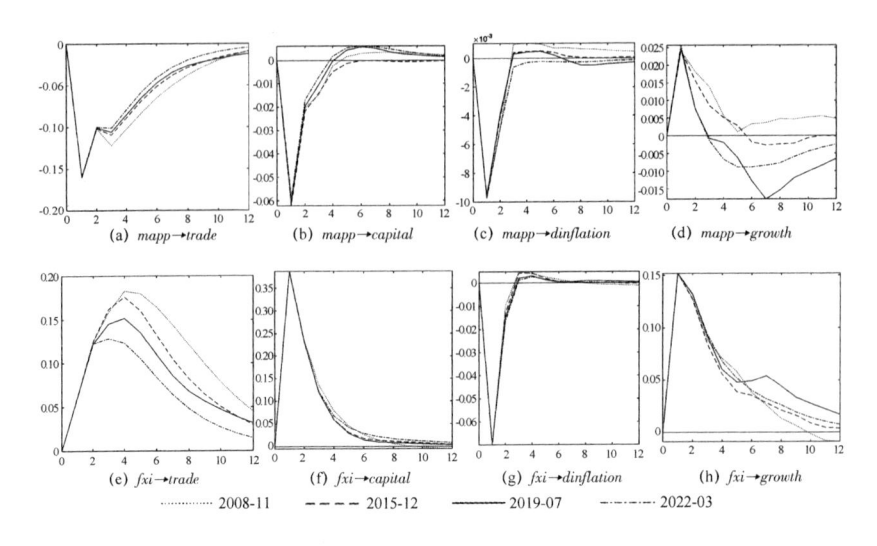

图 8-10 外汇宏观审慎、外汇干预影响机制时点脉冲响应函数分析

慎政策收紧对于中国进出口贸易的降低作用在不断减弱。外汇干预的加强会引起中国进出口贸易上升，分时点来看，外汇干预对中国进出口贸易的提升作用在第 1 个月达到峰值，持续作用在不断下降。对于中国短期国际资本流动而言，外汇宏观审慎政策的收紧会导致中国短期国际资本流入降低，且在第 1 个月达到最低点。分时点来看，2015 年 12 月，随着时间推移，外汇宏观审慎政策的收紧会使得中国短期国际资本流入减少作用降低，但是不会使得中国短期国际资本流入增加，但是 2008 年 11 月、2019 年 7 月以及 2022 年 3 月，外汇宏观审慎政策的收紧在第 4 个月以后会引起中国短期国际资本流入增加，外汇干预的加强会导致中国短期国际资本流入增加，且在第 1 个月达到峰值，长期来看外汇干预对于中国短期国际资本流入的增加效应逐渐减弱。对于中国通货膨胀率而言，外汇宏观审慎政策的收紧与外汇干预的加强均会导致中国通货膨胀率下降，在第 1 个月达到最低点，且在第 6 个月左右会引起中国通货膨胀水平的上升，且影响逐渐减弱。对于中国实际产出而言，外汇宏观审慎政策的收紧首先会导致中国产出的下降，在第 3 个月达到最低，

分时点来看，2008年11月与2015年12月，外汇宏观审慎政策收紧对于中国产出的负向作用逐渐减弱，2019年7月与2022年3月，外汇宏观审慎政策的收紧在第7个月以后会导致中国产出的增加。外汇干预的加强会引起中国实际产出增加，在第2个月达到峰值，在第2个月以后，外汇干预的加强对于中国实际产出增加的促进作用逐渐减弱，分时点来看，2008年11月的冲击对中国实际产出的提升作用最强，持续时期最长，其次分别是2015年12月、2022年3月以及2019年7月。

第四节　小结

本章得出以下结论：

（1）外汇宏观审慎政策调控效果不断增强，外汇干预的政策效果逐渐较弱。这种现象在调整人民币汇率方面尤为明显，在"8·11"汇率改革以后，随着人民币汇率市场化程度加深，人民币汇率浮动变大，中国进行外汇干预的程度下降，同时中国外汇宏观审慎框架开始不断健全。

（2）外汇宏观审慎政策收紧与外汇干预的加强会引起中国流动性趋紧。外汇宏观审慎政策的收紧与外汇干预的加强均会引起中国利率水平上升，外汇宏观审慎政策短期会引起中国货币供给量下降，但是长期会引起中国货币供给量上升，而外汇干预的作用刚好相反。整体而言，外汇宏观审慎政策的收紧与外汇干预政策的加强会导致中国流动性趋紧，需要同货币政策合理进行搭配。

（3）外汇宏观审慎政策收紧与外汇干预的加强会引起人民币汇率的升值，但外汇干预的加强长期可能会引起人民币汇率贬值。外汇宏观审慎政策的收紧与外汇干预的加强会引起人民币汇率的升值，有利于缓解美欧日货币政策变化对人民币汇率的冲击。同时，外汇干预对人民币汇率的调整程度更大。

（4）外汇宏观审慎政策主要从国际资本流动渠道与价格渠道调节

人民币汇率，而外汇干预主要从贸易渠道与价格渠道调节人民币汇率。对于贸易渠道而言，外汇宏观审慎政策的收紧会导致中国进出口贸易的下降，而外汇干预的增强会引起中国进出口贸易的增加，外汇宏观审慎政策不能从贸易渠道有效调节人民币汇率，而外汇干预可以从贸易渠道有效调节人民币汇率。对于国际资本流动渠道而言，外汇宏观审慎政策的收紧短期会引起中国短期国际资本流入减少，在长期会引起中国短期国际资本流入增加，而外汇干预的加强会导致中国短期国际资本流入的增加，这是因为外汇宏观审慎政策在调节人民币汇率的同时会调控资本流动，防范系统性风险，而外汇干预则直接调控人民币汇率，对于国际资本流动的调控有限。对于价格渠道而言，外汇宏观审慎政策的收紧与外汇干预的加强在短期均会引起中国通货膨胀率下降，而在长期会引起中国通货膨胀率上升，整体而言，外汇宏观审慎政策对于通胀的调节作用强于外汇干预。

（5）外汇宏观审慎政策的加强短期会引起中国实际产出的下降，带来一定的负面影响。外汇干预的加强会引起中国实际产出增加，但是外汇宏观审慎政策整体而言，会引起中国实际产出的增加。所以外汇宏观审慎政策在实施时，要注意和其他政策搭配，减少其对经济的负面影响。

第九章
研究结论与政策建议

第一节 研究结论

一 美欧日发达经济体货币政策的新变化对中国货币政策的影响存在异质性

通过 SVAR 模型和 TVP-SV-VAR 模型对发达经济体货币政策的新变化对中国货币政策的影响进行实证检验,得出以下几点结论:

(1) 发达经济体货币政策对中国货币政策的直接传导渠道为利率渠道,有效性最强,其中美欧日采用价格型货币政策工具和数量型货币政策工具对中国货币政策的影响存在差异性。美国货币政策对中国货币政策的影响强于欧元区,日本货币政策的影响最弱。价格型货币政策工具对中国货币政策的影响程度要高于数量型货币政策工具的影响。同时,美欧日价格型货币政策对中国货币政策的影响仅在特定时期存在一致性,但在其他时期中国货币政策能够保持一定的独立性,且有时变特征。

(2) 发达经济体货币政策对中国货币政策的间接传导渠道为汇率渠道、贸易渠道和资本流动渠道,其中汇率渠道的传导更为有效,贸易渠道和资本流动渠道的传导效果较为接近,且弱于汇率渠道。从汇率、贸易和资本流动传导渠道对中国货币政策的解释力差异看,汇率渠道能够解释较多的中国货币政策波动,贸易渠道和资本流动渠道的解释能力稍弱。这是由于汇率的波动更为频繁，传导速度更快，而中国资本流动存在一定管制，贸易渠道则受到贸易逆全球化影响，因此汇率渠道的解释能力优于贸易渠道和资本流动渠道。

（3）中国宏观经济变量对中国货币政策的影响程度有限。宏观经济变量 GDP 和 CPI 对中国货币供应量增速和货币政策利率的解释力均弱于美国和欧元区的价格型货币政策工具调整，即发达经济体货币政策的新变化对于中国货币政策工具的调整具有显著的溢出效应。中国可以通过对物价水平的控制，降低外部输入通胀压力对中国的冲击，注重以国内大循环为主提高中国经济增长和产出水平，以缓冲发达经济体货币政策变化对中国带来的溢出效应。

二 美欧日发达经济体货币政策的新变化对人民币汇率存在显著的影响

通过 SVAR 模型、MS-VAR 模型与 TVP-SV-VAR 模型检验了发达经济体货币政策对人民币汇率波动的影响，研究结论为：

（1）宏观因素与微观因素对人民币汇率变动均有显著影响。在宏观因素方面，美元兑人民币汇率变动主要受到中美利差变化、中美货币供给变化的影响，欧元兑人民币汇率变动主要受到中国与欧元区货币供给差影响，日元兑人民币汇率变动主要受到中日同期实际利率差影响。在微观因素方面，美元兑人民币汇率变动和欧元兑人民币汇率变动主要受到外汇交易情况、外汇交易方向的双重影响，日元兑人民币汇率变动受到外汇交易方向影响。

（2）美欧日货币政策变化对人民币汇率变动的影响呈现非线性特征。研究发现，计量模型的转换概率较好地识别与拟合了人民币汇率变动行为。量化宽松货币政策调整，通过改变中国与发达经济体的货币供给差和利率差间接作用于人民币外汇市场交易机制，进而对人民币汇率变动形成了显著的影响。区制转换结果显示：美国宽松的货币政策增强了外汇市场交易方向对人民币汇率变动的影响，相反，美国紧缩的货币政策在一定程度上减小了该影响；欧元区宽松的货币政策显著地改变人民币外汇市场交易情况，影响了欧元兑人民币汇率的变动行为；日本的企业融资支持计划使得人民币外汇交易方向对日元兑人民币汇率变动的作用效果大幅增强，但是 2014 年后日本宽松的货币政策并未明显改变日元兑人民币汇率变动行为。

（3）美欧日发达经济体货币政策变化对人民币汇率波动的影响具有差异性。美国货币政策的变化对人民币汇率的波动影响最大，其次是欧元区的货币政策，而日本无论是数量型货币政策还是价格型货币政策的变化对人民币汇率的波动影响均相对较小。美欧日价格型货币政策对人民币汇率的影响较为显著，且货币政策利率变动的方向与汇率相反，美欧日降息导致人民币汇率升值，美欧日升息导致人民币汇率贬值；而美欧日数量型货币政策工具对人民币汇率的影响偏弱。

（4）美欧日发达经济体货币政策对人民币汇率的波动影响存在时变特征。TVP-SV-VAR 模型的脉冲响应结果表明：美国货币政策对人民币汇率的影响存在明显的时变性特征，在不同时点下美国货币政策的冲击对人民币汇率波动的影响方向均不相同；而欧元区货币政策的变化对人民币汇率波动的影响在不同时点下呈现一致性，采取紧缩的货币政策将造成人民币汇率贬值，而宽松的货币政策将造成人民币汇率升值；日本实行紧缩的货币政策情况下，将造成人民币汇率贬值影响，而日本数量型货币政策对人民币汇率波动的影响存在一定时变性特征，在不同时点下人民币汇率的波动响应呈现不同方向。从不同时点看，主要发达经济体货币政策对人民币汇率的影响主要表现为短期，在中长期的影响逐渐减弱。

（5）人民币汇率的波动也会对发达经济体的货币政策产生一定影响且存在时变特征，其影响在美欧日发达经济体间存在异质性。

三　中国货币政策对人民币汇率波动的影响显著，且能够通过间接影响机制产生作用

通过使用 MS-VAR 模型研究了两种不同经济状态下中国货币政策

对人民币汇率的影响，以及检验二者间通过利率、通货膨胀、短期国际资本流动以及国际收支四个间接影响机制的作用，研究结论如下：

（1）MS-VAR 模型将时间序列的数据划分为两种不同经济状况的区制。马尔可夫链区制转换向量自回归（MS-VAR）模型具有将数据划分区制的特征，根据实际经济状况，模型将所有数据划分为两个区制进行研究，其中区制 1 中所涵盖的数据特征为国内实行较为紧缩的货币政策，且伴随着人民币汇率的升值；而区制 2 中的特点为实行较宽松的货币政策，且伴随着人民币汇率的贬值。

（2）中国货币政策与人民币汇率的波动间存在双向影响。MSH（2）-VAR（1）模型的估计结果表明，中国货币政策的施行通常存在一定的连续性，且国内货币政策对人民币汇率具有负向影响，即当国内实行相对紧缩的货币政策时，会造成人民币汇率的升值；而当国内货币政策转为宽松时，人民币汇率会贬值。而人民币汇率方程的估计结果表明，人民币汇率的波动同样存在惯性，此外，人民币汇率波动对中国货币政策产生负向作用，说明当人民币汇率升值时，货币政策会相应地紧缩；而当人民币汇率贬值时，可能造成中国货币政策相对宽松的结果，这与前文中的理论分析结果相符合。

（3）国内货币政策的冲击对人民币汇率产生负向影响。MS-VAR模型的脉冲响应分析进一步验证了中国货币政策对人民币汇率的波动影响，同时分析了货币政策通过四个间接传导机制（利率、通货膨胀、短期国际资本流动与国际收支）对人民币汇率波动影响的作用。其中，货币政策冲击对人民币汇率的影响与前文研究结论相符，即国内货币政策的冲击对人民币汇率产生负向影响。而当人民币汇率受到冲击影响时，货币政策的响应在两区制下有所不同，区制 1 中的响应结果与前文理论分析中一致，即人民币汇率的波动对货币政策造成负向影响；而区制 2 中的响应结果与区制 1 中不一致，当受到人民币汇率升值的冲击时，货币政策趋向于宽松，该响应结果与区制划分的特征相关，区制 2下的大部分时间点国内实行宽松的货币政策，造成了不同经济状况下不同的响应结果。

（4）四个间接传导机制的作用基本与理论分析中结论相符合。其中，短期国际资本流动的间接传导机制在两区制下的响应结果不同，总体上短期国际资本流动的作用机制为：宽松的货币政策造成短期国际资本流向其他国家，进而造成人民币汇率的贬值；而当货币政策紧缩时，短期国际资本将流入国内进而推动人民币汇率的升值；利率作为中国货币政策对人民币汇率影响的间接影响机制，作用在两区制下的响应较为相似，其作用方式为：当货币政策相对宽松时，利率水平下降，造成人民币汇率贬值；而当货币政策相对紧缩时，利率水平上升，人民币汇率升值；通货膨胀作为中国货币政策对人民币汇率影响的间接影响机制，其响应过程在两区制下略有不同，但最终收敛至均衡水平的方向一致，即短期内两区制下通货膨胀的传导作用有区别，而长期下，当国内采取宽松的货币政策时，将造成通货膨胀水平的上涨，进一步造成人民币汇率的贬值；国际收支作为中国货币政策对人民币汇率影响的间接影响机制，其响应过程在两区制不同经济状况下基本相同，即当货币政策转向宽松时，造成中国国际收支顺差扩大，进一步造成人民币汇率的贬值；而当货币政策紧缩时，国际收支顺差缩减或逆差扩大，进而造成人民币汇率的升值。

四 外汇宏观审慎政策与外汇干预对中国货币政策与人民币汇率波动产生影响

通过 SVAR 模型和 TVP-SV-VAR 模型实证检验，得出结论为：

（1）外汇宏观审慎政策调控效果不断增强，外汇干预的政策效果逐渐较弱。这种现象在调整人民币汇率方面尤为明显，在 2015 年"8·11"汇率改革以后，随着人民币汇率市场化程度加深，人民币汇率浮动变大，中国进行外汇干预的程度下降，同时中国外汇宏观审慎框架开始不断健全。

（2）外汇宏观审慎政策收紧与外汇干预的加强会引起中国流动性

趋紧。外汇宏观审慎政策的收紧与外汇干预的加强均会引起中国利率水平上升，外汇宏观审慎政策短期会引起中国货币供给量下降，但是长期会引起中国货币供给量上升，而外汇干预的作用刚好相反。整体而言，外汇宏观审慎政策的收紧与外汇干预政策的加强会导致中国流动性趋紧，需要同货币政策合理进行搭配。

(3) 外汇宏观审慎政策收紧与外汇干预政策加强会引起人民币汇率升值，但外汇干预加强长期可能会引起人民币汇率贬值。外汇宏观审慎政策收紧与外汇干预加强会引起人民币汇率升值，有利于缓解美欧日货币政策对人民币汇率的冲击。其中，外汇干预对人民币汇率的调整程度更大，外汇干预的加强会引起人民币汇率的升值，但是从长期来看外汇干预的加强可能会导致人民币汇率贬值，导致了人民币汇率波动增大，而外汇宏观审慎政策收紧也会引起人民币汇率升值，随着时间的推移，效果会逐渐较弱，但是不会引起人民币汇率贬值。

(4) 外汇宏观审慎政策主要从资本流动渠道与价格渠道调节人民币汇率，而外汇干预主要从贸易渠道与价格渠道调节人民币汇率。对于贸易渠道而言，外汇宏观审慎政策的收紧会导致中国进出口贸易的下降，而外汇干预的增强会引起中国进出口贸易的增加，外汇宏观审慎政策不能从贸易渠道有效调节人民币汇率，而外汇干预可以从贸易渠道有效调节人民币汇率。对于资本流动渠道而言，外汇宏观审慎政策收紧短期会引起中国短期国际资本流入减少，在长期会引起中国短期国际资本流入增加，而外汇干预加强会导致中国短期国际资本流入的增加，这是因为外汇宏观审慎政策在调节人民币汇率的同时也会调控资本流动，防范系统性风险，而外汇干预则直接调控人民币汇率，对资本流动的调控有限。对于价格渠道而言，外汇宏观审慎政策收紧与外汇干预加强在短期均会引起中国通货膨胀率下降，而在长期会引起中国通货膨胀率上升，整体而言，外汇宏观审慎政策对于通胀的调节作用强于外汇干预政策。

(5) 外汇宏观审慎的实施长期可能会引起中国实际产出的下降，

带来一定的负面影响。外汇干预加强会引起中国实际产出的增加。外汇宏观审慎政策，整体而言会引起中国实际产出的增加，但是也会引起中国实际产出的下降，对经济带来一定的负面影响，所以在实施外汇宏观审慎政策时，需要与其他政策配合使用，减少其对经济的负面影响。

第二节 政策建议

面对全球经济金融复杂因素的影响，不确定性因素不断增大，发达经济体货币政策的新变化会给全球经济金融和中国经济金融带来一定的影响。面对机遇和挑战，中国应该趋利避害，将防范系统性金融风险作为底线，在"国内国际双循环，以国内大循环为主"的新发展格局下，积极采取相应的对策，应对外部冲击对中国经济金融造成的不利影响，加快高水平对外开放，加速实现中国式现代化，以保证中国的金融安全和维护中国的金融稳定。

一 合理制定和优化中国货币政策

（一）制定最优货币政策目标

在制定最优货币政策目标时，今后应注重中国货币政策制定与调整的目标应逐步从数量型货币政策工具向价格型货币政策工具转变，创新货币政策工具，增强货币政策的独立性和灵活性。同时，应考虑宏观审慎管理政策，将金融周期、跨境资本流动、汇率波动、外部冲击等因素纳入货币政策调控管理范围内，尤其要注重加强货币政策的国际协调，通过国际货币政策协调与合作，实现中国金融稳定的目标。在货币政策的抉择上，今后要考虑结合不同时期的现实状况适度灵活调控，以保持中国货币政策的相对独立性。

（二）保持货币政策的相对独立性和有效性

中国人民银行应当根据国际和国内形势的变化采取相应措施，以确保货币政策具有相对独立性和有效性。一是中国货币当局要明确发达经济体货币政策的实施手段与实施强度，这决定了其对人民币汇率变动的冲击源强度和影响。二是中国要全方位评估中国与美欧日主要发达经济体在贸易、金融、投资、货币兑换等方面联系的密切程度，把握汇率变动下经济福利损失程度的大小。三是明确货币政策的应对目标与手段。美元兑人民币汇率变动在很大程度上是宏观因素与微观因素共同影响，欧元兑人民币和日元兑人民币汇率变动主要是宏观经济扰动引起的利率差异打破原有均衡对人民币汇率造成影响。未来时期，中国的货币政策应着重从宏观上减小冲击源，从微观上进一步完善利率与汇率形成机制和协调机制，从而实现宏观上削弱冲击效果，微观上优化汇率改革，使得人民币汇率更好地反映宏观经济形势和市场供需力量。四是要注重发达经济体货币政策的新变化，尤其是美联储的货币政策调整。因为美元是全球主要的储备货币，美联储的货币政策变化与调整直接影响着全球资本的流动，进而影响中国货币政策和人民币汇率波动与变化。五是中国应建立和完善符合自身国情的货币政策框架，以便在全球货币政策变化时能保持中国货币政策的独立性和有效性与人民币汇率的稳定。六是中国应加强宏观经济政策的协调，包括货币政策、财政政策和汇率政策等密切配合，以便在保持经济增长的同时，也能维护人民币汇率的稳定。

（三）丰富结构性货币政策工具种类

随着全球金融体系的日趋复杂化，以及金融产品和服务的不断创新，传统货币政策工具的有效性面临考验。因此亟须丰富与创新货币政策工具，以对经济运行进行合理调控和引导。目前，中国运用的货币政策工具包括准备金政策、再贷款、公开市场操作、定向降准、利率政策、借贷便利等类别，并已初步取得成效。在未来时期应根据市场的特定需求，进一步丰富和完善结构性货币政策工具，以增加货币政策实施方案的可选择性。结构性货币政策工具以其精准性、高效性和创新性，能够弥补传统货币政策工具的缺陷，将资金引导至特定经济领域或薄弱环节，能够有效提高金融支持的效率，提高货币政策的实施效果。但同时，大规模使用结构性货币政策工具可能会影响常规货币政策的效力，并且会与财政政策产生一定重叠。因此，在丰富结构性货币政策工具的同时，还应当注意货币政策工具的使用时限和范围，并对结构性货币政策工具的作用效果进行定期评估，以确保货币政策的有效性。

二 稳步开放资本项目，加强跨境资本流动风险监管

（一）健全短期国际资本流动管理机制

针对跨境资本流动，中国应稳步开放资本项目，加强外汇市场监管，避免热钱流入流出给中国经济金融带来的不利影响，保障中国金融市场尤其是外汇市场稳定与健康发展。一是中国应稳步有步骤地开放资本项目，避免过度开放导致热钱流入流出。二是加强对短期流动性注入工具管理，加强资本流出的监管。货币当局应时刻监控短期国际资本流动的动态，完善监测机制的功能，实时监测其流动规模，定期对短期国际资本流动进行评估与预测，以发现短期国际资本流动的新趋势和新特点，同时设立短期国际资本的预警机制以防止短期国际资本的大规模流动给国内经济带来冲击。三是加强短期国际资本流动的监管，避免短期国际资本频繁流动，影响人民币汇率稳定。四是完善短期国际资本的数据统计。可以通过与海关部门合作，及时甄别跨国贸易活动中的异常行为，以防止短期国际资本外逃。

（二）合理推进资本和金融账户的开放

中国现行的资本和金融账户管制，一方面不能应对部分国外资本违规跨境流入国内，另一方面需要巨额外汇储备作为支撑，使得现行制度的执行成本较高。因此，应不断完善短期国际资本流动的统计监测与管理机制，严厉打击违规跨境资本流动行为。同时，更应积极有序地推进资本账户的开放，持续推出 QFII 和 RQFII 等，在风险可控的情况下拓宽对本国的投资渠道，使得国际资本流入中国的渠道更加便捷，监控并减少违规跨境资本的流入。

（三）将短期国际资本纳入宏观审慎监管框架中

针对中国当前的实际状况制定合理的短期国际资本宏观审慎管理政策，以应对当前中国面临的持续性短期资本流出。要完善适合中国国情的宏观审慎管理体系以应对短期国际资本流动的突发状况带来的影响。短期国际资本流动的宏观审慎管理包括短期国际资本流动的管理工具和宏观审慎政策两部分。其中短期国际资本流动的管理工具包括针对短期国际资本的税收、行政管制、资金量限制、法律规定等措施；宏观审慎政策包含外汇相关的政策，如外汇贷款限制、外汇资产投资限制等，以及逆周期资本要求、信贷增长限制、动态贷款损失准备等。短期国际资本流动的管理工具适用于当宏观审慎政策失效时以应对短期国际资本流动的冲击风险，当短期国际资本流动趋于稳定时应减少或暂停使用，以避免市场失灵和资源配置扭曲带来的负面影响。

三 制定人民币汇率改革目标，完善人民币汇率形成机制

（一）制定人民币汇率改革目标

制定人民币汇率改革目标，实行合理有效的汇率机制至关重要。因此，一是制定人民币汇率合理波动区间。避免过度外汇市场干预，减少外汇储备损耗。由于短期国际资本流动与人民币汇率间存在正反馈机制，应进一步扩大人民币汇率弹性，实现在一定可控范围内有升有降、双向互动，充分发挥人民币汇率调控宏观经济作用，以维持经济金融体系稳定。二是加速人民币汇率形成机制改革。需要强化利率和汇率的协调合作以调节市场的作用，为人民币国际化提供坚实的基础。三是中国要遵循逐步可控的汇率机制改革，为改革预留较大的政策空间，由被动转为主动。汇率机制改革应该遵循"重点关注汇率波动，其次防止人民币汇率大幅升值与贬值，循序渐进，逐步放开"原则。

（二）加强人民币汇率稳定

加强人民币汇率稳定，避免汇率风险十分重要。因此，一是中国应

避免人民币汇率过度波动，加强中国外汇市场的外汇交易监管，加强人民币汇率风险预警体系建设。二是为避免外汇投机以减小中国外汇市场的风险与损失，应加强中国外汇交易法制建设，使得外汇交易更加程序化、法制化。三是建立健全外汇市场信息披露机制，使得中国外汇市场更加灵敏反映外汇市场供求关系和更有效率。四是努力控制中国外汇市场机构交易商规模，形成与人民币汇率机制改革相互促进的局面。五是加快实现人民币国际化。应进一步优化跨境人民币业务的流程，为跨境人民币贸易结算业务提供便利条件。人民币的国际化还需要依靠国际社会的合作和普遍接受，因此要继续推进"一带一路"的发展，提升中国以及人民币的国际影响力和国际地位。

（三）增强人民币汇率弹性

2015年"8·11"汇率改革以后，美欧日货币政策对中国货币政策以及人民币汇率波动的影响有所减缓，中国宏观审慎政策不断健全有利于缓解美欧日货币政策变动的冲击，但同时人民币汇率弹性的不断增强也起到了十分重要的作用，人民币汇率弹性的增强使得人民币汇率更加灵活，也使得中国货币政策保持了较好的独立性。因此，今后需要不断增强人民币汇率的弹性，同时也要与相关政策配合，如外汇宏观审慎政策以及外汇干预政策，在保证人民币汇率弹性的同时，防止外部冲击带来的风险和不利影响。

四 加强宏观审慎性监管，保证中国金融稳定

针对以上结论，可以看出美欧日货币政策对中国货币政策以及人民币汇率波动具有很强的溢出效应，中国外汇宏观审慎政策及外汇干预政策可以抵御美欧日货币政策的冲击，但是也存在相应的问题，基于此，提出相应的政策建议。

（一）健全中国货币政策同其他政策协调配合机制

美欧日货币政策收紧会引起中国利率水平上升，也会导致中国货币供给量下降，这是由于主要发达经济体货币政策收紧会引发全球货

币市场融资成本上升以及全球流动性收紧。中国外汇宏观审慎政策收紧以及外汇干预的加强同样会导致中国利率水平上升以及中国货币供应量的下降，这也说明外汇宏观审慎政策以及外汇干预在调节美欧日货币政策冲击时可以灵活使用。中国利率水平以及中国货币供应量的调整可以通过中国货币政策进行调整，在外汇宏观审慎政策收紧以及外汇干预加强时，中国可以采取宽松的货币政策来应对其引发的流动性不足的问题，这充分说明需要健全中国货币政策同其他政策的协调配合机制。

(二) 防范短期国际资本流动对人民币汇率的冲击

随着中国对外开放与人民币国际化程度不断加大，中国短期国际资本流动的规模与波动性逐渐增大，短期国际资本流动对中国的经济金融产生了重要作用。一方面，稳定的国际资本流动有助于促进经济增长，但是国际资本流动的波动加剧不利于经济增长，甚至会带来相应的风险，尤其是资本趋势性的逆转，甚至会引起金融危机。另一方面，随着人民币汇率的市场化逐渐加强，人民币汇率弹性不断增大，短期国际资本流动会对人民币汇率产生重要影响。近年来，中国不断加大资本账户开放程度，也在不断健全中国外汇宏观审慎政策框架，这对稳定人民币汇率，控制国际资本流动，更多地将国际金融市场的资本用于促进中国经济的发展，取得了不错的成效，但是中国外汇宏观审慎政策起步较晚，需要进一步不断完善，以更好地发挥作用。

(三) 注意宏观审慎监管框架中相关政策实施时带来的负面影响

外汇干预的加强会引起人民币汇率的升值，但是从长期来看，外汇干预的加强可能会导致人民币汇率的贬值，而外汇宏观审慎政策的收紧，整体而言，会引起中国实际产出的增加，但是也会引起中国产出的下降。同时，外汇干预的加强与外汇宏观审慎政策的收紧会引起中国利率水平的上升以及中国货币供应量下降，引起中国流动性不足，即外汇宏观审慎政策与外汇干预政策均会带来一定的负面影响。外汇宏观审慎政策以及外汇干预主要是为了稳定人民币汇率，减少人民币汇率波动，同时控制跨境资本流动，在这方面确实起到了不错的效果，但是在达到政策目标的同时，也要注意这些政策在实施过程中带来的负面影响，这需要不断健全中国的宏观金融稳定框架，同时也需要在各种政策之间进行协调合理使用，充分发挥其积极作用，减弱其对于经济金融带来的负面影响，以保证中国金融稳定。

主要参考文献

一 中文文献

安蕾、戴金平、徐伟:《宏观审慎政策应对外部金融冲击的有效性》,《国际金融研究》2023年第3期。

边卫红、陆晓明、高玉伟等:《美国量化宽松货币政策调整的影响及对策》,《国际金融研究》2013年第9期。

卜林、李政、张馨月:《短期国际资本流动、人民币汇率和资产价格——基于有向无环图的分析》,《经济评论》2015年第1期。

陈创练、杨子晖:《"泰勒规则"、资本流动与汇率波动研究》,《金融研究》2012年第11期。

陈创练、姚树洁、郑挺国等:《利率市场化、汇率改制与国际资本流动的关系研究》,《经济研究》2017年第4期。

陈虹、马永健:《美国量化宽松货币政策与退出效应及其对中国的影响研究》,《世界经济研究》2016年第6期。

陈浪南、陈云:《人民币汇率、资产价格与短期国际资本流动》,《经济管理》2009年第1期。

陈雷、张哲、陈平:《美国货币政策公告对中国国债收益率曲线的溢出效应》,《国际金融研究》2022年第3期。

陈锐、李金叶:《外部经济金融冲击与中国金融周期波动——兼论宏观审慎政策防范外部冲击的有效性》,《武汉金融》2022年第4期。

陈师、郑直、王颖:《金融摩擦与新兴经济体特征对中国货币政策传导的影响》,《当代财经》2017年第7期。

陈卫东、王有鑫:《全球流动性、通胀与金融资产价格互动演变逻辑:理论框架和经验分析》,《国际金融研究》2022年第6期。

陈雨露、侯杰:《汇率决定理论的新近发展:文献综述》,《当代经济科学》2005年第5期。

楚尔鸣、王真:《中国货币政策溢出效应的异质性研究——基于51个国家的面板数据分析》,《国际金融研究》2018年第10期。

崔蕊、刘力臻:《基于蒙代尔—弗莱明模型视角的中国宏观经济政策有效性分析》,《统计与决策》2011年第4期。

邓美薇:《金融危机后日本超量化宽松货币政策对中国经济的溢出效应》,硕士学位论文,辽宁大学,2016年。

邓永亮、李薇:《汇率波动、货币政策传导渠道及有效性——兼论"不可能三角"在我国的适用性》,《财经科学》2010年第4期。

丁志杰、杨伟、黄昊:《境外汇款是热钱吗?——基于中国的实证分析》,《金融研究》2008年第12期。

冯妍婕、卢瑞亮、郝雪婷:《主要经济体中央银行应对疫情的货币政策工具及其资产负债表比较分析》,《金融纵横》2022年第2期。

高鸿业主编:《西方经济学(宏观部分)》(第五版),中国人民大学出版社2011年版。

葛结根、向祥华:《麦卡勒姆规则在中国货币政策中的实证检验》,《统计研究》2008年第11期。

葛奇:《宏观审慎管理政策和资本管制措施在新兴市场国家跨境资本流出入管理中的应用及其效果——兼析中国在资本账户自由化过程中面临的资本流动管理政策选择》,《国际金融研究》2017年第3期。

葛奇:《金融稳定与央行货币政策目标——对"杰克逊霍尔共识"的再认识》,《国际金融研究》2016年第6期。

谷宇、王宇凡:《外汇宏观审慎工具能够管理人民币汇率预期吗?——基于 TVP-SV-VAR 模型的经验检验》,《国际金融研究》2023 年第 6 期。

管涛:《两次中美货币政策分化的比较及启示》,《清华金融评论》2022 年第 4 期。

管涛、谢峰:《做对汇率政策:强势美元政策对中国的启示》,《国际金融研究》2016 年第 9 期。

郭红玉、张运龙:《基于资产组合再平衡渠道的央行资产负债表政策溢出效应研究》,《世界经济研究》2016 年第 6 期。

何诚颖、刘林、徐向阳等:《外汇市场干预、汇率变动与股票价格波动——基于投资者异质性的理论模型与实证研究》,《经济研究》2013 年第 10 期。

何国华、彭意:《美、日货币政策对中国产出的溢出效应研究》,《国际金融研究》2014 年第 2 期。

何正全:《美国量化宽松货币政策对中国通货膨胀的影响分析》,《财经科学》2012 年第 10 期。

胡小文:《美联储加息、跨境资本流动风险与"双支柱"调控》,《世界经济研究》2023 年第 5 期。

黄海洲、刘刚:《全球高通胀和货币政策转向》,《清华金融评论》2022 年第 4 期。

黄明皓:《经济开放度与货币政策有效性——基于新开放经济宏观经济学视角的研究》,博士学位论文,武汉大学,2009 年。

黄绍进、姚林华、韦晓霞:《人民币汇率波动与跨境资本流动的动态关系研究——基于 DCC – GARCH 模型》,《区域金融研究》2021 年第 2 期。

黄宪、杨子荣:《中国货币政策会冲击到美国货币政策吗——基于效应外溢的视角》,《国际金融研究》2016 年第 1 期。

纪志宏:《货币宽松、资产价格与分配效应——基于美国 1984—2019 年数据的实证研究》,《国际金融研究》2022年第8期。

季云华、苏文锦、庄雅淳等:《外部冲击下跨境资金宏观审慎调控的有效性及相机抉择》,《南方金融》2021年第7期。

姜再勇:《多元约束条件下的货币政策实施》,《北京金融评论》2012年第1期。

金春雨、张龙:《美联储货币政策对中国经济的冲击》,《中国工业经济》2017年第1期。

兰晓梅、杨胜刚、陈百助:《货币政策与宏观审慎政策协调对跨境资本流动的影响:基于商业银行跨境融资与企业外币借贷视角》,《世界经济研究》2022年第2期。

李成、赵轲轲:《美联储货币政策对中国货币政策的溢出效应研究》,《华东经济管理》2012年第3期。

李宏瑾:《后疫情时代中央银行的角色转变与职能边界》,《国际金融研究》2022年第3期。

李宏、钱利:《人民币升值对中国国际资本流动的影响》,《南开经济研究》2011年第2期。

李婧、高明宇:《发达经济体非常规货币政策对中国金融状况指数的时变影响》,《社会科学战线》2020年第6期。

李力、王博、刘潇潇等:《短期资本、货币政策和金融稳定》,《金融研究》2016年第9期。

李明明、秦凤鸣:《人民币汇率预期、人民币国际化与短期资本流动》,《国际商务(对外经济贸易大学学报)》2018年第5期。

李清如、卢昊:《日本超宽松货币政策走向》,《中国金融》2023年第10期。

李爽:《主要发达经济体货币政策对中国系统性金融风险的影响研究》,博士学位论文,东北财经大学,2023年。

李小娟:《开放经济下货币政策国际传导机制分析》,《经济问题》2009年第8期。

李晓峰、陈华:《交易者预期异质性、央行干预效力与人民币汇率变动——汇改后人民币汇率的形成机理研究》,《金融研究》2010年第8期。

李艳丽、曹文龙、魏心欣等:《人民币汇率、汇率预期与短期跨境资本流动:基于MS-VAR模型的实证分析》,《世界经济研究》2022年第1期。

李艳丽、郭蓉、贾文卿:《人民币汇率对短期国际资本流动的不对称影响研究:基于NARDL模型》,《世界经济研究》2021年第3期。

李增来、梁东黎:《美国货币政策对中国经济动态冲击效应研究——SVAR模型的一个应用》,《经济与管理研究》2011年第3期。

李自磊、张云:《美国量化宽松政策是否影响了中国的通货膨胀?——基于SVAR模型的实证研究》,《国际金融研究》2013年第8期。

刘骏斌、刘晓星:《美元加息、人民币汇率与短期跨国资本流动——基于适应性预期的视角》,《财经科学》2017年第8期。

刘克崮、翟晨曦:《调整五大战略,应对美量化宽松政策》,《管理世界》2011年第4期。

刘澜飚、齐炎龙、张靖佳:《互联网金融对货币政策有效性的影响——基于微观银行学框架的经济学分析》,《财贸经济》2016年第1期。

刘林、朱孟楠:《货币供给、广义货币流通速度与物价水平——基于非线性LSTVAR模型对我国数据的实证研究》,《国际金融研究》2013年第10期。

刘姝彤:《日本超量化宽松货币政策及效果分析》,硕士学位论文,吉林大学,2017年。

刘晓星、李北鑫、刘骏斌等:《货币、资本循环与金融安全——基于美元货币政策冲击的视角》,《东南大学学报》(哲学社会科学版)2022年第1期。

刘尧成:《国际货币政策溢出效应、人民币汇率与中国贸易差额——基于TVP-VAR-SV模型的动态影响关系分析》,《世界经济研究》2016

年第 6 期。

陆磊、李力、冯业倩等：《跨境融资宏观审慎管理与外部输入性风险防范》，《经济研究》2022 年第 10 期。

陆晓明：《美联储利率政策新框架——关键发展、特征和局限》，《金融博览》2020 年第 10 期。

路妍、李爽：《美欧英日货币政策冲击对系统性金融风险的影响研究》，《武汉金融》2020 年第 11 期。

路妍、李爽：《国际货币政策变动、金融开放与中国系统性金融风险研究》，《投资研究》2021 年第 3 期。

路妍、李爽：《货币替代、通货膨胀与人民币汇率波动——人民币自由兑换可行性研究》，《上海经济研究》2022 年第 7 期。

路妍、刘亚群：《美日欧量化宽松货币政策对中国货币政策的影响研究》，《经济学动态》2014 年第 4 期。

路妍、吴琼：《量化宽松货币政策调整对人民币汇率变动的影响分析》，《宏观经济研究》2016 年第 2 期。

路妍、吴琼：《量化宽松货币政策调整对人民币汇率变动的影响研究——基于 Markov Switching 计量方法的分析》，《宏观经济研究》2017 年第 4 期。

路妍、张寒漪：《短期国际资本流动对人民币汇率波动的影响——基于 Markov Switching-VAR 方法的分析》，《商业研究》2020 年第 8 期。

吕和威、岳国强：《发达国家金融危机后非常规货币政策的宏观经济效应研究——基于 2008—2019 年发达经济体实施超低利率与量化宽松政策效应评析》，《价格理论与实践》2022 年第 9 期。

罗云峰：《中国财政政策的有效性——蒙代尔 - 弗莱明模型在中国的调整和应用》，《上海经济研究》2010 年第 1 期。

马理、余慧娟：《美国量化宽松货币政策对金砖国家的溢出效应研究》，《国际金融研究》2015 年第 3 期。

马勇、吕琳：《货币、财政和宏观审慎政策的协调搭配研究》，《金融研究》2022 年第 1 期。

马忠良：《发达国家货币政策对我国经济的溢出效应研究》，硕士学位论文，山东财经大学，2019 年。

梅冬州、张咪：《中国与美国货币政策外溢的非对称性——理论建模与实证分析》，《中国工业经济》2023 年第 2 期。

苗文龙：《跨境资本流动宏观审慎监管框架与效果检验》，《当代财经》2021 年第 3 期。

欧阳远芬：《跨境资本流动对我国货币和信贷市场的影响研究》，《国际金融研究》2022 年第 8 期。

潘敏：《经济发展新常态下完善我国货币政策体系面临的挑战》，《金融研究》2016 年第 2 期。

裴桂芬、樊悦：《通货膨胀目标制下日本宽松货币政策及其传导"梗阻"》，《日本研究》2022 年第 3 期。

彭红枫、肖祖沔、祝小全：《汇率市场化与资本账户开放的路径选择》，《世界经济》2018 年第 8 期。

彭红枫、朱怡哲：《资本账户开放、金融稳定与经济增长》，《国际金融研究》2019 年第 2 期。

彭红枫、祝小全：《短期资本流动的多重动机和冲击：基于 TVP-VAR 模型的动态分析》，《经济研究》2019 年第 8 期。

彭兴韵、张运才：《发达经济体的结构性货币政策》，《中国金融》2022 年第 14 期。

齐晓楠、成思危、汪寿阳等：《美联储量化宽松政策对中国经济和人民币汇率的影响》，《管理评论》2013 年第 5 期。

钱晓霞、王维安：《金融开放进程下中国汇率波动、短期资本和股价的联动效应研究》，《国际经贸探索》2016 年第 12 期。

秦凤鸣、卞迎新：《货币政策冲击、外汇干预与汇率变动的同期与动态关联研究》，《经济理论与经济管理》2013 年第 3 期。

阙澄宇、孙小玄：《人民币国际化对跨境资本流动的影响——基于资本类型和流向的异质性研究》，《国际金融研究》2022 年第 4 期。

沙文兵、刘红忠：《人民币国际化、汇率变动与汇率预期》，《国际金融研究》2014 年第 8 期。

邵磊、侯志坚、茆训诚：《世界主要经济体货币政策的空间溢出效应研究：基于数量型和价格型货币政策工具视角》，《世界经济研究》2018 年第 11 期。

盛夏：《美国量化宽松货币政策对中国宏观金融风险的冲击》，《管理世界》2013 年第 4 期。

石建勋、赵张霞：《美联储货币政策调整对离岸人民币汇率波动的影响研究——基于三重传导效应的实证分析》，《国际商务（对外经济贸易大学学报）》2020 年第 4 期。

司登奎、李小林、江春：《央行外汇干预、投资者情绪与汇率变动》，《统计研究》2018 年第 11 期。

谭小芬：《美联储量化宽松货币政策的退出及其对中国的影响》，《国际金融研究》2010 年第 2 期。

谭小芬、李兴申：《美国货币政策对新兴经济体宏观审慎监管跨境溢出效应的影响》，《国际金融研究》2021 年第 8 期。

谭小芬、邵涵：《美国货币政策对新兴市场国家的溢出效应：资本流动视角》，《经济社会体制比较》2020 年第 6 期。

谭小芬、熊爱宗、陈思翀：《美国量化宽松的退出机制、溢出效应与中国的对策》，《国际经济评论》2013 年第 5 期。

谭小芬、殷无弦、戴韡：《美国量化宽松政策的退出公告对新兴经济体的影响》，《国际金融研究》2016 年第 7 期。

谭小芬、虞梦微、王欣康：《跨境资本流动的新特征、新风险及其政策建议》，《国际金融研究》2023 年第 4 期。

谭英绮：《发达经济体新货币政策框架及其政策实践》，《海外投资与出口信贷》2022 年第 2 期。

陶士贵、刘骏斌：《影响中国国际资本流动的因素研究——引入外部非常规货币政策变量》,《亚太经济》2015年第3期。

陶士贵、张斯宇:《我国货币政策变化对短期国际资本流动的影响》,《国际商务(对外经济贸易大学学报)》2016年第1期。

王爱俭、王璟怡:《宏观审慎政策效应及其与货币政策关系研究》,《经济研究》2014年第4期。

王金明、王心培:《跨境资本双向流动影响外汇市场稳定吗》,《国际贸易问题》2021年第10期。

王军:《短期国际资本流动新趋势、对我国的影响及其防范》,《经济与管理研究》2011年第1期。

王申、陶士贵:《人民币汇率、短期国际资本流动与资产价格》,《金融论坛》2015年第7期。

王曦、王茜、陈中飞:《货币政策预期与通货膨胀管理——基于消息冲击的DSGE分析》,《经济研究》2016年第2期。

王永茂、刘惠好:《量化宽松货币政策对汇率的影响——基于2001—2006年日本实证分析》,《财贸研究》2011年第5期。

王有鑫、王祎帆、杨翰方:《外部冲击类型与中国经济周期波动——兼论宏观审慎政策的有效性》,《国际金融研究》2021年第3期。

王有鑫、王祎帆、杨翰方:《跨境资本流动宏观审慎政策防范输入性金融风险机制研究》,《经济学家》2022年第9期。

吴宏、刘威:《美国货币政策的国际传递效应及其影响的实证研究》,《数量经济技术经济研究》2009年第6期。

吴立元、赵扶扬、王忏等:《美国货币政策溢出效应、中国资产价格波动与资本账户管理》,《金融研究》2021年第7期。

吴丽华、傅广敏:《人民币汇率、短期资本与股价互动》,《经济研究》2014年第11期。

吴圣金、刘相阁、叶国安:《跨境资本流动宏观审慎管理与资本管制的比较研究》,《南方金融》2021年第1期。

吴婷婷、王兰心:《非常规货币政策:多重影响、退出策略与政策启示——基于新冠肺炎疫情的冲击》,《武汉金融》2021 年第 7 期。

武鹏飞、戴国强:《麦卡勒姆规则与中国的货币政策操作实践》,《新疆社会科学》(汉文版) 2019 年第 5 期。

肖卫国、兰晓梅:《美联储货币政策正常化对中国经济的溢出效应》,《世界经济研究》2017 年第 12 期。

谢平、罗雄:《泰勒规则及其在中国货币政策中的检验》,《经济研究》2002 年第 3 期。

熊启跃、赵雪情:《发达经济体紧缩性货币政策对全球经济的影响》,《金融博览》2022 年第 5 期。

熊亚辉、周荣喜、郑晓雨:《央行外汇干预、人民币汇率与信用利差》,《管理科学学报》2021 年第 6 期。

徐小君、陈学彬:《人民币汇率变化与中国经济波动:加速效应还是稳定机制?》,《国际金融研究》2014 年第 12 期。

徐忠:《中国稳健货币政策的实践经验与货币政策理论的国际前沿》,《金融研究》2017 年第 1 期。

杨冬、张月红:《人民币实际汇率、短期国际资本与资产价格——基于时变参数向量自回归模型》,《国际贸易问题》2014 年第 7 期。

杨荣、徐涛:《中国外汇市场的微观结构》,《世界经济研究》2009 年第 3 期。

杨玉林:《金融危机前后的美联储货币政策调控方式演变》,《金融发展研究》2021 年第 9 期。

杨子晖、李广众、张宁:《通胀国际传递的动态关系研究:兼论中国汇率的"通胀屏蔽功能"》,《金融研究》2016 年第 6 期。

杨子荣、徐奇渊、王书朦:《中美大国货币政策双向溢出效应比较研究——基于两国 DSGE 模型》,《国际金融研究》2018 年第 11 期。

姚余栋、李连发、辛晓岱:《货币政策规则、资本流动与汇率稳定》,《经济研究》2014 年第 1 期。

易宪容:《美联储量化宽松货币政策退出的经济分析》,《国际金融研究》2014年第1期。

易宪容：《中国金融机构改革的内涵及面对的挑战》，《上海企业》2018年第4期。

易宇寰、潘敏：《美联储加息冲击下中国双支柱调控政策的协调研究——基于"稳增长"与"防风险"的视角》，《财贸经济》2022年第11期。

易祯、郝天若、朱超：《外汇干预对汇率水平变动及波动率的影响与应对——来自全球53个经济体的证据》，《国际金融研究》2023年第6期。

于丽洁：《美日欧QE政策对中国资本流动的溢出效应研究》，硕士学位论文，大连理工大学，2018年。

余永定、肖立晟：《论人民币汇率形成机制改革的推进方向》，《国际金融研究》2016年第11期。

余元堂：《欧洲央行货币政策操作的实践及对我国的启示》，《国际贸易》2022年第5期。

喻海燕、赵晨：《"双支柱"调控框架下跨境资本流动宏观审慎政策工具的有效性及适用性》，《国际金融研究》2022年第10期。

袁鹰：《开放经济条件下中国货币政策规则的选择与运用》，《金融研究》2006年第11期。

曾梦宁：《日本维持超宽松货币政策未来走向引世界关注》，《中国金融家》2023年第Z1期。

翟东升、王雪莹、朱煜等：《新冠肺炎疫情背景下的量化宽松政策、资产价格与财富再分配》，《国际金融研究》2022年第10期。

张寒漪：《短期国际资本流动、人民币汇率与中国金融稳定研究》，博士学位论文，东北财经大学，2023年。

张怀清：《宽松货币政策与新兴市场经济体的政策选择》，《国际金融研究》2013年第10期。

张礼卿：《量化宽松Ⅱ冲击和中国政策的选择》，《国际经济评论》2011

年第 1 期。

张启迪、陈颖：《美联储缩表：原因、进程、溢出效应及中国对策》，《上海经济研究》2018 年第 3 期。

张启迪：《宽松货币政策实施的原因、成本与启示》，《国际金融》2022 年第 3 期。

张庆、刘可然：《汇率波动、短期国际资本流动与人民币国际化——基于 MS-VAR 模型的实证研究》，《征信》2019 年第 6 期。

张天顶、施展：《美联储紧缩性货币政策冲击对中国金融市场的影响及应对——资产价格视角的零利率下限时期与常态化时期比较》，《西部论坛》2022 年第 4 期。

张亚维：《IS-LM 模型与蒙代尔-弗莱明模型货币传导机制的比较与借鉴》，《南京经济学院学报》2000 年第 5 期。

张谊浩、裴平、沈晓华：《香港离岸金融发展对大陆金融深化的效应——基于离岸金融中心的实证研究》，《国际金融研究》2009 年第 6 期。

张谊浩、沈晓华：《人民币升值、股价上涨和热钱流入关系的实证研究》，《金融研究》2008 年第 11 期。

张运龙：《日本银行非常规货币政策研究》，博士学位论文，对外经济贸易大学，2017 年。

章和杰、陈威吏：《扩张财政政策对内外均衡的影响分析——基于篮子货币汇率制度下的蒙代尔-弗莱明模型》，《统计研究》2008 年第 10 期。

章秀：《我国系统性金融风险的计量研究》，博士学位论文，吉林大学，2016 年。

赵进文、张敬思：《人民币汇率、短期国际资本流动与股票价格——基于汇改后数据的再检验》，《金融研究》2013 年第 1 期。

赵胜民、张博超：《"双支柱"调控与银行系统性风险——基于 SRISK 指标的实证分析》，《国际金融研究》2022 年第 1 期。

赵文胜、张屹山：《货币政策冲击与人民币汇率动态》，《金融研究》2012年第8期。

赵文胜、张屹山、赵杨：《短期国际资本流动对中国市场变化的反应分析》，《数量经济技术经济研究》2011年第3期。

赵文胜、张屹山、赵杨：《人民币升值、热钱流入与房价的关系——基于趋势项和波动性的研究》，《世界经济研究》2011年第5期。

赵雪情、瞿错：《欧洲央行通胀目标调整下的货币政策走向》，《中国外汇》2021年第16期。

赵彦志：《境外"热钱"、人民币汇率与物价水平》，《经济学动态》2011年第4期。

郑挺国、刘金全：《区制转移形式的"泰勒规则"及其在中国货币政策中的应用》，《经济研究》2010年第3期。

周建、赵琳：《人民币汇率波动与货币政策调控难度》，《财经研究》2016年第2期。

周申、朱娇：《中国长、短期国际资本流动的决定因素与影响研究》，《人文杂志》2017年第9期。

朱慧、潘琦：《我国货币政策对人民币汇率的传导机制探究》，《统计与决策》2012年第16期。

朱孟楠、丁冰茜、闫帅：《人民币汇率预期、短期国际资本流动与房价》，《世界经济研究》2017年第7期。

朱孟楠、刘林：《短期国际资本流动、汇率与资产价格——基于汇改后数据的实证研究》，《财贸经济》2010年第5期。

朱孟楠、刘林、倪玉娟：《人民币汇率与我国房地产价格——基于Markov区制转换VAR模型的实证研究》，《金融研究》2011年第5期。

朱孟楠、闫帅：《异质性投资视角下短期国际资本流动与资产价格》，《国际金融研究》2017年第2期。

朱险峰、杨幼明：《防范美国宽松货币政策退出对大宗商品市场的冲击》,《价格理论与实践》2021年第8期。

朱一鸣、程惠芳:《宏观审慎监管下的跨境资本流动和金融稳定性》,《财经论丛(浙江财经学院学报)》2020年第7期。

庄子罐、赵宗涛、王熙:《"双支柱"调控框架下政策组合协调搭配研究——基于双摩擦的小国开放模型》,《国际金融研究》2022年第1期。

二 外文文献

Adler, G., Lisack, N., Mano, R. C., "Unveiling the Effects of Foreign Exchange Intervention: A Panel Approach", *Emerging Markets Review*, Vol. 40, 2019, 100620.

Ahnert, T., Forbes, K., Friedrich, C., et al., "Macroprudential FX Regulations: Shifting the Snowbanks of FX Vulnerability?", *Journal of Financial Economics*, Vol. 140, No. 1, 2021, pp. 145–174.

Aizenman, J., Chinn, M. D., Ito, H., "Monetary Policy Spillovers and the Trilemma in the New Normal: Periphery Country Sensitivity to Core Country Conditions", *Journal of International Money and Finance*, Vol. 68, 2016, pp. 298–330.

Alam Zohair, Adrian Alter, Jesse Eiseman, et al., "*Digging Deeper-Evidence on the Effects of Macroprudential Policies from a New Database*", IMF Working Paper, 2019.

Albagli, E., Ceballos, L., Claro, S., et al., "Channels of US Monetary Policy Spillovers to International Bond Markets", *Journal of Financial Economics*, Vol. 134, No. 2, 2019, pp. 447–473.

Anaya, P., Hachula, M., Offermanns, C. J., "Spillovers of US Unconventional Monetary Policy to Emerging Markets: The Role of Capital Flows", *Journal of International Money and Finance*, Vol. 73, 2017, pp. 275–295.

Andrikopoulos, A., Chen, Z., Chortareas, G., et al., "Global Economic

Policy Uncertainty, Gross Capital Inflows, and the Mitigating Role of Macroprudential Policies", *Journal of International Money and Finance*, Vol. 131, 2023, 102793.

Apostolou, A., Beirne, J., "Volatility Spillovers of Unconventional Monetary Policy to Emerging Market Economies", *Economic Modelling*, Vol. 79, 2019, pp. 118 – 129.

Banerjee, R., Devereux, M. B., Lombardo, G., "Self-oriented Monetary Policy, Global Financial Markets and Excess Volatility of International Capital Flows", *Journal of International Money and Finance*, Vol. 68, 2016, pp. 275 – 297.

Bastos, M. F. R. R., Kamil, H., Sutton, M. B., "Corporate Financing Trends and Balance Sheet Risks in Latin America", International Monetary Fund, 2015.

Bauer, M. D., Neely, C. J., "International Channels of the Fed's Unconventional Monetary Policy", *Journal of International Money and Finance*, Vol. 44, 2014, pp. 24 – 46.

Bernanke, B. S., Blinder, A. S., "The Federal Funds Rate and the Channels of Monetary Transmission", *American Economic Review*, Vol. 82, No. 4, 1992, pp. 901 – 921.

Bernanke, B. S., "Monetary Policy since the Onset of the Crisis", Federal Reserve Bank of Kansas City Economic Symposium, 2012.

Blanchard, O., Adler, G., de Carvalho Filho, I., "Can Foreign Exchange Intervention Stem Exchange Rate Pressures from Global Capital Flow Shocks?", International Monetary Fund, 2015.

Brischetto, A., Voss, G., Brischetto, A., et al. , "A Structural Vector Autoregression Model of Monetary Policy in Australia", Reserve Bank of Australia, 1999.

Bruno, V., Shim, I., Shin, H. S., "Comparative Assessment of Macroprudential Policies", *Journal of Financial Stability*, Vol. 28, 2017, pp. 183 – 202.

Bruno, V., Shin, H. S., "Cross-border Banking and Global Liquidity", *The Review of Economic Studies*, Vol. 82, No. 2, 2015, pp. 535 – 564.

Burdekin, R. C. K., Siklos, P. L., "What has Driven Chinese Monetary Policy since 1990? Investigating the People's Bank's Policy Rule", *Journal of International Money and Finance*, Vol. 27, No. 5, 2008, pp. 847 – 859.

Cardarelli, R., Elekdag, S. A., Lall, S., "Financial Stress, Downturns, and Recoveries", IMF working papers, Vol. 100, 2009.

Cardarelli, R., Elekdag, S. A., Lall, S., "Spillovers at the Extremes: The Macroprudential Stance and Vulnerability to the Global Financial Cycle", *Journal of International Economics*, Vol. 136, 2022, 103582.

Castillo, C., "Inflation Targeting and Exchange Rate Volatility Smoothing: A Two-Target, Two-Instrument Approach", *Economic Modelling*, Vol. 43, 2014, pp. 330 – 345.

Chari, A., Dilts-Stedman, K., Forbes, K., "Spillovers at the Extremes: The Macroprudential Stance and Vulnerability to the Global Financial Cycle", *Journal of International Economics*, Vol. 136, 2022, 103582.

Chen, Q., Filardo, A., He, D., et al., "Financial Crisis, US Unconventional Monetary Policy and International Spillovers", *Journal of International Money and Finance*, Vol. 67, 2016, pp. 62 – 81.

Cheung, Y. W., Chinn, M. D., Pascual A. G., et al., "Exchange Rate Prediction Redux: New Models, New Data, New Currencies", *Journal of International Money and Finance*, Vol. 95, 2019, pp. 332 – 362.

Cheung, Y. W., Rime, D., "The Offshore Renminbi Exchange Rate: Microstructure and Links to the Onshore Market", *Journal of International Money and Finance*, Vol. 49, 2014, pp. 170 – 189.

Cho, J. W., Choi, J. H., Kim, T., et al., "Flight-to-Quality and Correlation between Currency and Stock Returns", *Journal of Banking & Finance*, Vol. 62, 2016, pp. 191 – 212.

Claeys, G., Demertzis, M., Guetta-Jeanrenaud, D., "Fragmentation Risk in the Euro Area: No Easy Way Out for the European Central Bank", *Bruegel Policy Brief*, European Parliament, 2022.

Clarida, R., Gali, J., Gertler, M., "Monetary Policy Rules and Macroeconomic Stability: Evidence and Some Theory", *The Quarterly Journal of Economics*, Vol. 115, No. 1, 2000, pp. 147 – 180.

Claus, E., Claus, I., Krippner, L., "Asset Market Responses to Conventional and Unconventional Monetary Policy Shocks in the United States", *Journal of Banking and Finance*, Vol. 97, 2018, pp. 270 – 282.

Claus, E., Claus, I., Krippner, L., "Monetary Policy Spillovers Across the Pacific When Interest Rates are at the Zero Lower Bound", *Asian Economic Papers*, Vol. 15, No. 3, 2016, pp. 1 – 27.

Coman, A., Lloyd, S. P., "In the Face of Spillovers: Prudential Policies in Emerging Economies", *Journal of International Money and Finance*, Vol. 122, 2022, 102554.

Cooper, R. N., "Macroeconomic Policy Adjustment in Interdependent Economies", *The Quarterly Journal of Economics*, Vol. 83, No. 1, 1969, pp. 1 – 24.

Cover, J. P., Mallick, S. K., "Identifying Sources of Macroeconomic and Exchange Rate Fluctuations in the UK", *Journal of International Money and Finance*, Vol. 31, No. 6, 2012, pp. 1627 – 1648.

Damette, O., Parent, A., "Did the Fed Follow an Implicit McCallum Rule During the Great Depression?", *Economic Modelling*, Vol. 52, 2016, pp. 226 – 232.

Dornbusch, R., "Expectations and Exchange Rate Dynamics", *Journal of Political Economy*, Vol. 84, No. 6, 1976, pp. 1161 – 1176.

Dungey, M., Pagan, A., "Extending a SVAR Model of the Australian

Economy", *Economic Record*, Vol. 85, No. 268, 2009, pp. 1 – 20.

Dupuy, M., "The Effect of Quantitative Easing Policies on Exchange Rates: Lessons from American Experience", *Revued'Economie Financiere*, Vol. 108, No. 4, 2010.

Eichenbaum, M., Johannsen, B. K. and Rebelo, S., "*Monetary Policy and the Predictability of Nominal Exchange Rates*", NBER Working Paper No. 23158, 2017.

Evans, Martin D. D., *The Microstructure of Foreign Dynamics*, Georgetown University, 1997.

Evans, M. D. D., Lyons, R. K., "Order Flow and Exchange Rate Dynamics", *Journal of Political Economy*, Vol. 110, No. 1, 2002, pp. 170 – 180.

Faia, E., Monacelli, T., "Optimal Monetary Policy in a Small Open Economy with Home Bias", *Journal of Money, Credit and Banking*, Vol. 40, No. 4, 2008, pp. 721 – 750.

Faust, J., Rogers, J. H., "Monetary Policy's Role in Exchange Rate Behavior", *Journal of Monetary Economics*, Vol. 50, 2003, pp. 1403 – 1424.

Fischer, S., "Distinguished Lecture on Economics in Government—Exchange Rate Regimes: Is the Bipolar View Correct?", *Journal of Economic Perspectives*, Vol. 15, No. 2, 2001, pp. 3 – 24.

Flood, R., Taylor, M., "Exchange Rate Economics: What's Wrong with the Conventional Macro Approach?", *The Microstructure of Foreign Exchange Markets*, University of Chicago Press, Chicago, 1996, pp. 261 – 302.

Forbes, K. J., "The International Aspects of Macroprudential Policy", *Annual Review of Economics*, Vol. 13, 2021, pp. 203 – 228.

Frankel, J. A., "In Search of the Exchange Risk Premium: A Six-Currency Test Assuming Mean-Variance Optimization", *Journal of International Money and Finance*, Vol. 1, 1982, pp. 255 – 274.

Frankel, J., Rose, A., "Empirical Research on Nominal Exchange Rates", *Handbook of International Economics*, 1995, Vol. 3, pp. 1689 – 1729.

Fukuda, S., Nakamura, J., "Why did 'Zombie' Firms Recover in Japan?", *The World Economy*, Vol. 34, No. 7, 2011, pp. 1124 – 1137.

Gajewski, K., Jara, A., Kang, Y., et al., "International Spillovers of Monetary Policy: Lessons from Chile, Korea, and Poland", *Journal of International Money and Finance*, Vol. 90, 2019, pp. 175 – 186.

Gali, J., Monacelli, T., "Monetary Policy and Exchange Rate Volatility in a Small Open Economy", *The Review of Economic Studies*, Vol. 72, No. 3, 2005, pp. 707 – 734.

Galloppo, G., Paimanova, V., "The Impact of Monetary Policy on BRIC Markets Asset Prices During Global Financial Crises", *The Quarterly Review of Economics and Finance*, Vol. 66, 2017, pp. 21 – 49.

Gelos, G., Gornicka, L., Koepke, R., et al., "Capital Flows at Risk: Taming the Ebbs and Flows", *Journal of International Economics*, Vol. 134, 2022, 103555.

Georgiadis, G., "Determinants of Global Spillovers from US Monetary Policy", *Journal of International Money and Finance*, Vol. 67, 2016, pp. 41 – 61.

Ghosh, A. R., Ostry, J. D., Chamon, M., "Two Targets, Two Instruments: Monetary and Exchange Rate Policies in Emerging Market Economies", *Journal of International Money and Finance*, Vol. 60, No. 1, 2016, pp. 172 – 196.

Ghosh, A. R., Qureshi, M. S., Kim, J. I., et al., "Surges", *Journal of International Economics*, Vol. 92, No. 2, 2014, pp. 266 – 285.

Ghosh, T., Kumar, S., "The Effectiveness of Macro-Prudential Policies in the Face of Global Uncertainty—The Role of Exchange-Rate Regimes", *Finance Research Letters*, Vol. 46, 2022, 102358.

Giannellis, N., Koukouritakis, M., "Exchange Rate Misalignment and Inflation Rate Persistence: Evidence from Latin American countries", *International Review of Economics & Finance*, Vol. 25, No. 1, 2013, pp. 202 – 218.

Gopinath, G., *"The International Price System"*, National Bureau of Economic Research, 2015.

Gradojevic, N., Gençay, R., Kukolj, D., "Option Pricing with Modular Neural Networks", *IEEE Transactions on Neural Networks*, Vol. 20, No. 4, 2009, pp. 626 – 637.

Gray, C., "Responding to a Monetary Superpower: Investigating the Behavioral Spillovers of U. S. Monetary Policy", *Atlantic Economic Journal*, Vol. 41, No. 2, 2013, pp. 173 – 184.

Haberis, A., Lipinska, A., *"International Policy Spillovers at the Zero Lower Bound"*, Bank of England Working Paper, Vol. 52, No. 4, 2012, p. 365.

Hanson, S. G., Stein, J. C., "Monetary Policy and Long-Term Real Rates", *Journal of Financial Economics*, Vol. 115, No. 3, 2015, pp. 429 – 448.

Han, X., Wei, S. J., "International Transmissions of Monetary Shocks: Between a Trilemma and a Dilemma", *Journal of International Economics*, Vol. 110, 2018, pp. 205 – 219.

Hau, H., Rey, H., "Exchange Rates, Equity Prices, and Capital Flows", *The Review of Financial Studies*, Vol. 19, 2006, pp. 273 – 317.

Hayakawa, K., Lee, H. H., Park, D., "The Role of Home and Host Country Characteristics in FDI: Firm-Level Evidence from Japan, Korea and Taiwan", *Global Economic Review*, Vol. 42, No. 2, 2013, pp. 99 – 112.

Hoenig, T. M., "The Federal Reserve's Mandata: Long Run", *Business Economics*, Vol. 46, No. 1, 2011, pp. 13 – 16.

Hoffmann, M., Sondergaard, J, Westelius, N. J., "The Timing and Magnitude of Exchange Rate Overshooting", Bundesbank Series 1 Discussion Paper, No. 28, 2007.

Hofmann, B., Shin, H. S., Villamizar - Villegas, M., "*FX Intervention and Domestic Credit: Evidence from High-Frequency Micro Data*", BIS Working Papers, 2019.

Holub, R., Hlushchenko, O., "The National Bank of Ukraine Communication Strategy Optimization within the Framework of Impact on Exchange Rate Expectations of Economic Agents", *Economies*, Vol. 5, No. 3, 2017, pp. 33.

Horvath, R., Voslarova, K., "International Spillovers of ECB's Unconventional Monetary Policy: The Effect on Central Europe", *Applied Economics*, Vol. 49, No. 22 – 24, 2017, pp. 2352 – 2364.

Huang, R. D., Stoll, H. R., "The Components of the Bid-Ask Spread: A General Approach", *The Review of Financial Studies*, Vol. 10, 1997, pp. 995 – 1034.

Ibarra, C. A., "Capital Flows and Real Exchange Rate Appreciation in Mexico", *World Development*, Vol. 39, 2011, pp. 2080 – 2090.

Jawadi, F., Mallick, S. K., Sousa, R. M., "Nonlinear Monetary Policy Reaction Functions in Large Emerging Economies: The Case of Brazil and China", *Applied Economics*, Vol. 46, No. 9, 2014, pp. 913 – 924.

Joyce, M., Lasaosa, A., Stevens, I., et al., "*The Financial Market Impact of Quantitative Easing (August* 2010)", Bank of England Working Paper, 2010.

Joyce, M., Miles, D., Scott, A., et al., "Quantitative Easing and Unconventional Monetary Policy—An Introduction", *The Economic Journal*, Vol. 122, No. 564, 2012, pp. F271 – F288.

Juvenal, L., "Sources of Exchange Rate Fluctuations: Are They Real or Nominal?", *Journal of International Money and Finance*, Vol. 30, 2011, pp. 849 – 876.

Karolyi, G. A., McLaren, K. J., "Racing to the Exits: International Transmissions of Funding Shocks during the Federal Reserve's Taper Experiment", *Emerging Markets Review*, Vol. 32, 2017, pp. 96 – 115.

Katusiime, L., Shamsuddin, A., Agbola, F. W., "Macroeconomic and Market Microstructure Modelling of Ugandan Exchange Rate", *Economic Modelling*, Vol. 45, 2015, pp. 175 – 186.

Kenourgios, D., Drakonaki, E., Dimitriou, D., "ECB's Unconventional Monetary Policy and Cross-Financial-Market Correlation Dynamics", *The North American Journal of Economics and Finance*, Vol. 50, 2019, 101045.

Kenourgios, D., Papadamou, S., Dimitriou, D., "Intraday Exchange Rate Volatility Transmissions across QE Announcements", *Finance Research Letters*, Vol. 14, 2015, pp. 128 – 134.

Killeen, W., Lyons, R., Moore, M., "Fixed versus Floating Exchange Rates: Lessons from Order Flow", *Journal of International Money and Finance*, Vol 25, No. 4, 2006, pp. 551 – 579.

Kim, S., "International Transmission of U. S. Monetary Policy Shocks: Evidence from VAR's", *Journal of Monetary Economics*, Vol. 48, No. 2, 2001, pp. 339 – 372.

Kim, S., Lim, K., "Effects of Monetary Policy Shocks on Exchange Rate in Small Open Economies", *Journal of Macroeconomics*, Vol. 56, 2018, pp. 324 – 339.

Kim, S., "Monetary Policy, Foreign Exchange Intervention, and the Exchange Rate in a Unifying Framework", *Journal of International Economics*, Vol. 60, No. 2, 2003, pp. 355 – 386.

Koepke, R., "Fed Policy Expectations and Portfolio Flows to Emerging Markets", *Journal of International Financial Markets, Institutions and Money*,

Vol. 55, 2018, pp. 170 – 194.

Korhonen, I., Nuutilainen, R., "Breaking Monetary Policy Rules in Russia", *Russian Journal of Economics*, Vol. 3, No. 4, 2017, pp. 366 – 378.

Krippner, L., "A Model for Interest Rates Near the Zero Lower Bound: An Overview and Discussion", Reserve Bank of New Zealand Analytical Note, 2012.

Krugman, P., "A Model of Balance-of-Payments Crises", *Journal of Money, Credit and Banking*, Vol. 11, No. 3, 1979, pp. 311 – 325.

Krugman, P., "Financing vs. Forgiving a Debt Overhang", *Journal of Development Economics*, Vol. 29, No. 3, 1988, pp. 253 – 268.

Krugman, P., *Fire-Sale FDI: Capital Flows and the Emerging Economies: Theory, Evidence, and Controversies*, University of Chicago Press, 2000, pp. 43 – 58.

Krugman, P. R., Obstfeld, M., Melitz, M. J., "International Economics: Theory and Policy", *Pearson Education*, 2009.

Lartey, E. K., "Capital Inflows and the Real Exchange Rate: An Empirical Study of Sub-Saharan Africa", *The Journal of International Trade & Economic Development*, Vol. 16, No. 3, 2007, pp. 337 – 357.

Lukyanova, Y., Payne, L., "Is Exchange Rate-Customer Order Flow Relationship Linear? Evidence from the Hungarian FX Market", *Journal of International Money and Finance*, Vol. 35, 2013, pp. 20 – 35.

Lyons, R. K., "Tests of Microstructural Hypotheses in the Foreign Exchange Market", *Journal of Financial Economics*, Vol. 39, No. 2 – 3, 1995, pp. 321 – 351.

MacDonald, M., "International Capital Market Frictions and Spillovers from Quantitative Easing", *Journal of International Money and Finance*, Vol. 70, 2017, pp. 135 – 156.

Mackowiak, B., "External Shocks, US Monetary Policy and Macroeconomic

Fluctuations in Emerging Markets", *Journal of Monetary Economics*, Vol. 54, No. 8, 2007, pp. 2512 – 2520.

Madhavan, A., Smidt, S., "A Bayesian Model of Intraday Specialist Pricing", *Journal of Financial Economics*, Vol. 30, No. 1, 1991, pp. 99 – 134.

Magud, N. E., Reinhart, C. M., Rogoff, K. S., "Capital Controls: Myth and Reality—A Portfolio Balance Approach", National Bureau of Economic Research, 2011.

Martin, M. F., Morrison, W. M., "China's 'Hot Money' Problems", Congressional Research Service, 2008.

Martin, P., Rey, H., "Financial Globalization and Emerging Markets: with or without Crash?", National Bureau of Economic Research, 2002.

Meese, R., "Currency Fluctuations in the Post-Bretton Woods Era", *Journal of Economic Perspectives*, Vol. 4, 1990, pp. 117 – 134.

Meese, R., Rogoff, K., "Empirical Exchange Rate Models of the Seventies: Do They Fit out of Sample?", *Journal of International Economics*, Vol. 14, No. 1 – 2, 1983, pp. 3 – 24.

Menkhoff, L., Sarno, L., Schmeling, M., et al., "Currency Momentum Strategies", *Journal of Financial Economics*, Vol. 106, No. 3, 2012, pp. 660 – 684.

Miranda-Agrippino, S., Nenova, T., Rey H., "Global Footprints of Monetary Policy", Bank of England Working Paper, 2020.

Miranda-Agrippino, S., Rey, H.., "US Monetary Policy and the Global Financial Cycle", *The Review of Economic Studies*, Vol. 87, No. 6, 2020, pp. 2754 – 2776.

Mishkin, F. S., "Global Financial Instability: Framework, Events, Issues", *Journal of Economic Perspectives*, Vol. 13, No. 4, 1999, pp. 3 – 20.

Mohanty, M. S., "The Transmission of Unconventional Monetary Policy to the Emerging Markets—An Overview", BIS Paper, No. 78a, 2014.

Nakajima, J., "Time-Varying Parameter VAR Model with Stochastic Volatility: An Overview of Methodology and Empirical Applications", IMES Discussion Paper Series, No. 2021 – E – 9, 2011.

Narayan, P. K., "Estimating Exchange Rate Responsiveness to Shocks", Review of Financial Economics, Vol. 17, 2008, pp. 338 – 351.

Neely, C. J., "Unconventional Monetary Policy had Large International Effects", Journal of Banking & Finance, Vol. 52, 2015, pp. 101 – 111.

Nispi Landi, V., "Capital Controls, Macroprudential Measures and Monetary Policy Interactions in an Emerging Economy", Bank of Italy Temi di Discussione (Working Paper), No. 1154, 2017.

Obstfeld, M., Rogoff, K., "Exchange Rate Dynamics Redux", Journal of Political Economy, Vol. 103, No. 3, 1995, pp. 624 – 660.

Ong, S. L., Sato, K., "Regional or Global Shock? A Global VAR Analysis of Asian Economic and Financial Integration", The North American Journal of Economics and Finance, Vol. 46, 2018, pp. 232 – 248.

Park, D., Ramayand, A., Shin, K., "Capital Flows During Quantitative Easing: Experiences of Developing Countries", Emerging Markets Finance & Trade, Vol. 52, No. 4, 2016, pp. 886 – 903.

Park, K. Y., Um, J. Y., "Spillover Effects of United States' Unconventional Monetary Policy on Korean Bond Markets: Evidence from High-Frequency Data", The Developing Economies, Vol. 54, No. 1, 2016, pp. 27 – 58.

Payne, A. A., Siow, A., "Does Federal Research Funding Increase University Research Output?", Institute of Government and Public Affairs, University of Illinois, 1999.

Philip, R. L., "Determinants of the Real Interest Rate", European Central Bank, Dublin, 28 November 2019.

Poole, W., "Central Bank Transparency: Why and How?", Federal Reserve Bank of St. Louis, 2001.

Powell, A., "Global Recovery and Monetary Normalization: Escaping a Chronicle Foretold?", Inter-American Development Bank, 2014.

Praet, P., "Monetary Policy and Balance Sheet Adjustment", The ECB Forum on Central Banking, 2014.

Primiceri, G. E., "Time Varying Structural Vector Autoregressions and Monetary Policy", *The Review of Economic Studies*, Vol. 72, No. 3, 2005, pp. 821–852.

Razzak, W. A., "Is the Taylor Rule Really Different from the McCallum Rule?", *Contemporary Economic Policy*, Vol. 21, No. 4, 2003, pp. 445–457.

Rey, H., "Dilemma Not Trilemma: The Global Financial Cycle and Monetary Policy Independence", National Bureau of Economic Research, 2015.

Sanchez, M., "The Link between Interest Rates and Exchange Rates: Do Contractionary Depreciations Make a Difference?", *International Economic Journal*, Vol. 22, No. 1, 2008, pp. 43–61.

Schmidt, J., Caccavaio, M., Carpinelli, L., et al., "International Spillovers of Monetary Policy: Evidence from France and Italy", *Journal of International Money and Finance*, Vol. 89, 2018, pp. 50–66.

Shintani, M., Terada-Hagiwara, A., Yabu, T., "Exchange Rate Pass-through and Inflation: A Nonlinear Time Series Analysis", *Journal of International Money and Finance*, Vol. 32, 2013, pp. 512–527.

Soumare, I., "Financial Structure of Central Banks in the Context of Unconventional Measures of Monetary Policy", *Revued' Economie Financiere*, Vol. 104, No. 4, 2011, pp. 77–96.

Stiglitz, J. E., "Risk and Global Economic Architecture: Why Full Financial Integration May Be Undesirable", *American Economic Review*, Vol. 100,

No. 2, 2010, pp. 388 – 392.

Sula, O., Willett, T. D., "The Reversibility of Different Types of Capital Flows to Emerging Markets", *Emerging Markets Review*, Vol. 10, No. 4, 2009, pp. 296 – 310.

Tao, W., "Source of Real Exchange Rate Fluctuations in China", *Journal of Comparative Economics*, Vol. 33, No. 4, 2005, pp. 753 – 771.

Taylor, J. B., "The Monetary Transmission Mechanism: An Empirical Framework", *Journal of Economic Perspectives*, Vol. 9, No. 4, 1995, pp. 11 – 26.

Valcarcel, V. J., "Exchange Rate Volatility and the Time-Varying Effects of Aggregate Shocks", *Journal of International Money and Finance*, Vol. 32, No. 1, 2013, pp. 822 – 843.

Varghese, R., Zhang, Y. S., "A New Wave of ECB's Unconventional Monetary Policies: Domestic Impact and Spillovers", International Monetary Fund, 2018.

Woodford, M., "Monetary Policy in the Information Economy", National Bureau of Economic Research Working Paper Series, No. 8674, 2001.

Zhang, Z., Chau, F., Zhang, W., "Exchange Rate Determination and Dynamics in China: A Market Microstructure Analysis", *International Review of Financial Analysis*, Vol. 29, 2013, pp. 303 – 316.